国家社科基金项目
"基于国际金融主导权的大国货币博弈研究"（项目编号：18BGL011）资助

大国货币博弈
——解析国际金融主导权格局变迁的奥秘

Currency and Hegemony:
Decoding the Great Power Struggle in Global Financial Order

张应华◎著

中国财经出版传媒集团
经济科学出版社
Economic Science Press
·北京·

图书在版编目（CIP）数据

大国货币博弈：解析国际金融主导权格局变迁的奥
秘／张应华著. -- 北京：经济科学出版社，2024. 11.
ISBN 978 - 7 - 5218 - 6477 - 9

Ⅰ. F831. 6

中国国家版本馆 CIP 数据核字第 2024VR7951 号

责任编辑：杜　鹏　郭　威
责任校对：王京宁
责任印制：邱　天

大国货币博弈：解析国际金融主导权格局变迁的奥秘

DAGUO HUOBI BOYI：JIEXI GUOJI JINRONG

ZHUDAOQUAN GEJU BIANQIAN DE AOMI

张应华◎著

经济科学出版社出版、发行　新华书店经销

社址：北京市海淀区阜成路甲 28 号　邮编：100142

编辑部电话：010 - 88191441　发行部电话：010 - 88191522

网址：www. esp. com. cn

电子邮件：esp_bj@ 163. com

天猫网店：经济科学出版社旗舰店

网址：http：//jjkxcbs. tmall. com

固安华明印业有限公司印装

710 × 1000　16 开　19. 25 印张　330000 字

2024 年 11 月第 1 版　2024 年 11 月第 1 次印刷

ISBN 978 - 7 - 5218 - 6477 - 9　定价：118. 00 元

（图书出现印装问题，本社负责调换。电话：010 - 88191545）

（版权所有　侵权必究　打击盗版　举报热线：010 - 88191661

QQ：2242791300　营销中心电话：010 - 88191537

电子邮箱：dbts@ esp. com. cn）

前　　言

本书是在笔者2022年结题的国家社科基金项目"基于国际金融主导权的大国货币博弈研究（18BGL011）"的研究报告基础上完善成稿的，也是笔者关于国际金融主导权这个主题展开系列研究的一部分。

许多同事和读者经常会问我，为什么会选择国际金融主导权这么一个主题呢？这个主题为什么如此重要，而且能连续获得国家社科基金项目资助呢？虽然，此前我在不同场合就这个问题做过回答，但是都不够详细。在完善这本专著的时候，我再次对这个问题进行了反复思考。从做博士论文，到2018年和2023年两次申报国家社科基金项目，以及未来研究计划，我始终围绕国际金融主导权这个主题。在此，通过对这一路来关于这个问题的所思所想进行一个梳理与归纳，帮助大家深入理解这个主题，也有助于我对这个主题的深度思考和后续研究。

对于国际金融主导权这个主题的选题，要追溯到2011年。当时，我还是硕士研究生，已经确定了要直攻博士，导师让我申报中航工业集团旗下一个研究所发布的研究专项课题。我拟定了三个题目，其中一个就是国际金融主导权，导师看了觉得这个题目比较好，就让我按照这个题目进行申报。非常幸运，这个项目当年被立项，资助经费10万元。

我当时是怎么想到国际金融主导权这个题目的呢？2011年是

美国次贷危机爆发后的第三年，欧债危机爆发的第二年，国际金融体系的脆弱性充分暴露，国际金融体系改革的国际呼声十分强烈，但是国际社会对国际金融体系改革的方案缺乏共识。作为一位金融学的硕士研究生和金融爱好者，我平时对于这方面的新闻、评论与论文关注比较多；也对国际金融体系如何改革有一定的认识与思考。自第二次世界大战以后建立的国际金融体系，不论是先前的布雷顿森林体系，还是后来的牙买加体系，以及现在所谓不成体系的体系，本质上都是美国主导的、以美元本位制为特征的、美国利益优先的金融霸权体系。正如美国知名学者巴里·艾肯格林（Barry Eichengreen，2011）所说，美元使得美国拥有嚣张的特权。

国际金融危机频发，根本原因就在于这种美国掌握国际金融绝对权杖，却不对国际金融安全稳定负责的权责不平等不匹配的国际金融制度安排。要改革就是要改掉这种金融霸权体制，然而国际政治经济学领域知名专家查尔斯·P.金德尔伯格（Charles P. Kindleberger，1973）研究了1929～1939年世界经济大萧条的原因，得出结论就是世界需要一个强大国家作为世界经济发展的稳定力量，即霸权稳定论，这也是美国霸权战略的理论基础。虽然现实情况是，霸权不仅未能成为稳定的力量，还成为不稳定的重要因素。但是，他依然道出了在世界无政府状态下，经济全球化发展确实需要一个稳定力量的这样一条客观规律。经济发展历史一再证明，经济发展需要有效市场与有为政府相互协调共同促进。问题是，世界上没有一个中央政府权威，对全世界经济发展进行宏观调控，对世界各国利益负责。

同时，2010年中国超越日本成为世界第二大经济体，现在的金融霸权体制对中国的金融主权和安全构成威胁。那么，中国作为国际金融体系改革的重要推动力量，应该谋求构建什么样的金融体系？形成什么样的国际金融战略？金融霸权肯定是不行的，既不符合经济金融全球化发展的需要，也不符合中国文化传统和国际金融治理理念。然而，国际金融治理确实又需要有一个主导力量，维护国际金融市场安全稳定，处理国际金融事务，协调国际金融利益关系。

我逐渐认识到国际金融体系最核心的就是国际金融权力，以及权责匹配与权力约束的体制机制。权力产生腐败，绝对的权力导致绝对的腐败，但是不能因此否认权力存在的客观需要。刚好当时，我在新闻或论文中接触到了经济主导权、金融话语权、主动权这些词汇。同时还看到了关于其他领域主导权竞争和博弈的新闻与文献，比如能源主导权、产业主导权、制空权等名词，也有专家学者提到过金融主导权这个词。我就认识到，国际金融体系改革最核心的问题就是国际金融主导权的分配问题。现在的国际金融体系，本质上就是美国拥有绝对的国际金融主导权，即美国金融霸权。于是问题来了，什么是国际金融主导权？国际金融主导权与金融霸权有什么区别与联系？国际金融主导权又是如何形成与转移的？这些问题也就构成了我 2011 年申报课题的主要内容，后来这个课题成了我博士论文的研究主题。

2014 年 6 月我博士毕业，博士论文《国际金融主导权的形成与转移》对这些问题进行了系统回答。国际金融主导权是"具有一定经济实力和国际地位的国家以协商与合作的方式积极参与国际金融事务，享有保障本国合法权益、维护国际金融稳定发展、引导国际金融秩序发展方向的主动权和话语权"。它包括国际货币主导权、国际金融市场主导权、国际金融机构主导权和国际金融规则主导权，核心是国际货币主导权。国际金融主导权不同于金融霸权。金融霸权主要是霸权国以自己强大的经济和军事实力为威慑，将自己的意愿强加在他国身上，以实现本国利益最大化目标；而国际金融主导权则强调以协商与合作的方式，达到共赢的目的。金融霸权是国际金融主导权的一种特殊实施方式，而掌握国际金融主导权则不一定实施金融霸权。

国际金融主导权的形成经历了较长的历史过程。历史上荷兰、英国和美国先后不同程度地掌握着国际金融主导权，分别对应着国际金融主导权的萌芽、形成和成熟三个阶段。美国和英国在国际金融主导权的获取途径与运行方式方面都存在着差异，但是都面临着特里芬两难和霸权衰退的困境。随着经济全球化，世界格局多极化趋势发展，金融霸权不可持续，国际金融主导权体系朝着多国共享方向发展的可能性最大。中国应该争取成为与国家实力相适应的多元共享的国际金融主导权体系中的重要一员。

国际金融主导权的再分配与转移，不是自然演进的，而是大国博弈的结果。金融霸权是美国霸权的战略支柱，维护金融霸权是美国的核心战略目标，这就与国际社会要求改革国际金融体系的愿望相矛盾。大国博弈就产生了，大国博弈也是国际政治经济格局变化的重要内容，而围绕国际金融主导权的再分配问题，成为大国金融博弈的重要领域。国际货币主导权又是国际金融主导权的核心权力，对国际货币主导权的竞争成为大国基于国际金融主导权博弈的焦点。那么，基于国际金融主导权的大国货币博弈是如何展开的呢？这就构成了我 2018 年申报国家课题的核心内容，也就是本书要回答的主要问题。

世界百年变局加速演进，国际力量对比深刻调整，大国博弈激烈上演，国际秩序重塑和国际权力格局重构不可逆转，修昔底德陷阱成为当今国际社会最大的担忧。金融作为现代经济的核心和国家竞争力的重要内容，国际金融秩序重塑和国际金融主导权格局重构成为当今及未来较长时期大国博弈的焦点内容。那么，在国际金融主导权重构进程中，大国博弈会面临什么样的困境，以及如何破解这些困境呢？这些问题构成国际金融体系改革，乃至国际秩序重塑面临的关键问题，也是中国强国建设和民族复兴伟业必须面对的重大现实课题。这就构成了我 2023 年申报国家课题的核心内容。

即使这个课题做完回答了上述问题，依然存在着国际金融主导权重构会有哪些方向？如何选择最有可能也最符合未来发展需要的那种方向？以及如何推动国际金融主导权重构朝着这个方向实现？这些问题将是我未来研究的方向，也将构成我下一次申报国家社科基金项目的主题。

上述内容就是我自 2011 年起对国际金融主导权这个主题进行思考与研究的主要思路。十三年来，我一直聚焦这个主题开展研究，这也是我进入高校工作前几年，连一个校级课题都没有中的重要原因。即便如此，我始终没有怀疑和更改过国际金融主导权这样一个大的研究主题，后面连续中两个国家社科项目，也算是对我坚持坐了这么多年"冷板凳"的一种回报。

作为一位非科班出身的研究人员，能够对国际金融主导权研究取得一定成绩，我感到非常荣幸。虽历经坎坷，但我内心满足。知足常乐，我常满怀感恩、感谢和感激之情。感恩生活在一个祖国强盛和民族复兴的伟大时代；感谢一路走来有导师、领导、同事、朋友和家人的关心与支持；感激能够对国家发展尽一份绵薄之力，对国家兴亡尽匹夫之责！我由衷地觉得，人生之幸，莫过如此。

张应华

2024 年 9 月

目　录

第1章

绪　　论

1.1　研究背景

1.1.1　百年变局加速演进

当今世界国际力量对比深刻变化，国际秩序格局深刻调整；美国霸权肆意横行、经济全球化遭遇逆流、气候变暖、能源危机、经济衰退等全球性问题矛盾凸显；俄乌冲突持续、大国博弈加剧，百年变局加速演进。

百年未有之大变局是习近平总书记近年来对世界整体态势作出的一个全新准确论断[1]，这也是本书研究最主要的时代背景。之所以说是"百年未有之大变局"，是因为上一次这样的"大变局"出现在18～19世纪的工业时代与农业时代交替时期。第一次工业革命的爆发，催生了这个百年未有之大变局，推动英国等西方国家成功崛起，从而奠定了西方国家长期占主导地位的世界格局。虽然在20世纪前半叶世界也经历了一次变局，在经过两次世界大战和一次经济大萧条之后，美国成功崛起并替代英国成为新的世界霸主；但是这次变局，只是世界霸权国在西方发达国家内部更替而已，没有改变西方国家主导世界的格局，也没有改变世界霸权秩序的本质。包括20世纪90年代东欧剧变和苏联解体，导致了世界格局的变化，也只是强化了美国超级

---

[1]　习近平接见2017年度驻外使节工作会议与会使节并发表重要讲话［EB/OL］.（2017 - 12 - 28）. http：//www. xinhuanet. com/politics/2017 - 12/28/c_1122181743. htm.

霸主的霸权秩序。这些都只能算是世界格局演变进程中的一个小变局。

国际力量对比正发生自近代以来最具革命性的变化，发达国家和发展中国家在国际分工体系中的地位角色发生重大转变，新兴经济体和发展中国家在世界经济中占据越来越大的份额，世界经济重心加速"自西向东"位移。发端于 20 世纪末的数字技术革命正推动人类社会从工业时代向数字时代持续演进，这是推动本次百年未有之大变局的根本动因。同时伴随着以中国为首的新兴市场国家和发展中国家的群体性崛起，国际力量对比东升西降的态势越发明显，世界经济重心逐渐从西方转向东方，从发达经济体转向新兴市场，亚洲正重返全球经济舞台的中心。新兴市场的经济总量占全球经济总量的比重持续增加，根据美国彭博社专家预测，到 2042 年这一比例将超过一半。[①] 这将改变长期以来发达国家在全球经济版图占主导地位的格局，进而推动全球政治版图、军事版图和科技版图的均衡化发展，推进世界由美国主导的单极霸权格局向多极化格局转变，这将从根本上改变近代以来发达国家主导世界的霸权秩序。

1.1.2　金融霸权不可持续

以美元为核心、以美国为主导的金融霸权是当今国际金融秩序的显著特征。随着全球经济结构和国际力量对比的深刻变化，美国承担供给国际金融公共产品和维护国际金融稳定责任的能力与意愿双双下降，美国金融霸权及其将金融武器化的行径对全球金融经济稳定健康发展造成的严重危害越来越明显，美国独霸国际金融主导权的格局不可能持续。

金融霸权是美国霸权的核心支柱，其中美元体系更是美国维护霸权地位和兑现霸权利益的重要手段与工具。随着 1971 年布雷顿森林体系瓦解，2008 年金融危机的爆发，美联储先后摆脱了"黄金魔咒"和"央行魔咒"，其角色由全球"最后贷款人"演变成了全球"最后做市商"，国际货币体系

---

① 美国《彭博商业周刊》网站于 2020 年 11 月 12 日刊发题为《经济学家解读 2050 年的世界》的文章，作者为彭博社经济部首席经济学家汤姆·奥尔利克和彭博社经济部经济学家比约恩·范鲁瓦耶，文章称，2035 年，中国将超过美国成世界最大经济体；2042 年，新兴市场将超过发达经济体成为全球 GDP 的最大贡献者。参见：http://www.cankaoxiaoxi.com/finance/20201114/2424747.shtml，浏览时间为 2021 年 11 月 21 日。

由"双挂钩"的金汇兑本位制,先是变成了美元本位制,现在变成了美债本位制。结果使美国摆脱了传统帝国的领土征服或殖民掠夺特性,演变成通过美元体系实现对全球资源控制和摄取霸权利益的超级金融帝国。① 以美元体系为核心的金融霸权加深了世界经济对美国的不对称依赖,越来越单边主义的美国金融霸权行径对世界经济发展和金融稳定构成了巨大威胁,美元利率和汇率的自利性周期变化成为国际金融危机尤其是新兴经济体金融危机频发的根源。

美国作为现有国际金融治理体系的主导国,领导世界进行国际金融治理的能力与意愿大幅下降,但是其捍卫和利用金融霸权的意志十分坚决,遏制与打压他国、实施金融霸权。② 美国越来越将金融霸权武器化,通过其在国际金融体系的主导地位与优势,以冻结资产和冻结或取消援助款项、切断美元获取能力和使用美元渠道、剔除环球银行金融电信协会(SWIFT)和国际支付清算体系(CHIPS)、禁止全球金融机构与受制裁对象交易等措施,对其他国家、实体和个人肆意实施金融制裁,以实现其内政外交目的。20 世纪 90年代,美国主要履行大国责任,以维护世界和平、保护人道主义、打击恐怖主义、反洗钱等为目标,在联合国框架下对利比亚、伊拉克、塞尔维亚等国家和索马里海盗等进行了相关的金融制裁;"9·11"事件以后,以维护国家安全和利益为出发点,对塔利班组织、伊拉克等实施金融制裁。③ 特朗普上任以后,将金融制裁提高到了一个新水平,为实现特定外交、政治与经济利益,曾使用制裁手段惩罚伊朗、朝鲜、俄罗斯、土耳其、委内瑞拉等国家。

特别是 2022 年俄乌冲突爆发以后,美国通过直接冻结俄罗斯的外汇储备,并将俄罗斯剔除 SWIFT 和 CHIPS 系统等措施对俄罗斯实施极限金融经济战,这也表明美国在滥用其超级金融帝国地位、肆意实施金融霸权行径方

---

① 李晓. 美元体系的金融逻辑与权力——中美贸易争端的货币金融背景及其思考 [J]. 国际经济评论, 2018 (6): 52 – 71, 5 – 6.

② 国际金融主导权可以分为霸权式的和非霸权式的,霸权式的又称独享式的,非霸权式的又称共享式的。霸权式的国际金融主导权就是人们所熟知的国际金融霸权,可以说金融霸权是国际金融主导权的一种特殊形式,拥有金融霸权可能掌握国际金融主导权,而掌握国际金融主导权不一定拥有和实施金融霸权。参见: 张应华. 国际金融主导权: 形成与转移 [M]. 北京: 中国国际商务出版社, 2019: 32 – 33.

③ 郑联盛. 美国金融制裁: 框架、清单、模式与影响 [J]. 国际经济评论, 2020 (3): 123 – 143, 7.

面更向前进了一步，以地缘政治的名义直接将全球金融秩序武器化，这对受制裁国家的金融系统乃至全球金融系统都构成了致命威胁。正如国际战略研究中心的高级研究员杰拉德·迪皮波（Gerard DiPippo）所说，切断一个国家所有银行与 SWIFT 的联系，就好比"战术核武器"。① 这也让世界上越来越多的国家不得不考虑寻求美元和美国以外的外汇储备货币与国际支付结算系统，以美元霸权为核心的美国金融霸权已经不能适应国际金融经济发展与治理的需要，也不可持续，国际金融主导权格局重构势在必行。

1.1.3 大国货币博弈加剧

在世界无政府状态下，谁掌握了国际货币发行与流通的主导权，谁就成为国际金融治理体系的执牛耳者，谁就掌握了国际金融的制高点。自现代世界经济发展以来，国际金融主导权一直由西方国家所掌握。在世界霸权秩序下，国际金融主导权本质上就是金融霸权。国际金融主导权历来是大国之间竞争与博弈的焦点，尤其是在大国兴衰与更替之际更为激烈，国际金融主导权的转移也成为国际秩序变迁的重要标志。当前世界百年变局加速演进，美国主导的国际金融霸权秩序不可持续，国际金融主导权格局重构悄然启动，以争夺国际金融主导权为核心的大国货币博弈正加剧上演。

大国货币博弈加剧了国际货币体系内在不稳定。首先，自布雷顿森林体系确立以来，不同程度的金融危机频发，充分暴露了美国主导的以美元为核心的国际货币体系内在不稳定。导致体系不稳定的根本原因在于，现行国际货币体系是由单一主权国家货币主导的无体系的体系。② 这种制度性缺陷，也就是"特里芬难题"，即无论是布雷顿森林体系，还是牙买加体系，都不能从根本上解决，一国货币充当国际货币同时满足流动性需求与清偿力稳定的问题。其次，国际货币选择与国际经济实力及力量对比有着深刻联系。国际金本位制时期，英镑成为人类历史上第一个国际货币，根本原因在于英国拥有当时全世界上最强大的经济实力。布雷顿森林体系时期，美元替代英镑

---

① 美国将金融武器化，中国怎么办？https：//www.360kuai.com/pc/9d91190ed18c4da26？cota=3&kuai_so=1&sign=360_e39369d1&refer_scene=so_54.访问时间，2022 年 4 月 15 日。

② 鄂志寰.应对全球货币竞争百年变局 有序推进人民币国际化［J］.清华金融评论，2023（6）：25-29.

成为第二个国际货币，同样也是因为美国拥有全球超级大国实力。当前国际经济实力及力量对比发生深度调整，新兴市场国家和发展中国家群体性崛起，国际货币必然面临着新选择。最后，大国货币的国际地位与世界权力分配之间存在紧密关系。纵观世界近代历史可知，历来世界最强国的货币都是最主要的世界货币，世界货币象征着世界权力皇冠上的明珠，必然成为大国博弈的对象，尤其是在大国兴衰交替之际更是如此。

大国货币博弈加剧动摇了美元霸权根基。金融霸权是美国霸权的支柱，美元霸权则是美国金融霸权的根基。近年来，全球"去美元化"趋势日益加强，包括中国、俄罗斯等新兴市场国家及德国、英国、日本、加拿大等发达国家在内的世界主要经济体都在以各种方式推行"去美元化"政策。① 进入21世纪以来的三件大事从根本上动摇了美元霸权的根基。2007年美国爆发次贷危机并引发全球金融风暴，改变了经济全球化的既定轨迹，美欧经济深度衰退，民粹主义兴起和逆全球化思潮抬头，大国博弈复杂化、激烈化和常态化。2019年开始的全球新冠疫情绵延3年，导致美欧实体经济金融史无前例的大衰退。疫情初期，为应对经济大衰退，欧美日等主要经济体推出超常规的量化宽松政策，利率降至零及负数，美元流动性泛滥，大宗资产价格上涨；加之后疫情时代逆全球化变本加厉，俄乌冲突对全球石油天然气等大宗商品供给的冲击，导致美欧通货膨胀急剧上涨，货币政策急转弯，暴力加息使得美欧国家利率居历史高位。美元流动性大幅收缩，严重冲击全球经济，尤其是新兴市场国家面临美元债务成本大幅上升和外资大幅外流的风险，被迫进入"去美元化"国家行列。

大国货币博弈加剧了国际货币体系多极化趋势。一方面，美元国际地位有所下降但依然非常重要。通过对比2018～2022年与2013～2017年的数据可知，美元在国际支付、国际银行负债和已分配外汇储备中的占比均有所回落，分别下降了0.8个、2.5个和3.5个百分点。美元在国际债务证券和全球外汇交易中的占比有所上升，2022年相较于2013年分别上升了1.5个和1.4个百分点。② 总体上，一超多强的格局还没有发生根本性改变，美元依然占据国际支付、国际融资和外汇储备最大份额，尤其是国际银行负债份额

① 倪外. 金融霸权、金融制裁与阻断战略研究 [J]. 上海经济研究, 2023 (4): 104-115.
② 管涛, 刘立品. 国际货币体系多极化发展与人民币国际化 [J]. 国际金融, 2023 (8): 12-18.

超过 50%，外汇储备份额超过 60%，远超位居第二的欧元 29.3% 和 20.4% 的份额；而位居第三、第四、第五的日元、英镑和人民币在各方面所占比例仅为个位数。

另一方面，人民币国际化存在着重大历史性机遇。中国位居世界第二大经济体多年，并持续保持世界第一大贸易国和第二大消费市场规模，全球最大制造业国家，是全球 120 多个国家或地区的最大贸易伙伴。这成为人民币国际化最根本的经济基础，同时全球"去美元化"浪潮兴起，人民币最有潜力成为"去美元化"国家的备选货币。根据环球银行金融电信协会（SWIFT）可知，2024 年 8 月，人民币在全球贸易融资中的市场份额占比为 5.95%，是全球第二大贸易融资货币。①

总之，美国在未来相当长时期仍然是世界上最强大的经济体，美元也依然是最强大的国际货币，维护美元霸权地位依然是美国国家核心战略目标。而其他国家和地区也会坚定维护和提升自身货币的国际地位。美国、英国、日本以及欧洲国家等发达国家之间，中国、印度、巴西等发展中国家之间，以及发达国家与发展中国家之间将形成犬牙交错的货币博弈之势。

1.2　研究问题

那么，美国金融霸权衰落之后，国际金融主导权体系如何重构？大国货币博弈将如何演绎？中国如何推动人民币国际化？这正是本书所要探讨的问题。

1.2.1　金融霸权之后是什么？

在世界无中央政府和中央银行的情况下，世界金融经济发展与治理需要一个稳定者，其掌握国际金融主导权，承担供给国际金融产品、维护国际金融秩序稳定、领导治理国际金融事务的责任与义务。自现代世界经济发展以来，国际金融主导权一直由西方国家所掌握，这也是霸权稳定论的核心观点和重要论据。在世界霸权秩序下，国际金融主导权本质上就是金融霸权，无

---

① 相关信息自中国人民银行发布的《2024 年人民币国际化报告》查询得到。

论是以前大英帝国主导下的国际金本位制还是当今超级大国美国主导下的美元本位制概莫能外。当今美国享有和利用金融霸权地位的能力与行径可谓登峰造极，而且美国逐渐由第二次世界大战后国际金融秩序的缔造者、维护者蜕变为国际金融稳定的破坏者、国际金融危机的制造者、国际金融利益的掠夺者。美国的金融霸权不仅没有真正起到稳定的作用，反而成为不稳定的根源。

随着国际力量对比的深刻变化，东西方关系的根本性调整，美国承担维护国际金融秩序稳定责任的能力与意愿双双下降，美国的霸权地位不可持续。尤其是美国祭出冻结阿富汗和俄罗斯的外汇储备，以及将俄罗斯剔除SWIFT 等国际金融基础设施等金融制裁措施以后，也让世界其他众多国家对美国金融霸权感到恐惧。美国的超极限金融制裁，正加速全球"去美元化"进程；美国金融霸权不可持续，金融霸权秩序需要改变已经逐渐成为国际社会的共识。但是世界无政府状态依然没有改变，全球经济一体化高度发达，全球金融经济相互依赖的脆弱性和敏感性更强，国际金融经济的稳定健康发展更加凸显国际金融主导权的客观需要和重要性。

那么金融霸权之后的国际金融主导权格局将是什么？这是本书先要回答的问题，也是国际金融体系改革和金融治理需要解决的重要课题。这主要依据马克思的经济基础决定上层建筑这样的基本原理，从国际力量对比的变化和世界经济结构的调整去探究未来国际金融主导权格局。

1.2.2 大国货币博弈将如何演绎？

中美力量对比的深刻变化是当今世界百年变局的重要特征，也决定着今后世界秩序格局的走向，中美博弈成为新时代大国博弈的一个典型代表，中美基于国际金融主导权的博弈是中美全面博弈在经济领域的集中体现。自特朗普政府以来，美国对华政策全面转型，美国对中国的打压与遏制以及中国的反制成为中美关系的主基调。近年来，美国对中国公司和个人的金融制裁与恐吓行径有过之而无不及，美国为维护金融霸权而对中国的种种打压已经演变成为非军事打击的战争行为，而且这不是以中国的善意和意志为转移的客观现实。那么未来中美间的金融博弈将会如何演绎呢？这是关系到中华民族伟大复兴和国际金融治理体系改革与重构的重大现实问题。要解决这个问题主要从历史中总结经验和从博弈的机理中去推演可能的演变趋势。

从历史经验的角度来看，大国间基于国际金融主导权展开的货币博弈主要在守成大国与崛起大国间不断上演。最为经典的莫过于发生于 20 世纪中上叶的主导国英国与崛起国美国之间，以英镑与美元为核心而展开的争夺国际金融主导权的大博弈。崛起国美国分别在 1895 年和 1913 年超越主导国英国成为世界第一大经济体和世界综合实力最强国，但是美元和美国金融在国际上并没有得到与其国力相对应的地位，可以说是无足轻重；一直到第一次世界大战爆发，英镑仍为世界最主要的国际货币，伦敦仍为最重要的国际金融中心，英国仍然掌握着国际金融主导权。在两次世界大战和一次经济大萧条期间，英国和美国之间进行了殊死较量与艰苦博弈。由于两国之间实力差距的拉大，作为两次世界大战的唯一赢家，美国在布局战后国际政治经济秩序中掌握了主导权。通过对于英美之间基于国际金融主导权竞争而展开的货币博弈的历史进行考察，经验进行总结，可以为当今中美金融博弈提供借鉴。

从博弈机理的角度来看，本书拟基于理性经济人假设，应用博弈理论从三个方面进行推演。第一，在经典博弈论下，基于国际金融主导权竞争而展开货币博弈的大国都是理性经济行为体，那么其在单次和有限次重复博弈下容易陷入博弈的囚徒困境，可以通过无限次重复博弈，建立"以牙还牙"的"冷酷策略"对不合作的竞争对象进行报复的奖惩机制来促成博弈双方的合作，破解博弈的囚徒困境。第二，同样在经典博弈论下，通过对博弈双方博弈策略选择的演化路径进行推演，寻找破解囚徒困境的均衡策略和关键因素。第三，在新的量子博弈论下，通过构建基于国际金融主导权的大国货币博弈的量子模型，寻找量子均衡策略，破解博弈的囚徒困境。

1.2.3　人民币国际化如何推进？

中国如何应对美国针对中国基于维护其金融霸权而展开的博弈是本书研究的出发点与落脚点。尤其是美国仍然是当今世界唯一的超级大国，中美经济规模差距虽然不断缩小，但是双方综合实力差距仍然巨大，在金融方面尤其是国际金融主导权方面更是差距悬殊。中国如何在这种实力非对称的情况下，化解中美基于国际金融主导权竞争而展开的货币博弈中的被动局面，为维护中国金融主权和金融稳定健康发展、实现中国和平崛起伟大中国梦和构建人类命运共同体的伟大理想赢得主动。本书拟从历史考察中总结出可借鉴的经验和从博弈机理的推演中找到可能的化解策略，进而设计破解中美金融博弈困境的博弈机制以及适合中国的博弈策略。

未来大国货币博弈加剧，会不断削弱美元霸权地位，使得国际货币体系朝着多极化方向发展。中国应该抓住难得的人民币国际化的历史机遇，提升人民币在国际货币体系中的地位，使其成为多元化国际货币体系中的重要组成部分。

1.3 研究价值

1.3.1 理论价值

本书研究将有助于增强国际政治经济关系中大国金融博弈现实的理论解释力。

大国间的货币金融博弈不仅是利益之争，而且是基于国际经济金融治理主导权竞争与博弈的核心内容，事关国家经济金融安全和主权，是国际权力的象征。现有的研究重点从主权国家货币国际化的成本收益视角进行研究，侧重的是经济视角；而较少从大国博弈的角度考察，现在许多有关大国货币金融博弈的著作，都是从历史文献的角度进行叙事，而缺乏从大国货币金融博弈的机理方面去深入研究。实际上大国货币金融博弈，不仅是一个经济问题，更是一个政治问题，无论从哪一方面进行解释都是不完全的。

大国推动其国家货币成为主导国际货币，进而争夺国际金融主导权，不仅是一个成本收益的经济利益之争，而且涉及国家货币政策独立性、金融安全和金融主权等方面的政治考量。以国际货币为核心的国际金融主导权的转移，更是涉及全球利益分配机制重构的权力之争，关系到每个国家在国际分配体系中所处地位的核心利益。拥有国际金融主导权的国家往往处于全球利益分配链条的顶端。为此，大国间往往进行殊死较量和博弈。

本书基于国际金融主导权的视角研究大国间的货币博弈关系，将国际政治学和国际金融学有机结合，拓展了研究视野，将增强理论对现实的解释力。

1.3.2 实践价值

本书研究将有助于增强国际政治经济学对大国货币金融博弈实践的理论指导。

美国作为既有国际金融体系的主导国，承担国际金融治理领导责任的能力与意愿大幅下降，但是其在国际金融体系中的霸权地位仍然稳固，以美国优先为原则肆意实施金融霸权，谋求霸权利益，反而成为当今国际金融秩序动荡的重要原因。为维护其金融霸权地位，美国加大了对中国的遏制与打压，中美之间的货币金融博弈加剧。无论是从历史还是从现实来看，大国间的金融博弈确实存在，而且非常激烈和复杂，往往会陷入囚徒困境并带来金融经济危机乃至战争风险。

历史上，守成大国英国与崛起大国美国在不同历史阶段采取了不同的博弈策略。20 世纪前 20 年美国采用的是追随英国的策略，为了融入英国主导的金本位制的国际金融体系，与英国更多的是合作博弈。在 20~30 年代采用的是竞争博弈模式，目的是扩大美元的国际影响力。在第二次世界大战后期开始采取对抗博弈模式，进而取得美元的绝对主导地位。自美国掌握国际金融主导权以来，先后有日本和欧盟都对美国的美元霸权地位发起挑战，但最终都无一例外地失败了。

中国正向全面建成社会主义现代化强国的第二个百年奋斗目标迈进，中华民族伟大复兴势不可挡。虽然中国始终坚持和平发展道路，不会走也不能走国强必霸的老路，因为霸权必衰是历史规律。但是，美元霸权是美国霸权的"顶梁柱"，维护以美元本位制为核心的金融霸权是美国的战略重心；美国将中国的崛起视为其维护霸权地位的最大威胁，将中国定位为最主要的战略竞争对手，对中国实行包括金融、贸易、科技、军事在内的全方位遏制与打压。可以说，中美博弈是不以中国意志为转移的必然之争。那么中国要在基于国际金融主导权的中美货币博弈中占主动权或主导权，防止中美博弈走向全面对抗而阻碍实现中华民族伟大复兴的中国梦，引导中美金融博弈走向建设性竞争与良性博弈的轨道，必须构建完善的制度体系和策略组合。

本书通过考察大国货币金融博弈的历史，总结其规律和经验教训，分析大国间货币金融博弈的机理，探讨大国货币金融博弈囚徒困境的关键因素及对策，为化解当前中美货币金融博弈可能面临的困境与风险，推动加快国际金融体系改革和构建全球金融利益共同体进程的实践提供理论参考，具有重要的现实意义。

1.4　技术路线

　　本书研究的基本思路是按照"理论探源→现象考察→机理剖析→应用设计"的研究逻辑展开的，基本思路和具体研究方法如图1−1所示。

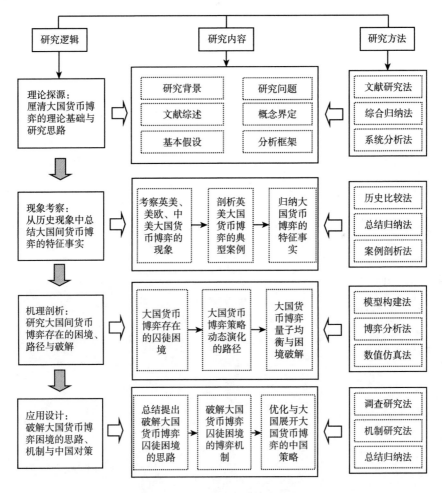

图1−1　本书研究的技术路线

　　首先，本书进行了理论探源，通过对研究背景的分析，提出本书研究的几个主要问题；在文献梳理的基础上，进行概念界定与研究假设，建立本书研究的理论分析框架。其次，对本书涉及的历史与现实现象进行考察，并进行深度案例剖析，总结基于国际金融主导权的大国货币博弈现象存在的特征事实。再次，通过不同博弈方法，构建不同博弈模型，分析基于国际金融主导权的大国货币博弈的囚徒困境、演化过程和量子均衡三方面的博弈机理，找到大国货币博弈陷入囚徒困境的原因及其破解思路。最后，根据机理分析总结破解囚徒困境的主要思路，设计破解基于国际金融主导权的大国货币博弈困境的机制，在此基础上优化与大国展开货币博弈的中国策略。

第2章

理论溯源：相关学术史
梳理及理论分析

为了探究基于国际金融主导权的大国货币博弈的理论基础和研究现状，确定研究对象的边界，需要对相关研究的学术史进行梳理，并界定基本概念、假设研究满足的基本条件、确定基本分析框架，这些构成本章的主要内容。

2.1 学术史梳理

2.1.1 霸权稳定论、金融霸权与美元霸权

国际金融主导权的理论起源于霸权稳定论、金融霸权和美元霸权。

（1）霸权稳定论。

霸权稳定论是国际金融主导权研究的主要理论起源，论证了在世界无政府状态下国际金融主导权存在的必要性。美国著名国际政治经济学先驱C. P. 金德尔伯格（C. P. Kindleberger，1973）在总结1929～1939年世界经济大萧条时指出，"要使世界经济处于稳定状态，就必须有起稳定作用的国家，而且只能有一个这样的国家"，即霸权稳定论。后经罗伯特·吉尔平（Robert Gilpin，1975）加以系统完善，罗伯特·O. 基欧汉（Robert. O. Keohane，1980）的"后霸权主义"对其进行修正。其核心观点包括"有霸则稳，无霸则乱""霸权国提供公共产品""霸权国创建并依赖国际规制"（洪小芝，

2013）。其本质思想是为美国霸权行为进行理论辩护，为美国维护霸权地位提供理论支持，不过其中"霸权必衰""霸权之后世界政治经济的合作与纷争"的论断正在成为国际社会必须面对的现实。①

霸权稳定论自提出以来就不断受到质疑。首先，霸权国家的行动初衷不是维护世界稳定。斯蒂芬·克拉斯纳（Stephen Krasner，1976）强调霸权国家维护国际经济秩序不是出于仁慈而是由国家利益决定的，国际金融机制的创建是霸权国家利益的需要，霸权国家的衰退将导致国际机制的变迁。其次，霸权不是稳定的充要条件，霸权甚至是不稳定的重要原因。阿瑟·斯泰恩（Arthur Stein，1984）指出霸权国家和自由国际经济秩序之间存在一种"霸权困境"。巴里·艾肯格林（Barry Eichengreen，1989）通过考察霸权国际货币体系演进过程，得出的结论也是部分支持霸权稳定论，部分反对。本杰明·J. 科恩（Benjamin J. Cohen，2010）强调对于历史上金融秩序的兴衰而言，霸权既非充分条件，也不是必要条件。加夫里斯·玛利亚（Gavris Maria，2019）认为霸权稳定论错误地将美国权力与稳定在某一时间点（布雷顿森林年）概括为因果关系，从而动摇了霸权与稳定之间因果关系的基础。最后，霸权必衰，霸权之后的稳定如何维护。罗伯特·基欧汉（1980）认为霸权衰退后其他力量维护一个稳定的国际经济秩序也是可能的。王义桅和唐小松（2000）指出单极稳定论就是冷战后美国主导的世界秩序稳定论，是美国在世界体系中地位的表现，中国学者应尽早拿出多边稳定论以驳斥单极稳定论。马科斯·V. 门德斯（MArcos V. Mendes，2018）考察美国霸权时发现，北美霸权的削弱不仅是因为中国等新兴经济体的出现，还因为由跨国公司、全球城市、宗教组织等新兴经济体组成的国际体系，正在削弱美国自20 世纪中期以来行使其全球权力的手段。②

总之，霸权稳定论对国家权力与世界经济之间的关系做了富有开创性的理论探讨，但是正如杜坎·斯尼达（Ducan. Snida，1985）所说，霸权稳定论只适合于范围非常有限且非常特殊的条件。霸权稳定论在理论和实

---

① 那么霸权之后，谁能在危机爆发后承担起稳定者的角色，对这一现实问题的思考正是国际金融主导权这一主题研究的初衷（张应华，2019）。参见：张应华. 国际金融主导权：形成与转移 [M]. 北京：中国国际商务出版社，2019：3 – 8。

② Is it the end of North-American hegemony? A structuralist perspective on Arrighi's systemic cycles of accumulation and the theory of hegemonic stability [J]. Revista de Economia Política, 2018, 38 (3): 1 – 22.

践上都是站不住脚的，霸权与稳定之间没有必然联系，霸权稳定论只不过是为美国霸权政策服务而已（牛震，2000）。霸权稳定论在安全领域不成立，自 19 世纪起世界冲突不断，还爆发了两次世界大战，在世界经济领域也存在重大缺陷，霸权国家未能确保自由贸易政策在全球实施，很多时候是贸易保护政策的带头者和自由贸易的破坏者（郭树永，1997）。霸权稳定论在金融领域也不成立，巴·海瑟尔（Ba Heather，2021）的研究表明，美国霸权恰恰成为导致国际金融不稳定的重要因素，在国际经济复杂的相互依赖关系中一个重要而持久的特征就是，美国在国际金融体系中的中心地位，正因为如此，美国金融周期的变化驱动着国际金融的波动和危机频发。霸权稳定论本质上是霸权主义，是为美国霸权主义和强权政治辩护的理论武器（徐佳，2009）。

（2）金融霸权。

霸权稳定论本身就隐含着金融霸权的内容，金融霸权是美国霸权的核心支柱。金融霸权是国际金融主导权的特殊形式，即霸权式的国际金融主导权（王仁祥和张应华，2012）。[①] 关于金融霸权的研究文献比较丰富。

金融霸权一词最早由复旦大学经济学院首任院长陈观烈（1998）提出，他把国际非银行金融机构投机者通过"滥用信用、操纵市场与舆论、套利套汇、有意打压薄弱环节、造市等霸术，谋取巨额利润的行径"称为金融霸权。柳永明（1999）将金融霸权界定为一种社会关系，金融霸权是指以大银行家和大机构投资者为核心的金融寡头及其政治代表，通过控制资本流动和金融市场条件，对实际经济活动施以重大影响并以此牟取暴利或实现其他经济、政治目的的一种社会关系。李永胜（1999）将金融霸权界定为一种国际关系，金融霸权是霸权国家的军事霸权和经济霸权在金融领域的延伸，是霸权国家利用军事、经济优势，凭借在国际金融体系的主导地位，在整个体系中强制推行自己的意志、规则，以获取霸权利润的行为。

美国作为当今全球唯一的超级霸主，"霸权形态"已经从传统霸主的"领土殖民"形态演化为现代"金融殖民"形态，并成为其霸权护持的核心

---

① 拥有金融霸权肯定拥有国际金融主导权，国际金融主导权包括霸权式的和非霸权式的，国际金融秩序转型就是从霸权式的国际金融主导权转向非霸权式的国际金融主导权。参见：王仁祥，张应华. 国际金融主导权的缘由、内涵与特征——基于广义虚拟经济视角的分析 [J]. 广义虚拟经济研究，2012，3（2）：29 – 36。

"秘籍"，金融霸权成为美国获取霸权红利的基石（杨多贵和周志田，2015）。美国金融霸权是一个全方位的系统工程，美元是物质载体，跨国金融企业是主要工具，国际游资是急先锋，国际金融机构是帮凶（颜剑英，2004）。美国主导国际金融体系，拥有金融霸权的本质是美国扮演着世界资本家的角色。美国发行美元换取世界的商品和劳务供国内廉价消费，然后又用国债换取流出的美元供军事开支、对外援助和长期投资而获得国际权威和巨额增值回报，其付出的只是作为美国信用凭证的美元和国债以及微薄的国债利息（李海燕，2003；夏乐，2009）。近年来，美国利用 SWIFT 系统垄断或切断目标国跨境支付通道实施金融制裁，已经成为美国实施金融霸权的主要手段（陈尧和杨枝煌，2021）。

金融霸权是金融垄断资本主义发展的产物，尤其是通过对世界货币的垄断获取巨大利益。国际金融霸权的历史演进过程表明，金融霸权国家的更迭变化存在周期性规律，强大的经济实力是成就金融霸权的基石，金融霸权随着世界经济强国地位的变化而变化（齐兰，2019）。美国在第二次世界大战后布雷顿森林体系建立时便获得了金融霸权地位，布雷顿森林体系瓦解后，国际货币体系呈现"一强多元"的格局，美国向有限金融霸权过渡（栾文莲，2012）。胡松明（2001）通过对新金融霸权主义的形成条件和表现进行分析，得出"新金融霸权主义不可持续"的结论。以美元本位制为特征的货币体系使美国拥有独特的金融霸权地位并为其带来巨大好处，同时也使其付出了代价。由于美元本位制的内在缺陷使其具有不稳定性和脆弱性，美国长期的低利率、过度消费、投资投机膨胀、储蓄不足和产业空心化必然导致信用泡沫破裂，危机爆发（杨旭彪，2009）。

美国长期滥用金融霸权地位，对发展中国家进行经济掠夺。新冠疫情全球蔓延促使美国金融霸权加速衰落，同时也增大了美国加大对外转嫁危机的可能性（田文林和阚道远，2020）。维护金融霸权是美国全球金融的核心战略；美国作为第二次世界大战后世界政治经济秩序的主导者，始终将美国利益至上与追逐永久霸权或明或暗地糅合在一起；1971 年布雷顿森林体系崩溃之后，美国由金融强国转向了金融霸权帝国（张燕玲，2020）。美国实施金融霸权的基础越来越虚化，在布雷顿森林体系下，在国际债权基础上实现金融霸权；牙买加体系切断了美元与黄金之间的联系，在美元债务货币化极大地扩张的情况下，在债务新基上实施金融霸权（刘爱文和陈洪良，2020）。付争（2013）的研究表明，在牙买加体系时代，美国利用经济规模和金融实力优势构造出美元债务循环体系，美元对外负债与金融霸权之间存在共生关系，美国通过对外负债扩张巩固并强化了其金融霸权地位。

（3）美元霸权。

美元霸权是美国金融霸权和经济霸权的核心组成，也是它们的最高形式。美国凭借美元霸权、投机资本、金融衍生品工具，以及政治、军事、经济和科技方面的优势获得金融霸权地位，在其取得金融霸权地位的过程中，在诸多优势中，美元霸权居首位（杨志文，2011）。其中美元体系是美元霸权的核心工具，美元体系的形成及其金融逻辑的变化使得美国在全球范围内构建了独一无二的超级金融霸权体系（李晓，2018）。美元作为具有垄断地位的国际货币，使美国拥有嚣张的特权（巴里·埃森格林，2011）。

美元霸权最先由廖子光（2002）提出，他将美元在全球经济中的霸权地位描述为"美元霸权"，是指自 1971 年以来美元作为一种没有黄金支撑，没有美国货币和财政政策约束和任何国际约束，而仍具主导地位的国际货币。尹应凯、崔茂中（2009）界定了美元霸权的内涵与外延，"美元的超中心地位＋发行自由化"是美元霸权的生存基础，即美元霸权的内涵，"对全球造成不和谐的影响"是其外延。但是美元霸权的内涵与外延是有内在矛盾的，其生存基础带来生存影响，其生存影响反过来动摇生存基础。在布雷顿森林体系下，美元发行要受黄金制约，而该体系崩溃以后，美元成为纯粹意义上的信用货币，其发行完全依靠美国强大的信用支撑，而不受其他任何约束（张敖，2011）。

美元霸权构成当今国际货币秩序的基本特征。美元霸权下的国际货币秩序是一种不均衡的秩序，其更多地体现了美国的意志和利益。美元霸权下的国际经济货币秩序从根本上来说也是不稳定的（徐涛和侯绍泽，2007）。无论是美国单方面宣布美元与黄金脱钩，还是美国过度发行美元，导致全球美元泛滥，本质上就是向其他国家征税（许馨友和安烨，2013）。美元霸权在金融危机之后不仅没有被削弱，反而更加明显：美国债务绑架全球经济、利用汇率波动制造外围货币危机、肆意发行美元造成全球流动性泛滥、充当世界货币获取"霸权利润"（方家喜，2010）。进入牙买加体系后，美元霸权通过"中心—外围"的国际格局实现了从"资本输出"向"资本输入"角色的转换，由此形成"金融国家"对"贸易国家"的国际分工新格局（梁涛，2018）。

美元霸权的滥用导致世界经济失衡，而美国负债消费模式和全球经济失衡只是表现，同样是美元霸权滥用的结果（林小芳和查君红，2012）。美元霸权是美国金融帝国的标志性符号，美联储长期以来扮演着世界央行的角色，美国借此转嫁金融危机，并通过量化宽松货币政策，不断印刷美元，造成世界经济复苏的不确定性（章玉贵，2013）。美国公共债务可持续性直接关乎美元霸权，美国的对外负债恰好是美元发挥国际货币计价职能、储备职能的体现，这背后恰好体现了美元霸权（秦卫波和蔡恩泰，2019）。自2008年金融危机后，美国通过实施非常规货币政策、"长臂管辖"、金融制裁、军事战略等一系列措施进一步扩张美元霸权，这既增强了美元霸权的对外力量，也加速了世界政经格局朝着均衡方向演变的进程（俞使超，2021）。新冠疫情的全球大流行悄然改变了美元独霸的国际货币体系，伴随着中国和欧盟经济的重大变化，人民币和欧元正在成为美元有力的竞争者，未来国际货币体系正在由美元独霸的格局逐渐向"一超两强"（即美元一超，欧元和人民币两强）的格局转变（袁志刚和林燕芳，2021）。

2.1.2　国际货币金融权力与国际金融主导权

对于国际金融主导权概念内涵的认识是一个逐步的过程，从国际货币权力到国际金融权力，再到对国际金融主导权的认识。

（1）国际货币权力。

货币即权力，货币具有和一切商品交换的功能，使得货币在与其他商品进行交换的过程中具有至高无上的地位，支付货币就等于行使权力。马克思在《资本论》中指出，货币权力是在资本主义社会最终确立并发展起来的，表现为货币对劳动力的占有权、劳动的使用权和劳动成果的支配权；货币权力还通过支配世界市场，从而形成支配世界统治世界的世界权力。[①] 直到20世纪70年代以后，国际货币权力才逐渐成为学界关注的热点。罗伯特·吉尔平（Robert Gilpin）、克拉斯纳（Krasner）和乔纳森·科什纳尔（Jonathan

---

① 马克思恩格斯全集（第31卷）［M］．北京：人民出版社，1998：321．

Kirshner）等著名学者都对国际货币的政治维度进行了一定程度的研究（施箐，2014）。

苏珊·斯特兰奇（Susan Strange）作为国际政治经济学的奠基人之一，关于货币权力的研究成果颇为丰硕，她在《国家与市场：国际政治经济学导论》一书中，给"货币权力"这个概念下了定义。[①] 本杰明·J. 科恩（Benjamin J. Cohen）是货币权力研究的集大成者，长期从国际政治经济学角度研究国际货币，关于国际货币权力的成果非常丰硕，代表性著作有《英镑作为国际货币的未来》和《世界货币的未来》，代表性论文有《货币权力的宏观基础》。[②] 大卫·安德鲁斯（Andrews，David M，2006）指出国际货币权力是一种关系属性，体现为一国的行为变化受到该国与其他国家之间的货币关系的影响。大卫·哈维（David Harvey，2010）的货币理论认为，当代货币是储存社会权力的工具，并通过国家与行业的权力体现。

（2）国际金融主导权概念的提出。

实际上霸权稳定论的首创者 C. P. 金德尔伯格（C. P. Kindleberger）教授用的术语就是"主导权"而非"霸权"。苏珊·斯特兰奇（Susan Strange，1988）最早提出了金融权力的概念，她将金融称为霸权国家维系国际生产关系的四种"结构性权力"之一，拥有"金融结构权力"的国家具有绝对控制全球信贷和汇率的能力。本杰明·J. 科恩（Benjamin J. Cohen，2004）正式提出了货币主导权的概念，指出当一个国家的货币扮演着货币锚、交易货

[①]　Cohen, Benjamin. J. Money and Power in World Politics [Z] //Thomas C. Lawton, James N. Rosenau, and Amy C. Verdun, (eds). Strange Power: Shaping the Parameters of international Relations and International Political Economy, Aldershot: Burlington, 2000: 96.

[②]　Cohen, Benjamin J. The Future of Sterling as an International Currency [M]. London: Macmillan, 1971.

Cohen, Benjamin J. Organizing the World's Money: The Political Economy of International Monetary Relations [M]. New York: Basic Books, 1977.

Cohen, Benjamin J. The Geography of Money [M]. Ithaca: Cornell University Press, 1998.

Cohen, Benjamin J. The Future of Money, Princeton [M]. NJ: Princeton University Press, 2004.

Cohen, Benjamin J. The Future of the Dollar, Hyderabad [M]. India: ICFAI University Press, 2006.

Cohen, Benjamin J. The Future of Global Currency: The Euro Versus the Dollar [M]. London: Routledge, 2010.

Cohen, Benjamin. J. The M acrofoundations of Monetary Power [Z] //David M. Andrews (eds.), International Monetary Power. Ithaca: Cornell University Press, 2006: 31 – 50.

Cohen, Benjamin. J. The International M onetary System: Diffusion and Ambiguity [J]. International Affairs, 2008 (3): 455 – 470.

币和投资货币角色时，该国拥有货币主导权。这里说的货币主导权就是国际货币主导权，这是一种垄断性权力，国际货币主导权国既为国际社会提供以国际货币和逆周期的货币稳定政策为基础的公共产品，也可以设法利用这种权力实现特殊目的（大卫·M. 安德鲁，2016）。

自 2008 年金融危机之后，国内学者对国际金融主导权的关注度越来越高，先后提出了国际金融话语权、国际金融权力和国际金融主导权概念。严海波和江涌（2009）明确提出金融主导权问题，并把金融主导权提到国家安全与发展的战略"制高点"的高度。张茉楠（2010）主张中国应该积极发展碳金融争取金融经济主导权。徐强（2010）认为危机之后，国际经济格局发生微妙变化，中国应借此机会摆脱对发达国家的过度依赖，在科技、金融、内需等方面夯实基础，强化经济主导权。高攀和张文娟（2011）认为当前国际金融体系改革以及金融监管的加强实质是欧盟与美国争夺金融主导权。张谊浩等（2012）深入研究了国际金融话语权，提出中国应该积极争取国际金融话语权。党的十八届五中全会明确提出要"提高我国在全球经济金融治理中的制度性话语权"。

（3）国际金融主导权的内涵与特征。

上述诸多研究虽然都提到或用到金融主导权或者国际金融主动权的概念，但是鲜有对国际金融主导权的内涵进行界定的。笔者自 2012 年开始专门研究国际金融主导权问题，并对其内涵、特征、演变等一系列问题进行了初步研究。

国际金融主导权，是指具有一定经济实力和国际地位的国家以协商与合作的方式积极参与国际金融事务，享有保障本国合法权益、维护国际金融稳定发展、引导国际金融秩序发展方向的主动权和话语权（王仁祥和张应华，2012）。国际金融主导权的内容较为广阔，包括国际货币主导权、国际金融市场主导权、国际金融机构主导权和国际金融规则主导权，国际货币主导权是国际金融主导权的核心，也是国际金融主导权的基础（张应华，2014）。国际金融主导权不同于金融霸权，但是也有密切关系。掌握金融霸权的国家肯定掌握国际金融主导权，可以说金融霸权是国际金融主导权的一种特殊形式。由此，可以将国际金融主导权分为霸权式的国际金融主导权和非霸权式的国际金融主导权。国际金融主导权是一国在国际金融体系中依靠其综合国力和国际影响力所获得的一系列权力的总和，具有结构性、博弈性、多边性和虚拟性的特征（王仁祥和张应华，2012）。

（4）国际金融主导权的形成与演变。

国际金融主导权是随着国际金融市场的发展壮大而不断形成与演变的。国际金融主导权作为维护国际金融体系和秩序的一切权利的集中体现，随着国际金融的发展而丰富，其包含的内容也由早期单一的国际货币主导权（在大部分历史时期与世界财富标志的供应权相同）逐步拓展到国际货币主导权、国际金融市场主导权、国际金融机构主导权和国际金融规则主导权四个方面。在国际金融的发展历程中，荷兰盾、英镑和美元分别在不同历史时期成为主要的世界财富标志及国际货币，国际金融主导权的形成过程也相应经历了由荷兰掌握的萌芽阶段、由英国掌握的形成阶段和由美国掌握的成熟阶段（张应华和王仁祥，2013）。

随着美国宣布美元与黄金脱钩，导致布雷顿森林体系崩溃，美元摆脱黄金的束缚成为非物化的世界财富标志，美国拥有的国际金融主导权演变成不受约束的金融霸权。美国凭借其在国际金融体系中拥有的不受约束的主导权肆意实施金融霸权，谋求最大利益。美国深谙国际金融主导权的巨大好处，穷尽一切手段维护其拥有的国际金融主导权。随着国际力量格局的深刻变化，国际金融主导权将由超级大国垄断的金融霸权向由美国、中国和欧盟等多极主导的多元共享的公平合理高效的扁平权力体系方向转变（张应华，2016）。

2.1.3　国际货币与金融权力的大国博弈

（1）国际货币的大国博弈。

货币即政治，这是中国社会科学院世界经济与政治研究所副所长何帆在为巴里·埃森格林（Barry Eichengreen）的专著《嚣张的特权：美元的兴衰与货币的未来》一书的中译本注作序时的标题。他直接说道，大部分人认为美元成为国际货币是市场自发选择的结果，实际上是依靠国家政策强力扶持实现的（何帆，2011）。货币还是权力，它不仅对社会财富具有"分配效应"，同时也能够为货币发行者直接带来财富，货币与国家权力密不可分，国际货币体系的演变充满着国家间的博弈和斗争（赵柯，2011）。利益博弈是国际货币制度变迁的动力，良币驱逐劣币居于国际货币发展历史的主导地位，国际货币制度的变迁是世界各国利益博弈的结果（吴桂华和王历，

2009）。基于多种群体的不对称演化博弈分析，企业在国际市场上对国际货币的选择和学习是国际货币演化的微观机制（姚大庆，2017）。

2010年欧债危机的爆发本身就是欧元与美元的竞争性扩张的结果，这也表明美元依然是当前国际金融体系的主角，欧元只是配角（廖泽芳和雷达，2012）。国际货币权力是资本主义全球扩张的历史产物，争夺国际货币权力成为近年来产生地缘政治冲突的主要原因（林宏宇和李小三，2012）。从东亚货币博弈的视角来看，人民币汇率的动态变化是博弈均衡的结果，并且其汇率调整存在着政策边界与优化空间（林楠，2013）。以双边随机边界模型为基础分析我国货币与美国、欧盟等经济体货币的汇率博弈发现，我国货币博弈能力低的根本原因是人民币不是国际货币（谭余夏等，2016）。从保持货币政策独立性的角度分析两国货币博弈可知，汇率稳定与货币政策独立性之间存在非线性关系，二元悖论在实践中并不存在（陈雨蒙和李晓峰，2018）。后发的国际货币与在位的国际货币短期博弈中，后发国家货币国际化必然会受到在位国际货币国家的阻碍且会出现囚徒困境；但在长期反复博弈条件下，可能实现彼此的妥协与合作，从而达到帕累托改进的结果（代高琪和刘赫，2021）。

（2）国际金融权力的大国博弈。

国际金融权力是国际权力结构的核心，历来是大国博弈的重要领域。巨大的货币利益使得大国争相将货币国际化作为国家竞争战略，从而构成大国国际金融权力博弈的核心内容（陈雨露等，2005）。20世纪60年代的法美博弈、80年代的日美博弈和21世纪初的欧①美博弈都表明，如果主导货币国拥有压倒性综合实力和货币霸权，体系内国家颠覆和削弱霸权国家货币权力的努力很难成功（陈平和管清友，2011）。大国间的博弈是国际货币体系演化的根本决定因素，根植于异质文化间不同博弈理念的博弈才是更深层次的博弈（禹钟华和祁洞之，2013）。20世纪40~50年代的英美博弈使国际金本位制演化为布雷顿森林体系（葛昕和宋新宁，2015）。经济实力是国际权力的来源，随着国际力量对比的深刻变化，以美国金融霸权为特征的国际金融权力结构不能适应"三足鼎立"的全球化经济基础的变化，这是构成新一轮大国国际金融主导权博弈的根本原因（鞠建东，2020）。

---

① 本书中的"欧"是指欧洲联盟，为大国集团，为便于阐述，亦将其称为"大国"。

（3）中美国际货币金融权力博弈。

中国成为与美国进行新一轮大国国际金融主导权博弈的主角。中国崛起及其导致的国际力量对比变化成为当今世界百年变局的重要特征，也是影响未来国际秩序转型的主要因素（刘丰，2015）。作为崛起大国的中国和霸权国家的美国，围绕着以两国金融权力地位、金融公共产品供给能力和金融制度合法性为主的国际金融制度展开了激烈的竞争与博弈，将对国际金融治理格局产生深远影响（李巍，2016）。随着国际权力格局深度调整，中美金融竞争可能加剧，中美金融博弈主要在国际货币体系、双边金融交往、国际金融制度和国际金融观念四个维度展开（张发林，2020）。尽管如此，作为崛起大国的中国必须清晰地认识到：美国远未进入霸权衰退期，中国也远未崛起到可取代美国霸权的程度，美元在未来相当长的时期内都没有替代者；中国现阶段的战略应该是在美国霸权主导的"系统内的地位提升"（李晓和李俊久，2014）。

部分学者也对中美货币博弈问题进行了一定研究。如张文佳（2014）从利益博弈的视角，分析了金融危机后中美在国际货币制度中的利益博弈。葛昕和宋新宁（2015）基于中美间构建新型大国关系，指出要在货币博弈的结构性困境之下努力化解和规避来自霸权国家的战略反弹与排斥。王冠群和周寂沫（2016）研究了美国信用评级机构对国际货币博弈的影响。段世德（2017）基于美国与英国货币博弈的经验提出了人民币国际化的对策建议。然而，基于国际金融主导权全面研究中美货币博弈的文献鲜见。张应华（2017）仅仅指出中美货币博弈的本质是对国际金融主导权的争夺。

2.1.4 简要评述

通过对以上相关研究文献的梳理，作如下简要评述。

（1）关于霸权稳定论、金融霸权和美元霸权等的相关研究实际上已经论证了国际金融主导权存在的必要性。

在世界无政府状态下，国际金融公共产品由谁提供和国际金融秩序如何维护等，都是国际金融治理所面临的理论与现实问题。霸权稳定论者基于历史和现实情况给出的答案就是由霸权国家充当领导力量主导国际金融治理问题。这实际上也是由国际霸权秩序的本质所决定的，霸权国家主导国际金融事务，本质上就是金融霸权。而作为自第二次世界大战后至今的超级霸主美国实施金融霸权行为、维护金融霸权秩序、谋取金融霸权利益的工具是美元霸权。应该说，美国掌握霸权式的国际金融主导权曾经对国际金融公共产品的供给和维护国际金融稳定等国际金融治理问题起到了相当大的正面作用。

当今国际金融体系本质上仍然是维护美欧西方发达经济体经济利益的金融霸权体制，美国金融霸权和美元霸权是当今国际金融体系的基本特征。同时，这也成为国际金融危机频发和世界经济失衡不断加深的主要原因，美国金融霸权和美元霸权对世界的危害越来越大。随着世界百年变局的加速演变，国际力量对比深刻调整，美国金融霸权不可持续越来越成为共识。但是，世界无政府状态的性质没有改变，未来的国际金融体系仍然需要主导力量即非霸权式的国际金融主导权的格局没有改变。

（2）关于货币权力、国际金融话语权、国际金融权力等的相关研究加深了我们对国际金融主导权的认识。

国际金融主导权不仅有存在的必要，而且内涵十分丰富。货币权力和话语权都是国际金融主导权的表现形式，或者说是国际金融主导权的一部分。国际金融主导权是国际金融权力结构中占主导地位的权力，或者说是国际金融权力的核心。这些研究都表明，当今世界各国经济金融相互紧密联系且存在非对称依赖特征，货币金融关系处处都体现着权力，无论是国际货币的发行流通、支付结算和储备货币，还是国际资本流动、汇率变动、金融市场波动、货币政策调整，都体现着货币金融权力，尤其是大国的货币金融行为的权力更为强大。

但是依靠一个超级大国的金融霸权，已经被理论与现实证明，其自私自利和不受约束的金融权力，不仅不能成为国际金融秩序的稳定力量和国际金融治理的中坚力量，反而成为国际金融秩序的破坏者和不稳定因素。现有的研究虽然对于未来构建什么样的国际金融体系进行了比较丰富的探讨，但是对构建什么样的国际金融主导权格局的研究有限，尤其是直接研究国际金融主导权的文献还是比较少的。

（3）关于国际货币金融权力的大国博弈的研究使我们认识到货币金融权力越来越成为大国博弈的焦点。

由于商品货币化、经济金融化、金融自由化和经济全球化程度的不断加深，国际经济交往中的利益金融化和金融权力化的表现也越来越明显。国家经济利益也越发表现为金融利益，而金融利益又与金融权力密切相关。因而，各国尤其是大国为了维护国家利益，必须维护金融利益，为了维护金融利益，进而必须争夺金融权力。这也是货币金融权力越来越成为大国竞相争夺对象的原因，大国争夺的不仅是一般的金融权力，而是国际金融主导权。尤其是当今世界，世界格局正处于大变革大调整时期，新的崛起大国并未真正崛起，国际地位并未得到确立与认可，同时旧的霸权国家并未真正衰退，这时这种新旧力量之间基于国际金融主导权的博弈会变得更加激烈。

这次世界百年变局，与前次世界百年变局（即 18 ~ 19 世纪那次）的根本不同在于，这次变局将从根本上改变自大航海时代 500 年以来形成的以西方霸权国家为主导的世界格局，将形成东西方更加平衡的格局，并且朝着更有利于东方力量加强的方向发展。而面对这种情况，现有的研究明显不足，但是这却是未来国际金融主导权格局重构所面临的重要国际环境。

（4）正是前人的研究为本书的研究提供了坚实的理论基础，也为本书对基于国际金融主导权的中美货币博弈研究提供了广阔的空间。

本书重点研究未来在非霸权式的国际金融主导权格局下，作为当今世界第一和第二大经济体，也是世界最大的发达国家和发展中国家之间如何进行货币博弈的问题。首先，两国基于国际金融主导权的博弈将决定未来国际金融秩序和国际金融格局的趋势。其次，两国的货币博弈是两国国际金融主导权博弈的核心和基础，也决定着未来国际货币体系的演变方向。最后，两国间能否形成良性的竞合关系在很大程度上决定着未来能否完善国际金融治理体系以及能否提升国际金融治理能力。这是决定着未来国际金融秩序格局的重要理论与现实问题，具有研究的必要性和紧迫性。

2.2　概念界定与研究假设

2.2.1　基本概念界定

什么是基于国际金融主导权的大国货币博弈？要对这个问题进行回答，需要对相关的基本概念进行界定，主要包括全球金融治理、国际金融秩序、国际金融主导权、国际货币主导权、大国货币博弈和国际利益格局。

（1）全球金融治理是全球经济治理乃至全球治理的重要组成部分。它是指各国通过签署协定等方式形成特定的制度、规则和机制，对全球货币事务和金融活动进行管理，以维护全球货币和金融秩序的稳定与公平，进而推动全球经济、贸易和投资等各个领域的健康发展。长期以来，全球金融治理是典型的西方治理格局，国际货币体系以美元为中心，国际金融机构以欧美日为主导，全球金融治理议题设置和规则制定以西方利益优先，美国掌握主导权并实施金融霸权成为全球金融治理框架的最主要特征。然而半个多世纪以来全球金融危机频发的事实表明，美国主导的国际金融治理体系并不是一个具有内在稳定性的制度框架。①

（2）国际金融秩序是国际经济秩序乃至国际秩序在金融领域的集中表现。它是指在一定的世界格局基础上形成的一系列由国际金融规则、国际金融协议、国际金融惯例和国际金融组织所构成的国际金融行为准则与相应保障机制。② 国际金融秩序是大国之间国际金融权力分配、利益分配和共有观念形成的结果，其主要表现就是全球性国际制度的创立与运行。国际金融秩序兼具稳定性与变革性的特征，随着崛起大国实力的不断增强，国际影响力不断提升，利益格局发生变化，必然触及国际金融秩序重建，对国际金融秩序变革的诉求也会愈发强烈。③

（3）国际金融主导权是居于核心和主导地位的国际金融权力。随着金融全球化不断发展，金融作为国际权力的来源与表现形式变得越来越重要。根据国际政治经济学理论，国际金融权力是指行为体依据其在国际金融体系中的实力和自身意愿，影响其他行为体的观念及行为的能力。不同行为体在国际金融权力中的层级与位次是不同的，或者说不同行为体的国际金融权力大

---

① 张礼卿. 全球金融治理面临的八个问题 [J]. 中国外汇，2021（7）：6-10.

② 国际金融秩序是国际秩序的重要组成部分，根据《多边治理与国际秩序》，国际秩序是指在一定的世界格局基础上形成的一系列国际行为准则和相应保障机制，通常包括国际规则、国际协议、国际惯例和国际组织。本书所讲的国际金融秩序正是根据国际秩序的定义来界定的。参见：潘忠岐. 多边治理与国际秩序 [M]. 北京：北京联合出版社公司，2006。

③ 这也是基于国际秩序稳定性与变革性的特征对国际金融秩序进行界定的。参见：门洪华. 中国崛起与国际秩序变革 [J]. 国际政治科学，2016，1（1）：60-89.

小是不一样的。① 在国际金融体系中拥有最大的影响其他行为体观念及行为的能力的国家，在国际金融事务中发挥核心影响或具有主导地位，这样的国家就拥有国际金融主导权。国际金融主导权的形式包括霸权式和非霸权式，到目前为止国际金融主导权都以金融霸权形式出现，随着未来霸权国家衰退，非霸权式的国际金融主导权有望出现。②

（4）国际货币主导权是掌握着国际货币发行、流通、支付和储备货币核心与主导地位的国家所拥有的权力。在没有世界中央银行和超主权世界货币的情况下，主权国家货币国际化成为世界货币，由此形成特殊的国际影响力，这就是国际货币权力。国际货币权力通常由世界强国或国家联盟（如欧盟）掌握，它们运用这种权力获得国际体系内的不对称优势，操控国际体系资源，谋求超额国家利益，左右世界经济的发展，乃至影响国际格局的演变。③ 随着经济金融全球化的深化，国际货币权力成为国际金融权力的核心，国际货币主导权也成为国际金融主导权的核心。国际货币主导权与国际金融主导权通常都由霸权国家所掌握，大国之间的竞争逐渐由地缘政治转向"币缘政治"。④

（5）大国货币博弈是当代国际关系的重要内容。大国货币博弈的直接目标是争夺国际货币主导权，具体内容包括：尽可能地推动本国货币国际化并成为主要世界货币，制定有利于本国的国际货币交易规则，实施有利于本国的国际货币行动，构建有利于本国的国际货币体系。大国货币博弈的最终目标是争夺国际金融主导权，形成本国在国际利益格局中占主导的国际金融秩序。可以说，大国货币博弈是大国间争夺国际金融主导权的核心或关键一步。

---

① 权力就是影响他人观念与行为的能力。参见：张发林. 国际金融权力：理论框架与中国策略 [J]. 当代亚太，2020（6）：124－152＋156－157。

② 本书强调的国际金融主导权不同于金融霸权，金融霸权是以高度垄断和强制占有为特征，以实力为基础的控制权和操纵权，是不公正的、不合理的；而国际金融主导权应该是以协商和合作为主要手段，以维护公正、合理的国际金融关系为宗旨，两者有着本质的区别。毫无疑问两者也存在着一定联系，实施金融霸权的国家拥有国际金融主导权，而掌握国际金融主导权的国家不一定能（或会）实施金融霸权。参见：张应华. 国际金融主导权：形成与转移 [M]. 北京：中国商务出版社，2019：45－47。

③ 林宏宇，李小三. 国际货币权力与地缘政治冲突 [J]. 国际关系学院学报，2012（1）：6－11.

④ 肖康康，顾永昆，罗成. 国际货币权力的起源、结构与运行机制——基于非对称性相互依赖分析的视角 [J]. 财经问题研究，2018（9）：35－42.

（6）国际利益格局是主要大国在有秩序的国际体系中通过竞争与合作，协商和分配彼此利益形成的默契或安排。国际利益格局构成国际秩序的核心维度，在稳定有效的国际秩序下，大国间的实力对比与利益格局之间存在动态平衡和相互匹配关系。国际秩序的建立、维护与变革不仅依赖大国间实力的较量和博弈，还受大国间利益格局的约束和限制。① 正如罗伯特·鲍威尔所论证的一样，当实力对比与利益分配之间相匹配时，国际秩序相对稳定；当实力对比与利益分配之间不匹配时，国际秩序出现混乱。② 因此，国际金融利益格局也成为理解大国间基于国际金融主导权进行货币博弈的逻辑起点。

2.2.2　研究基本假设

基于国际金融主导权的大国货币博弈研究何以必要？对于这个问题的回答正源于国际政治经济学理论的若干假设，主要包括：世界无政府状态；经济金融全球化趋势不可逆；大国无战争时代；大国是理性的自利性行为体；守成大国与崛起大国是博弈主体；世界货币权力是国际金融主导权的核心；国家实力与国际权力并非同步增长。

（1）假设一：世界无政府状态。

当今世界最本质的特征就是不存在世界政府，在主权国家之上不存在世界中央政府维护国际社会秩序，也没有世界中央银行充当最后贷款人角色，国际政治经济社会处于一种"无政府治理"的"无序"状态。③ 主权国家作为全球治理的主体存在着集体行动的困境，主权国家追求自身利益最大化的个体理性与国际社会公共利益之间存在着冲突与矛盾。在世界政府缺位的情况下，容易造成"公地悲剧"和治理赤字。面对超级大国的霸权行径、气候变暖、恐怖主义、金融经济危机等全球问题，国际社会缺乏权威性的世界性机构作出理性决策并贯彻执行，导致全球治理失灵。

---

① 刘丰. 国际利益格局调整与国际秩序转型 [J]. 外交评论（外交学院学报），2015，32（5）：46–62.

② 吉尔平研究了单个国家的成本收益状况，罗伯特·鲍威尔论证了大国间的实力对比与利益分配的匹配程度和国际秩序稳定之间的关系。参见：Robert Powell. Stability and the Distribution of Power [J]. World Politics, 1996, 48 (2): 239–267。

③ 张宇燕，任琳. 全球治理. 一个理论分析框架 [J]. 中国社会科学院国际研究学部集刊，2018，11：215–232.

（2）假设二：大国无战争时代。

大国间爆发全面战争变得稀少，这已成为当今国际关系的一个重要特征。不仅大国间的战争次数在减少，而且所有的国际性战争都呈整体下降趋势且数量维持在很低水平。[①] 甚至有学者断言，未来大国间爆发战争的可能性近乎消亡（Michael Mandelbaum，2002；John Mueller，2009）。一方面，世界各国经济相互依赖，战争的成本往往大于其可能获得的收益，大国间的任何军事冲突都会变得谨慎。另一方面，当今世界主要大国都具有核威慑能力，它们之间难以爆发核战争以及有可能升级为核战争的大规模常规战争。[②]

（3）假设三：全球经济相互依赖与利益冲突并存。

在全球化快速发展和通信交通高度发达的今天，全球已经变成了一个地球村。国际分工越来越细、专业化程度越来越高，各行业形成了高度发达高度依赖的全球性产业链、供应链和价值链，各国经济紧密联系且相互依赖，而且这种趋势不可逆转。由于实力、资源与优势不同，各国处于非均衡的相互依赖状态。这种非对称性使得各国在国际交往中所获得的利益是不均衡的，付出的代价也是不平等的，因此各国经济相互依赖与利益冲突并存。这也意味着在非对称性的相互依赖条件下，各国在国际关系中权力的非对称性，这正是构成两国间冲突的利益根源。[③]

（4）假设四：大国是理性的自利性行为体。

基于理性经济人的假设，国家作为一定范围内的人群所形成的共同体是理性行为体，如果国家失去了理性或进入非理性状态，必将付出沉重的代价。国家作为具有人格化的行为体，甚至比个人更具理性。国家理性是以追求国家利益最大化为目标，即理性的自利性行为体，大国更是如此。首先，大国在国际政治经济关系中的行为动机是自利的，优先考虑国家的自身利益，就像特朗普明确提出"美国优先"一样。其次，大国在国际关系中的行为目标是理性的，其所有决策和行为都会经过权衡利弊与成本收益核算，尽

---

① Marie T. Henehan and John Vasquez, "The Changing Probability of Interstate War, 1986—1992" [A]. in Raimo Vayrynen, ed. , The Waning of Major War [M]. London and New York: Routledge, 2006: 14.

② 杨原. 武力胁迫还是利益交换？——大国无战争时代大国提高国际影响力的核心路径 [J]. 外交评论（外交学院学报），2011，28（4）：96-116.

③ [美] 罗伯特·基欧汉，约瑟夫·奈. 权力与相互依赖（第3版）[M]. 门洪华，译. 北京：北京大学出版社，2002：3-9.

可能选择成本风险最小化或收益最大化。①

（5）假设五：守成大国与崛起大国是博弈的主体。

大国是国际关系研究中非常重要的概念，尽管不同学者有不同的定义，但是大国必须具有领先的国家实力，包括经济实力、科技实力和军事实力等，尤其是军事实力。比如，冷战后公认的大国名单基本包括美国、中国、俄罗斯、日本、英国、法国和德国。② 但是真正对国际金融主导权具有博弈的实力基础与强烈意愿的大国，通常是守成大国和崛起大国。守成大国指的是国际金融主导权的原拥有国，通常是当时世界上最强大的国家。崛起大国指的是新兴发展国家，并且其快速发展，综合实力逼近且有望超过守成大国，通常是世界第二强的国家。

（6）假设六：国际货币主导权是国际金融主导权的核心。

国际货币是市场选择和国家权力共同作用的结果，是主权国家货币在国际市场上的延伸。国际货币权力源于国际经济非对称性的相互依赖，权力基础是国家间的实力差距。③ 国际货币权力的实施过程就是，关键国际货币发行国通过不平衡的国际货币关系影响或主导他国的国际货币行为，这也是国际金融主导权权力的核心体现。要获得国际金融主导权，最重要的就是要推动本国货币成为关键国际货币，并构建以本国货币为核心的国际金融体系。④

（7）假设七：国际权力是通过大国竞争所获。

国际权力并非因国家实力的上升而自然获得。依据罗伯特·O. 基欧汉（Robert. O. Keohane）与约瑟夫·S. 奈（Joseph S. Nye）合著的《权力与相互依赖》对权力的定义，权力被视为对资源的控制或对结果的潜在影响，他

---

① 柏拉图认为理性是国家本性的核心，黑格尔将理性视为国家产生的唯一根源。参见：阳立高，廖进中. 理性经济人批判与国家理性行为体假说 [J]. 现代经济探讨，2010（7）：90 - 92。

② ［英］巴里·布赞. 美国和诸大国：21 世纪的世界政治 [M]. 刘永涛，译. 上海：上海人民出版社，2007：72；Raimo Vayrynen，"Introduction"，p. 13；Stephen G. Brooks and William C. Wohlforth，World out of Balance：International Relations and the Challenge of American Primacy [M]. Princeton and Oxford：Princeton University Press，2008：29。

③ Andrews，D. M. International Monetary Power [M]. Ithaca：Cornell University Press，2006：51 - 71.

④ 国际金融体系发展的本质就是随着国际货币体系的演变而发展，从早期的金本位制，到"二战"后的布雷顿森林体系，再到现在的牙买加体系，其演变的本质就是国际货币的演变。一国要掌握国际金融主导权，其前提是本国货币要成为主要的国际货币。参见：张应华. 国际金融主导权：形成与转移 [M]. 北京：中国商务出版社，2019：33 - 34。

们认为在非对称相互依赖处于优势地位的行为体并不能保证获得的政治资源一定会导致在对结果的控制方面占据优势。① 在全球经济治理中，国家实力的变化仅仅影响话语权的大小，但仅仅拥有军事、经济与丰富资源，并不能转化为权力本身。② 这表明国家实力资源不会自动转化为国际权力，国际金融主导权也并非因国家实力而自然获得。

（8）几条推论。

基于以上的假设，可以得出以下几条推论。

推论一，在全球不存在世界政府和中央银行的状态下，全球金融治理主要由大国主导，大国由此获得国际金融主导权，霸权国家据此实施金融霸权。

推论二，在大国经济互相紧密依赖的世界里，基于大国无战争，掌握国际金融主导权的大国可以获得超额金融利益、金融安全保障和国际金融影响力等多重好处，崛起大国与守成大国间最有实力和意愿围绕国际金融主导权而展开激烈争夺与非武力博弈。

推论三，推动本国货币上升为世界主导货币，并构建以本国货币为核心的国际金融治理体系成为大国争夺国际金融主导权的博弈核心战略。

2.3 大国货币博弈的基本逻辑

根据章节2.2的概念界定和假设推论可知，在世界无政府和中央银行的状态下，全球金融治理主要由大国或大国集团主导，由此大国获得国际金融主导权。纵观世界经济发展，大国领先的相对力量从来不是一成不变的，而是不断兴衰与更替。根据保罗·肯尼迪所著的《大国的兴衰》，自16世纪经济全球化以来，大国体系中领先国家先后有西班牙、荷兰、英国和当今的美国。③ 从美

---

① 以资源类型为衡量标准的权力与以对结果的影响为衡量标准的权力之间很少出现异议对应的关系。一般而言，政治谈判是将潜力转化为影响的手段，但是许多潜力却在转换过程中遗失了。参见：罗伯特·基欧汉，约瑟夫·奈. 权力与相互依赖 [M]. 门洪华，译. 北京：北京大学出版社，2019：12 – 13。

② ［德］托马斯·里斯. 全球化与权力：社会建构主义的视角 [J]. 肖莹莹，译. 世界经济与政治，2013（10）：23 – 37.

③ ［美］肯尼迪. 大国的兴衰 [M]. 陈景彪，译. 北京：国际文化出版公司，2006（1）：2.

国桥水基金经理达利欧对这些大国兴衰规律的研究可知，大致每隔100年世界会有大变局。[①] 在每个大国的领先时期内，大国间的权力与利益格局存在动态平衡和相互匹配关系。但随着大国间力量对比发生巨大改变，这种动态平衡和匹配关系会被打破。大国间利益分配与权力争夺的博弈会加剧，进而国际经济金融制度与规则相应调整，构建新的激励机制并形成新的国际经济金融秩序，国际金融主导权发生转移，达到一个新的国际利益和权力均衡格局。

基于世界经济发展的这种演进逻辑，构建起"基于国际金融主导权的大国货币博弈"的基本逻辑（见图2-1）：国际力量对比的根本性变化→国际利益格局的巨变→大国间基于国际主导货币展开博弈→国际金融制度与规则调整→大国间基于国际金融主导权展开博弈→国际金融主导权发生转移→构建正和博弈激励机制→国际利益均衡新格局形成。在经历一定周期后，随着国际力量对比发生剧烈变化，又开始新一轮的大国博弈。

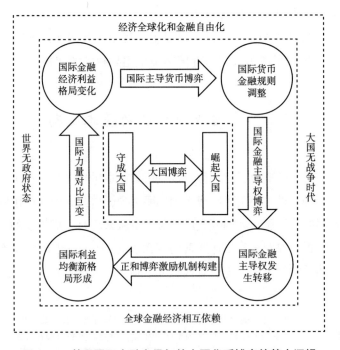

图2-1 基于国际金融主导权的大国货币博弈的基本逻辑

---

① Ray Dalio Commentary. The Changing World Order：The Big Cycles Over the Last 500 Years［EB/OL］. GuruFocus. com，2020.

根据图 2 - 1 基于国际金融主导权的大国货币博弈的基本逻辑可知，主要博弈逻辑包括四个层次：博弈动因是世界经济发展中国际利益格局的演变；博弈主体是具有相当综合实力和影响力的大国；博弈核心是国际货币金融制度与规则调整和重构；博弈机制是大国博弈策略选择的依据与博弈均衡结果的关键。

2.3.1　博弈动因：国际利益格局的演变

国际关系最本质的是利益关系，国际利益格局的演变是大国间博弈加剧的根本动因。人类社会最重要的关系就是利益关系，正如马克思所说，"人们奋斗所争取的一切，都与他们的利益有关"。① 国际社会也一样，国际关系的实质就是利益关系，"国家间没有永远的朋友，也没有永远的敌人，只有永远的利益"。② 国家利益是国际关系的决定因素，国际利益格局的演变预示着国际秩序的转变和国际权力格局的调整与转变。因此，研究世界经济发展中国际利益格局的演变成为研究大国间基于国际金融主导权进行货币博弈的逻辑起点。

国际利益格局实际上就是国际上利益分配关系。利益关系属于生产关系范畴，最重要的是分配关系。国际利益分配关系，是在经济全球化过程中由社会生产力发展和科技进步决定的。科技作为第一生产力，每一次科技革命的爆发都极大地促进生产力水平的提高，进而推动国际利益格局的改变。18 世纪中后期，英国引领第一次工业革命，使人类由农业社会进入了工业社会（蒸汽时代）。英国成为当时世界生产力水平最高的国家和世界工厂，国内的原材料和市场远不能满足其生产与销售的需要，于是用坚船利炮开辟了以英国为首的全球殖民贸易体系，形成了中心—边缘国家的国际利益格局。③ 19 世纪 60 年代，美国引领了第二次科技革命，使人类进入了电气时代。20 世纪 60 年代，美国再次引领了第三次科技革命，使

---

①　马克思恩格斯全集（第 1 卷）[M]. 中共中央马克思恩格斯列宁斯大林著作编译局，译. 北京：人民出版社，1972：82.

②　这是 19 世纪时任英国首相帕麦斯顿的一句名言，被广泛引用。参见：David Brown. Palmerston and the Politics of Foreign Policy, 1846 – 1855 [M]. New York, Manchester University Press, 2002。

③　张康之，张桐. 论普雷维什的"中心—边缘"思想——关于世界经济体系中不平等关系的一个分析框架 [J]. 政治经济学评论，2014，5（1）：33 – 51.

人类进入了信息时代。美国凭借其强大的科研、军事和经济实力，成为当今全球最大的消费市场和金融市场，形成了消费型—生产型—资源型国家的国际分工和利益分配格局。①

国际利益格局不是随着生产力水平提高、科技进步和国家实力提升而自然形成的，而是国家间尤其是大国间竞争与博弈的结果。生产力决定生产关系，但生产关系也反作用于生产力。在旧的生产关系退出历史舞台之前，会竭力阻止新的生产关系的形成。随着生产力的巨大进步，世界各国和利益集团之间的实力结构发生了巨大变化，但是国际利益与权力分配格局仍未被打破，新旧势力之间必然展开激烈而艰苦的斗争与博弈。② 传统的守成大国为了捍卫既得利益和权力，必然拼死维护原有国际利益与权力分配格局；新兴的崛起大国为了争取其发展利益，也必然竭力冲破原有格局的藩篱。尤其是在国际秩序主导权体系调整转换的过程中，一切都尚未最终定格之前，守成大国与崛起大国之间的博弈尤为激烈。

2.3.2 博弈目标：国际金融主导权

金融是现代经济的核心，也是现代大国竞争与博弈的焦点。现代大国竞争已经由以前的制海权、制空权的争夺转向制金融权的争夺，谁掌握了国际金融主导权（即制金融权）谁就掌握了大国竞争与博弈的制高点。③ 正如华尔街的一句名言，"谁掌握了世界金融，谁就掌握了整个世界"。金融是百业之首，金融占据全球产业链、价值链、利益链的制高点，决定了国家之间的利益分配格局。大国间的利益分配格局从由以前的殖民地与实力范围所决定转向了由在国际金融权力体系中的地位所决定，谁掌握了国际金融主导权谁就站在了全球利益链的顶端。

大国一直是国际金融主导权博弈的主体。世界市场的形成与世界经济的发展本身从一开始就是由西方资本主义国家主导的，资本在这一过程中始终

① 马晓河. 迈过"中等收入陷阱"的需求结构演变与产业结构调整［J］. 宏观经济研究，2010，4（11）：3-11.
② 陈江生. 经济全球化的历史进程及中国机遇［J］. 人民论坛，2021，4（13）：22-25.
③ 国际金融主导权在当今国际竞争中占据重要位置，可以与制海权、制空权相提并论，叫作制金融权。详见：王仁祥，张应华. 国际金融主导权的缘由、内涵与特征——基于广义虚拟经济视角的分析［J］. 广义虚拟经济研究，2012，3（2）：29-36。

占据支配地位，并在资本追逐利益最大化和无限扩张的逻辑下不断推动经济全球化、金融自由化进程。经济全球化实质上就是资本全球化不断演进的过程，在这个过程中，资本的形式不断演变，资本渗透的广度与深度不断加强。从 17～18 世纪的商业资本全球化，到 19～20 世纪中期的产业资本全球化，到 20 世纪中后期发展为金融资本全球化，一直演变成当今世界的垄断金融资本全球化。资本始终是经济全球化背后的推动力量，资本家和代表垄断金融资本利益的资本主义国家始终处于国际利益格局的有利地位，成为经济全球化的最主要受益者。

在世界无政府状态下，国际金融主导权由当时的世界强国掌握。随着世界经济的发展，国际货币成为世界经济发展的必要公共产品，但是在世界无政府和中央银行的状态下，主权国家货币承担国际货币职能成为不二选择。少数主权国家货币发展成为国际货币，其国家中央银行充当着不受国际约束的世界中央银行的角色，这为该国带来巨大的货币收益和权力，这也成为历来世界强国竞争与博弈的一个焦点。无一例外，当时的世界强国都掌握着国际货币主导权，如果你控制了货币，你就控制了整个世界。18 世纪的荷兰、19～20 世纪的英国、20 世纪中期至今的美国，作为相应时期的世界强国，其国家货币都成为当时的最主要国际货币。19～20 世纪构建了以英镑为核心的国际金本位制体系，20 世纪中期至今构建了以美元为本位币的布雷顿森林体系和牙买加体系，凭此大国掌握着相应时期的国际金融主导权。大国作为国际金融主导权掌握与博弈的主体，直接推动国际金融秩序的演变，大国的博弈行为理应成为重要研究内容。

2.3.3 博弈核心：国际货币金融制度与规则

制度是现代经济发展的基础，制度对一个国家或地区经济增长发挥着重要作用。诺斯对不同国家（地区）经济史的研究表明，制度对一个国家或地区的经济增长起到决定性作用，甚至是决定长期经济绩效的根本因素。[①] 马克思也十分强调经济制度的重要性和历史性，认为经济制度属于调节生产关

---

① ［美］道格拉斯·C. 诺斯. 制度、制度变迁与经济绩效 [M]. 杭行，韦森，译. 上海：格致出版社，上海三联书店，上海人民出版社，2008：147.

系的规则范畴，经济制度与生产力之间也有一个从适应到不适应，然后必须进行改革与调整到再适应的过程。只有经济制度适应生产力发展要求时，才能促进经济发展，否则就会阻碍经济发展。任何一种经济制度都有其产生、形成、发展和消亡的历史过程，没有一成不变的经济制度。

制度也是国际秩序的重要内容，是协调国际利益冲突、维护国际规则的重要工具。国际秩序的历史演进本身就体现为国际制度的改革与发展，国际金融秩序的演变也表现为国际货币金融制度的变迁与规则的变革。大国间基于国际货币金融主导权的博弈，焦点就是对国际货币金融制度改革与规则制定的主导权，国际货币金融规则主导权也是国际金融主导权的最高表现。而任何制度的建立都反映了一定利益集团的利益，国际金融制度的建立同样反映了主导国家的利益，而且一旦国际制度形成，就会使之固定化、合法化和长期化，对国际利益分配格局产生根本性影响。因此，大国间，尤其是守成大国与崛起大国之间基于国际金融规则主导权是否进行竞争与博弈成为决定国际金融主导权是否发生转移的重要因素。

国际货币金融制度是国际金融秩序的重要支柱，国际货币金融主导权是国际金融主导权的最高表现。对国际货币金融制度变迁与规则变革的研究，自然成为研究大国国际金融主导权博弈的重要内容。

2.3.4　博弈机制：激励机制与利益均衡

各国的国际金融活动总是在一定的国际金融制度、组织与行为准则下进行的，不同的国际金融制度结构与组织安排会以不同的方式引导、规范和约束各国的国际金融行为，相应地，带来不同的交易成本和利益分配，影响各国的行为选择，进而影响国际金融发展与稳定。在没有世界中央政府的权威权力执行机关的情况下，要使各国自觉遵守以国际金融制度为基础的国际金融规则，促进国际金融的健康发展与稳定，规避大国间因过度竞争与对抗博弈而陷入囚徒困境，这就需要设计正确的激励结构和激励措施。

通过有效的激励机制形成制度的正向激励，促使各国之间达到利益均衡和激励相容。合理的机制设计能够有效解决各国的个体利益与国际集体利益之间的矛盾冲突，规避国际金融活动陷入集体行动困境，特别是陷入 20 世纪 30 年代各国以邻为壑的对抗博弈陷阱。合理的激励机制可以使遵守国际金融规则的大国降低交易成本，获得更好的金融利益，从而激励大国采取兼顾国家个体利益和国际公共利益的博弈行为。而那些不遵守相应规则的大国的交易成本会增加，金融收益也会受损。科学合理的激励机制会促使博弈大国选择适当的博弈策略，进而促使国际金融活动达到利益均衡以及金融健康发展和稳定的目的。因此，如何设计科学合理的激励机制，以及在此机制下，博弈大国如何选择博弈策略成为基于国际金融主导权的大国货币博弈研究的必要内容。

2.4　本章小结

首先，本章梳理了基于国际金融主导权的大国货币博弈研究的学术史，从理论起源、概念提出与大国博弈三个方面展开。国际金融主导权理论渊源可以追溯到霸权稳定论，霸权稳定论的核心观点就是世界需要一个大国充当国际金融经济的稳定者，这从侧面论证了在世界无政府状态下国际金融主导权存在的客观需要。金融霸权和美元霸权实际上就是霸权稳定论的延伸，是霸权稳定论的具体实践形式，也是由霸权国家独霸国际金融主导权的特殊形式。国际金融主导权的内涵非常丰富，包括国际货币主导权、国际金融市场主导权、国际金融规则主导权和国际金融机构主导权，其中国际货币主导权是其核心。以国际货币主导权为核心的国际金融主导权成为大国博弈的焦点，尤其是在守成大国与崛起大国之间。

其次，对基于国际金融主导权的大国货币博弈研究涉及的基本概念进行界定、基本条件进行假设。基本概念主要包括全球金融治理、国际金融秩序、国际金融主导权、国际货币主导权、大国货币博弈和国际利益格局。基本假设包括：（1）世界无政府状态；（2）经济金融全球化趋势不可逆；（3）大国无战争时代；（4）大国是理性的自利性行为体；（5）守成大国与崛起大国是博弈主体；（6）世界货币权力是国际金融主导权的核心；（7）国家实力与国际权力并非同步增长。由此得出几条重要推论：（1）在全球不存在世界政府和中央银行的状态下，全球金融治理主要由大国主导，大国由此获得国际金融主导权，霸权国家据此实施金融霸权；（2）崛起大国与守成大国间最有实力和意愿围绕国际金融主导权而展开激烈争夺与非武力博弈；（3）推动本国货币上升为世界主导货币，并构建以本国货币为核心的国际金融治理体系成为大国争夺国际金融主导权的博弈核心战略。

最后，总结出基于国际金融主导权的大国货币博弈的基本逻辑。博弈动因是由于国际利益格局的演变，原有的国际金融主导权格局不能适应国际利益格局变化。博弈目标就是争夺国际金融主导权，现代大国竞争已经由以前的制海权、制空权的争夺转向制金融权的争夺，谁掌握了国际金融主导权（即制金融权），谁就掌握了大国竞争与博弈的制高点。博弈核心就是构造以本币为核心、以本国为主导的国际货币金融制度与规则。博弈机制是通过正向激励机制破解零和博弈或负向博弈形成的囚徒困境，促进合作和正向博弈，实现共赢与多赢，达到利益均衡。

第3章

现象观察：基于国际金融主导权的 大国货币博弈的三大实例

自 20 世纪以来，美国为争夺和维护以美元为核心、以美国为主导的国际金融主导权地位，先后与英国、日本、欧盟和中国展开了以货币博弈为核心的系列大博弈。其中与英国的博弈属于争夺国际金融主导权的货币大博弈，与日本、欧盟和中国的博弈属于维护国际金融主导权的货币大博弈。由于与英国争夺国际金融主导权的货币博弈内容更丰富，过程更精彩，意义更重大，因此在第 4 章单独作为一章进行分析。本章主要分析美国为维护国际金融主导权，打压和遏制崛起大国或经济体（欧盟）对其的威胁与挑战而展开的货币博弈行为。

3.1　20世纪80年代美日间展开的货币博弈

关于 20 世纪 80 年代美日之间展开的一系列博弈的研究可谓汗牛充栋，对于美日博弈的背景、原因、过程、经验与教训都进行了比较全面系统的研究。但是这些研究主要是从产经、贸易等角度进行的，较少从货币博弈视角进行研究，即使是从美元日元汇率角度进行的研究，也主要是基于汇率博弈事实本身的研究，缺乏从守成大国与崛起大国双方基于国际金融主导权的竞争而展开货币博弈视角进行研究。以下的内容主要基于日本作为当时世界第二大经济体，成为对美国霸权地位最有挑战可能和构成威胁的经济体的宏大背景，从美国为维护以国际金融主导权为核心的金融霸权经济霸权而对日本展开货币博弈的视角，重新解读那段精彩的历史。

3.1.1 美日货币博弈的背景与目标

20 世纪 70 年代末 80 年代初，美国经济陷入高通胀低增长的滞胀困境，而日本经济的快速崛起对美国产业的竞争优势和美国霸权地位构成威胁，这是美日货币博弈的重要背景。美国在两次世界大战中大发横财，从经济实力、军事实力、科技实力、金融实力、国际影响力等方面全方位超越昔日霸主英国成为世界超级大国，构建了以美国为主导的以布雷顿森林体系、关贸总协定和联合国宪章为核心的战后国际经济政治秩序。为维护其霸权地位，第二次世界大战结束后美国先后发动了朝鲜战争和越南战争。美国利用其在布雷顿森林体系中构建的美元体系，通过向世界输出美元为这两场战争调配资源。

美元不断地流向世界，国际市场经历从美元荒到美元成灾的演变，这也冲击了布雷顿森林体系的根基——美元与黄金兑换的固定比例。由于美国黄金随着美元的不断流出而大幅流失，1971 年尼克松宣布关闭美元兑换黄金的窗口（俗称"尼克松冲击"）后布雷顿森林体系崩溃了，国际货币体系由固定汇率制度演变为浮动汇率制度。大量的美元泛滥，加之 20 世纪 70 年代爆发的两场中东战争，引发了石油危机，推高了石油价格，使得美国陷入了经济低增长高通胀的滞胀时期。如图 3－1 所示，在 1973～1982 年的 10 年间，平均通胀水平达到 8.7%，其中有四个年份超过 10%，1980 年到达 13.55% 的历史高位。而同期国内生产总值（GDP）增长率年均只有 2.41%，远低于此前十多年 4.21% 的增长水平。

与美国经济滞胀形成鲜明对比的是，日本经济正在演绎日本奇迹，美日贸易逆差不断扩大，日本制造业的快速崛起，使得美国制造业失去了竞争优势，其已经对美国霸权地位构成威胁，这也是美日货币博弈的一个重要背景。战后为了把日本打造成为东西对抗的前沿阵地，以及为其两场战争建造军备物资的军工厂，美国放松了对战败国日本的管制，与日本构成了特殊的军事安全经济同盟。日本在获得安全保障的情况下专注发展经济，其出口市场主要是美国。日本制造的商品在满足美国百姓消费和军事需要的同时，也对美国制造业构成了冲击，美日间的贸易摩擦不断加剧。美日之间的经贸摩擦于 20 世纪 50 年代集中于纺织品等劳动密集型产业，到 70 年代集中于钢铁汽车等资本密集型产业，发展到 80 年代变成了家电、工程机械，乃至电子、半导体等高科技产品，这已经严重削弱了美国制造业的优势地位。

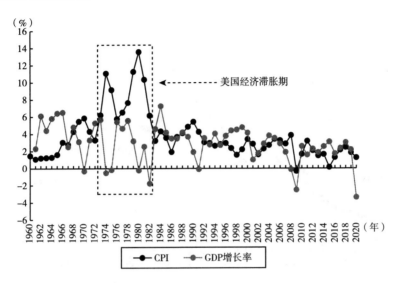

图 3 - 1　美国 GDP 增长率与 CPI 走势（1960 ~ 2020 年）

资料来源：根据世界银行数据资料制作（https：//datatopics. worldbank. org/worlddevelopment indicators/themes/economy. html）。

随着美日之间制造业优势的此消彼长，美日之间的贸易不平衡问题也越来越严重。1984 年美国创下 1090 亿美元的经常项目赤字的历史纪录，1985 年又刷新纪录达到 1485 亿美元，其中对日本的逆差占到总赤字的 1/3。同时，1968 年日本超过当时的联邦德国成为世界第三工业强国，并且与美国 GDP 规模差距不断缩小。从 1960 年日本 GDP 不到美国的 10%，到 1971 年用了 11 年的时间达到了 20.6%，到 1978 年这一比例达到了 43.1%，只用了短短 7 年的时间日本 GDP 规模增长了 1 倍（见图 3 - 2），1987 年日本 GDP 规模超过苏联成为世界第二大经济体。在资本输出方面，日本成为新兴的债权大国，到 1983 年成为世界最大的净债权国；到 1985 年，美国变成了自 1914 年以来的首次净债务国，而且是世界上最大的债务国。美日在经济、科技等多方面的地位优势的反差，激起美国对其霸权地位强烈的忧患意识，美国民众对日本威胁的持续担心已经超过了当时的苏联。1979 年，美国哈佛大学傅高义教授出版了《日本第一》一书，以"对美国的启示"为副标题，受到了读者的热捧，这也反映了当时民众的一种担忧。① 日本已经成为美国最主要的外国竞争对手，日本的制造业对美国产业的竞争力构成严重冲击，甚至在超级计算机、半导体、超导、复合材料、电子通讯设备等至关重要的高新技术领域对美国的竞争优势构成挑战。②

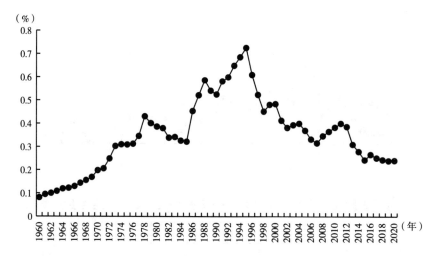

图 3 - 2　日本 GDP 占美国 GDP 的比重走势（1960 ~ 2020 年）

资料来源：根据世界银行数据资料制作（https：//datatopics. worldbank. org/worlddevelopment indi-cators/themes/economy. html）。

日本经济的崛起对美国霸权地位构成了严重威胁与挑战，这是美日货币博弈的重要背景。美日货币博弈只是美国为解决日本经济崛起对其霸权地位构成的威胁而采取打压与遏制战略中的一环，但也是美国战略成功，而日本经济就此一蹶不起的关键一环。从本质上讲，美日货币博弈是守成大国与崛起大国之间基于维护和调整霸权地位的大国博弈的重要内容。美国的目标非常明确，就是要解除日本崛起对其霸权地位的威胁，先发制人将威胁消灭在萌芽之中。日本的目标也很明确，就是尽可能地规避或减少美国的报复性政策，以降低对本国经济发展的阻碍，实现国家的和平崛起。

---

① Vogel, E. F. Japan as Number One：Lessons for America, Harvard University Press, Cambridge, USA, 1979.

② Cohen, S. D. United States-Japan Trade Relations ［J］. Proceedings of the Academy of Politcal Science, 1990, (37).

3.1.2 美日货币博弈的焦点与本质

美元日元的汇率问题是美日货币博弈的焦点，源于美日贸易不平衡引起的一系列摩擦。如前所述，从20世纪50年代的纺织品，到20世纪70年代的钢铁、汽车，20世纪80年代的电子、家电、工程机械、半导体等，美国制造失去了对日本的竞争优势，美日之间的贸易不平衡越来越严重。为此，美国与日本之间自20世纪50年代开始就产生了贸易摩擦，美国对日本进行了多种贸易制裁与限制，日本也配合美国的需要，进行协商并积极调整国内产业结构，对相应过剩产业进行出口限制。结果不仅没有解决美日之间的贸易不平衡问题，反而间接促进了日本经济结构调整与产业升级，使得美日之间的产业竞争由原来的劳动密集型的纺织业，逐步转移到资本密集型的汽车业，最后升级到技术密集型的半导体等高技术产业。到20世纪80年代日本经济处于全盛时期，面对日本制造，美国节节败退，到了必须彻底解决日本产业威胁的时候了。

在用贸易博弈不能解决美日贸易逆差问题的情况下，美国把目光转向了汇率。美国认为日本制造业之所以具有那么大的竞争优势，根本原因就是布雷顿森林体系崩溃以后，日元汇率一直被低估，为日本出口商品赢得强大竞争力。1977年卡特政府上台后，面对美国严峻的贸易逆差，时任美国财长布鲁门索主张顺差国应该承担起调整的责任，要求日本实施增加进口、日元升值和扩大内需等政策。到1979年，时任美联储主席保罗·沃尔克推出的高利率政策，致使日元贬值，美元升值。从图3-3可以看出，美元兑日元的汇率由1978年的1美元兑210日元升值到1982年的1美元兑249日元，四年时间升值幅度高达24%。同期，美国对日本的贸易逆差已经超出了美国的容忍程度，美国议会将日本点名为与美国对立的贸易惯例国。由于担心美国的打压和报复政策，1982年上任的日本首相中曾根康弘一改前几任拖延、消极应付和抵抗的对美策略，强调与美国进行经济国际协调。1983年美国对日本提出了包括金融市场开放、利率自由化、日元国际化在内的金融改革方案。面对美国的施压，在1984年美国成立美日"美元日元委员会"后，日本也成立了日美"日元美元委员会"。

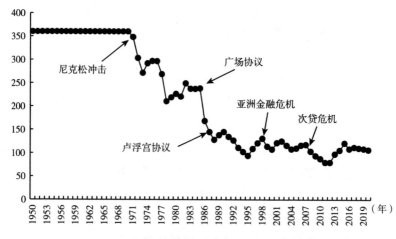

图 3 - 3 日元对美元汇率的历史走势（1950 ~ 2021 年）

资料来源：根据美联储官网数据资料制作（https：//www.federalreserve.gov/datadownload/Choose.aspx？rel = H10）。

  美日货币博弈的形式就是通过施压、组团、谈判，最终签订《广场协议》与《卢浮宫协议》。为解决美国巨额的贸易赤字问题，通过多国联合干预外汇市场，达到美元对主要货币汇率稳步下降的目的，1985 年 9 月，时任美国财长贝克与日本、联邦德国、法国、英国五国财长在纽约广场饭店签署了著名的《广场协议》。① 而"日元"则成为美国施压的主要对象。《广场协议》签订后，五国中央银行旋即联合干预外汇市场，大量抛售美元，美元汇率应声下跌，日元兑美元汇率则相应升值，且上升速度最为迅猛。从图 3 - 3 可知，美元兑日元汇率从 1985 年的 1 美元兑 238 日元，到 1987 年升值到 1 美元兑 144 日元，已上升至第二次世界大战后最高水平。为了抑制日元的疯涨之势，稳定美元汇率，1987 年 2 月 G7 国家②在法国卢浮宫召开会议，达成了旨在实现主要非美元货币与美元之间的汇率稳定的协议，即《卢浮宫协议》。该协议被认为是《广场协议》的延续，不同的是该协议的目的是稳定美元汇率，而《广场协议》是为了实现美元有序贬值。

  从形式上看，美国签订《广场协议》与《卢浮宫协议》是为了实现日

---

  ① Henning，C. R. Currencies and Politics in the United States，Germany，and Japan［M］. Washington，D. C.：Institute for International Economics，1994：145 - 147.

  ② GT 国家即美国、英国、法国、德国、日本、意大利、加拿大。

元升值，美元贬值与稳定汇率，达到解决美国的巨额贸易赤字，尤其是美日之间的贸易不平衡问题，缓解国内日益高涨的保护主义压力。从本质上看，美国要终结日本在战后东西方对抗格局中长期享受"搭美国安全与经济便车"的红利，并借敲打日元的机会达到遏制日本快速崛起、维护其以国际金融主导权为核心的霸权地位的战略目的。① 从日本的角度来看，日本同意签订协议让日元升值存在着主客观原因。从客观上看，日本经济长期向好，日元本身存在着升值的内在动力，日元汇率被低估在一定程度上是存在的；巨额的贸易顺差，使得日本跃居世界第一大债权国，面临着资本保值增值的压力；长期的日元低估策略也不利于日本制造业的健康成长。从主观上看，一方面，日本在安全保障方面依附于美国，日本经济的快速崛起也得益于享受"搭乘美国便车"，日本政府的政策缺乏完全的独立性。当美国对日本"搭便车"行为不满时，日本通过让步以缓和美国的施压，争取主动。另一方面，20世纪80年代日本处于全盛时期，日本无论是政治家还是普通民众，也存在着希望日元升值以实现日本经济大国的梦想。

3.1.3 美日货币博弈的结局与经验教训

从当时的情况来看，《广场协议》与《卢浮宫协议》签订后，日元大幅度升值（见图3-3），这并没有达到美国遏制日本经济快速崛起的目的。日本GDP在1985年之后仍然保持较高速度增长，并且与美国GDP规模的差距不断缩小（见图3-4），1995年日本GDP规模占美国GDP规模的比重达到72%的历史最高水平（见图3-2）。从历史的角度来看，美日货币博弈的结局是美国实现了打压与遏制崛起大国日本对其霸权地位构成的挑战与威胁，日本失去了在经贸、科技、产业等多方面对美国存在的优势，在经历了经济泡沫的产生与破灭之后，国民经济一蹶不振，经历了"失去的十年""失去的二十年"，现在成了"失去的三十年"（见图3-4）。虽然不能将日本经济衰退的原因全部归结于包括货币在内的美日经贸大博弈，但是美日货币博弈是一个非常重要的原因以及关键的时间节点。

---

① 任东波，李忠远. 从"广场协议"到"卢浮宫协议"：美国敲打日本的历史透视与启示 [J]. 当代经济研究，2015（6）：88-91.

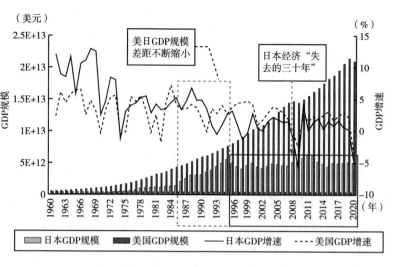

图 3–4　美国与日本 GDP 规模与增速比较（1960～2020 年）

资料来源：根据世界银行数据资料制作（https://datatopics.worldbank.org/worlddevelopment indicators/themes/economy.html）。

　　对于以《广场协议》与《卢浮宫协议》为核心内容的美日货币博弈是不是构成日本经济长期衰退的原因的讨论一直存在着争论。但是无论是日本在日元大幅升值后的量化宽松政策的实施导致日本经济泡沫的产生，还是后来快速的紧缩政策导致经济泡沫的破灭，两种政策都是为了对冲因为日元汇率超预期的升值所带来的负面影响而实施的对策，这是不争的事实。从这个角度来看，美日货币博弈至少是日本经济自 20 世纪 90 年代一直衰退至今的重要诱因。美日间包括贸易、货币、经济制度等在内的一系列博弈，本质上就是美国为维护其霸权地位，对日本的全面打压与遏制。当今中美之间在贸易、货币、经济制度等方面的摩擦与博弈与当年的美日之间有诸多相似之处，虽然历史不会简单地重复，但是两者背后的逻辑是相通的，如今的中国就像当初的日本，也是世界第二大经济体，而且还超越了日本，2021 年中国 GDP 规模达到美国 GDP 规模的 77.2%，所以美国把中国视为其头号竞争对手。深刻总结美日货币博弈的经验教训，对中国应对美国的打压与遏制，优化中美货币博弈策略具有重要借鉴意义。

　　值得借鉴的经验教训有很多，在此主要从三个方面进行总结。

　　第一，认识不足。一是对于美日货币博弈的本质认识不足。日本把签订《广场协议》等美日货币博弈行为看成是多国联合干预汇率、解决美日贸易不平衡问题、借机推进日元国际化提升日本国际经济地位的重要举措。而对于美国打压和遏制日本经济崛起，联合绞杀对其霸权地位存在威胁的日本的本质认识不足。当年在日元过快大幅升值且超过日本的心理底线，日本寻求美国联合干预协助解决时，美国拒绝行动。① 二是对于日元对美元升值的幅度与速度认识不足。日本在签订协议时的初衷是让日元汇率从 240 日元/美元升到 200 日元/美元，结果日元升值很快就突破了这一心理防线，接着 180 日元/美元、170 日元/美元的防御底线被一一突破，甚至 150 日元/美元的最后防线也死守不住，最终在 1987 年 12 月 31 日升到 120 日元/美元。短短一年多时间，升值了整整 1 倍。②

第二，进退失据。一是对于美元兑日元贬值的幅度退让得太多太快。美国作为《广场协议》的发起者，其短期目标在于通过联合干预汇率使得美元对于日元等主要货币贬值，以增强其出口商品竞争力，改善国际贸易赤字问题。日本从一开始就是积极配合，而且比美国预想得还要顺利。在《广场协议》谈判时，是日本代表竹下登主动提出升值的，日元升值的幅度也比美方计划的 10% ~20%（大约 216 日元/美元）要高很多，日方表示可以让日元汇率从 240 日元/美元升到 200 日元/美元。一个重要细节可以反映当时日方的态度，竹下登对于协议文本中原计划"一定程度的进一步有序升值"的表述，一度要求删掉"一定程度"，以便信息更加明确，结果反而是时任美联储主席沃尔克担心美元雪崩式下跌，而坚持加上"有序"二字。③ 二是对于美日经济失衡的调整成本全部由日本承担，而美国承担得太少。美日贸易不平衡的根源主要在于美国自身的问题，包括产业空心化、脱实向虚、负债经济模式和美元霸权地位，要解决这些问题，美国需要从宏观经济政策导向进行调整，但是这个过程将是痛苦而且有代价的。美国凭借其霸权地位和美日特殊的同盟关系，将贸易不平衡调整的责任转嫁给了日本，成本由日本承

---

① 船桥洋一在《管理美元》中明确做了这样的记载："1986 年 3 月 19 日，日元兑美元升到了战后的最高水平——174.3，此前的高点是 1978 年的 175.5。作为应对，日本银行在纽约市场上进行干预……并尝试说服美国财政部同他们一起干预市场……但美国财政部拒绝行动。"参见：[日]船桥洋一. 管理美元：广场协议和人民币的天命 [M]. 于杰，译. 北京：中信出版集团，2018：208 - 209。

② 徐康宁. 正确鉴史而知兴替："广场协议"的真实影响与教训 [J]. 国际经济评论，2020 (6)：104 - 122，7.

③ [美]保罗·沃尔克，[日]行天丰雄. 时运变迁 [M]. 北京：中信出版社，2018：315.

担，而日本照单全收。

第三，反应过度。一是日元大幅升值带来的负面影响反应过度，量化宽松政策导致了经济泡沫的产生。由于《广场协议》签订后日元升值幅度和速度大大超出了日本的预期与底线，造成了出口下滑、产业冲击、经济增长放缓等"日元升值萧条"的恐慌，日本政府对于日元升值的反应过度，错误地实施了扩张性宏观经济政策。在财政上实施大幅减税和赤字支出政策，在货币政策上连续快速降息，并开创了实施量化宽松货币政策的先河。1986 年 1 月至 1987年 2 月短短 1 年多的时间，连续 5 次降息，贴现率由 5% 降低至 2.5% 这一世界主要国家最低点。大量货币流向股市与房地产，脱实向虚，催生了经济泡沫。二是当日本政府在 1989 年意识到股市和房地产市场吹起的巨大泡沫压力时，又采取了激进的紧缩政策。1989 年 5 月至 1990 年 8 月，连续 5 次加息，上调贴现率至 6% 的高位。① 急速的宏观政策转向，迅速刺穿资产泡沫，大量资本撤离，股价房价低价暴跌，日本信用体系崩溃，自此日本经济陷入了长期萧条。

3.2 欧元产生以来美欧间展开的货币博弈

3.2.1 欧元产生前后美欧间展开的货币博弈

欧元与欧元区的产生对美元霸权构造了直接挑战。自布雷顿森林体系建立以来，国际货币金融体系的本质就是以美元为核心、以美国为主导的美元本位制，尤其是在布雷顿森林体系崩溃美元解除了对黄金的约束之后，美元成为美国享受的不受任何国际制约的霸权货币。美国之所以能够享受如此嚣张的美元霸权，最基本的原因是它没有对手。② 虽然在章节3.1 已经说明日本经济的崛起和日元国际化对美元霸权构成了一定威胁，而且美国也是竭尽全力去打压和遏制日本。面对美国一系列打压与博弈，日本政府缺乏战略自主，乱了手脚，应对不当，造成日本经济长期衰退，

---

① 陈倩. 美日贸易摩擦的演进过程、经验教训及对我国的启示 [J]. 西南金融, 2019 (3)：12 - 22.

② 陈亚温, 胡勇. 论欧元与美元的国际货币竞争 [J]. 厦门大学学报（哲学社会科学版），2003 (5)：86 - 93.

失去了与美国博弈的筹码。其实，日本即便在经济上短期内对美国构成一定的挑战，但是特殊的日美政治安保同盟关系，以及日本自身资源、市场规模、经济结构等方面的缺陷，也决定了日本不可能真正构成对美国经济和美元霸权的威胁。

但是，欧元及其欧元区就不一样了，欧元是第一个真正能够对美元的国际货币主导地位构成威胁的国际货币。欧元的产生有可能挑战美元的地位，也是美元自取代英镑的统治货币地位以来，国际货币金融史上最重要的事情（Mundell，1998）。事实也证明了这一点，随着欧元在国际货币体系中地位与作用的不断提升，世界经济发展对美元的依赖不断降低，美元在国际货币体系中的垄断地位弱化；欧元发展成为世界第二大主要国际货币。① 环球银行金融电信协会（SWIFT）公开的数据显示，2020 年 10 月，在国际支付市场中，欧元自 2013 年以来首次超过美元，成为国际支付市场中使用最多的国际货币。国际货币基金组织（IMF）官网的数据显示，截至 2021 年第四季度，在国际储备货币市场中美元占比为 58.80%，欧元占比为 20.59%（见图 3-5）。

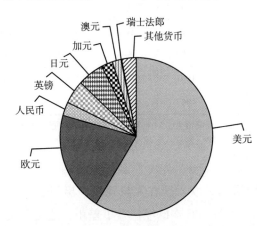

图 3-5 2021 年第四季度国际储备货币份额分配情况

资料来源：国际货币基金组织（IMF）官网（Currency Composition of Official Foreign Exchange Reserve-At a Glance-IMF Data https：//data. imf. org/？sk = E6A5F467 - C14B - 4AA8 - 9F6D - 5A09EC4E62A4）。

从当时的情况来看，欧元区也是唯一一个综合经济实力与美国难分伯仲的经济体。1992 年欧盟签署的《欧洲联盟条约》决定，1999 年 1 月 1 日开

---

① 沈姗姗. 国际储备货币欧元与美元的比较 [J]. 经济问题探索，2011（12）：91-95.

始实行单元货币和在欧元区实施统一的货币政策，2002 年正式流通欧元纸币和硬币。当时欧盟成员中除了英国、瑞典和丹麦没有加入外，其他 11 个欧盟国家都加入了欧元区；后来又有希腊、斯洛文利亚、马耳他、塞浦路斯、斯洛伐克、爱沙尼亚、拉脱维亚和立陶宛 8 个国家加入，到 2015 年欧元区成员扩展至 19 个国家。以初始加入欧元区的 11 个国家 1997 年的数据为例，欧元区在经济规模和经济实力方面就已经强于日本，成为与美国旗鼓相当的经济体（见表 3 - 1）。

表 3 - 1　　　　欧元区与美国、日本经济实力的比较（1997 ~ 1998 年）

指标	年份	单位	欧元区	美国	日本
人口	1998	亿	2.92	2.70	1.27
GDP	1997	亿欧元	55460	68480	37120
占世界 GDP	1997	%	15.0	20.2	7.7
出口	1997	亿欧元	7618	6070	3701
进口	1997	亿欧元	6725	7901	2943
贸易顺（逆）差	1997	亿欧元	893	- 1831	758
占世界贸易量	1997	%	20.9	19.6	9.3
官方外汇储备	1997	亿欧元	3116	640	1266
黄金外汇储备占世界总量比重	1997	%	20.6	4.1	3.8

注：一个国家或地区的经济规模很大，对外贸易在世界贸易中的比重很大，这些都成为对应其主权货币作为国际货币的重要支撑。参见：方福前. 欧元会成为第二大国际货币吗 [J]. 中国人民大学学报，1999（6）：55 - 61。

从表 3 - 1 可以看出，欧元区在人口规模、出口、外汇储备和黄金储备方面已经优于美国，而且与日本已经拉开了差距，这正是美国非常忌惮欧元及欧元区的产生的原因，故而从其产生一开始就进行了激烈的博弈和打压。其中爆发于 1999 年的科索沃战争、2001 年希腊违规加入欧元区和 2003 年的伊拉克战争，背后无不彰显着货币战争与博弈的逻辑，以及美国打压欧元的战略意图。

科索沃战争爆发的时间点刚好是在欧元区正式启动后，欧元对美元强势上涨，美国股市出现当年开年以来第一次深跌的 3 月 22 日后的第三天，即 3 月 24 日。战争爆发的地点科索沃正好处于欧洲心脏部位，目的就是通过战争驱赶国际资本流入欧洲，进而打击欧洲经济和欧元货币。① 科索沃战争使得当时全球大约 7000 亿美元的热钱中的 5000 多亿美元离开了欧洲；同时欧元对美元的汇率也从一开始的 1：1.07 跌到战争后期的 0.8：1，跌幅高达 30%。② 对于伊拉克战争而言，虽然不能说美国的直接目标就是打击欧元和维护美元霸权，但是美国全球战略的各个方面之间是相互联系的，这场战争与美国维护美元霸权的基本政策思路基本吻合。③ 2000 年 11 月，伊拉克将石油销售改为欧元结算；就在伊拉克战争发动前 3 个月，伊拉克前总统萨达姆宣布希望所有的石油需求国购买波斯湾国家的石油时不要再用美元，而是用欧元或其他货币结算。这对于美元霸权，特别是布雷顿森林体系崩溃以后形成的石油美元全球流通体系构成直接威胁，严重激怒了美国，为了保护美元，捍卫美元霸权地位，美国政府悍然发动了伊拉克战争。通过伊拉克战争，一是可以直接警告其他国家不要试图挑战美元霸权地位；二是破坏了对中东地区石油依赖严重的欧洲国家的石油保障，影响其经济发展，进而打击欧元维护美元霸权地位。④

3.2.2　2008 年金融危机背后美欧间的货币博弈

2008 年由美国次级债务危机引发的全球性金融危机，乃至随后爆发的欧洲债务危机，背后仍然暗藏着美国打压欧元的欧美货币博弈。

第一，希腊加入欧元区就是美国在欧元区加入的一个楔子，埋在那里的一颗定时炸弹，并伺机引爆该炸弹。根据欧盟 1992 年签订的《马斯特里赫特条约》和 1997 年签订的《稳定与增长公约》，对于加入欧元区的成员要求标准比较严格。2001 年在希腊加入欧元区的时候就有两条欧元区标准没有被满足，一是不满足 "政府财政赤字控制在国内生产总值 3% 以下" 的要求；二是不满足 "公共债务必须保持在国内生产总值 60% 以下" 的要求。而当时希腊的实际情况是，财政赤字率为 3.7%，公共债务

①　杜旭平，李雪娇. 科索沃战争背后的经济利益分析 [J]. 学术交流，1999 (6)：32 - 34.

②　乔良. 金融战与现代战争 (下) [J]. 经济导刊，2016 (7)：76 - 80.

③　鲁世巍. 美元霸权地位与伊拉克战争 [J]. 外交学院学报，2003 (3)：102 - 107.

④　吴锦华. 伊拉克战争——美元与欧元的新一轮较量 [J]. 北华大学学报 (社会科学版)，2003 (2)：50 - 53.

占 GDP 的比例高达 103.4%。为了能够加入欧元区，美国高盛集团（以下简称高盛）帮助希腊粉饰资产负债表，定制了"货币掉期交易"和"信用违约掉期合约"两项金融工具，帮助希腊掩盖了高达 10 亿欧元的公共债务，以达到欧元区成员国标准，并赚取了一笔昂贵的金融服务费。[1] 实际上，不仅是希腊，意大利也得到了高盛的金融指导。当欧元区内部经济不平衡的风险积累到一定程度，加之美国次贷危机爆发使得欧元区金融体系最脆弱时，正是指导希腊加入欧元区的高盛及另外两家对冲基金发起了对希腊的金融攻击。高盛购买了 10 亿欧元的"信用违约互换"保险（CDS），用于弥补当希腊对高盛的负债出现支付问题时产生的亏空，进一步推高了市场对当时希腊偿债能力的怀疑情绪。美国的信用评级机构纷纷下调希腊的主权债务信用评级，引爆了希腊的主权债务危机，进一步引发意大利、葡萄牙、西班牙、爱尔兰等欧洲国家的欧债危机。可以看出，欧元区统一货币的形式并没能降低来自美国金融风险的冲击，而是从一开始就陷入了美国的金融风险程序。[2]

第二，美国通过制造危机、转嫁危机，引爆欧债危机，打压欧元。科索沃战争和伊拉克战争虽然短时间内挫败了欧元，但是欧元区的建立，统一的货币和货币政策，使得欧洲经济迅速恢复元气，欧元受到世人的追捧。1999 年在欧元刚刚建立时，伊朗就宣布准备采用欧元对石油交易进行结算。这也是美国将伊朗视为"邪恶轴心国"之一，并对其进行严厉制裁的根本原因。与此同时美国的情况并不好，美国在经历 2000 年互联网泡沫破灭之后，2001 年又经历了"9·11"事件和安然公司造假丑闻，美国神圣不可侵犯的神话被打破了，美国诚信至上的商业信条失色了。这一连串的事件，使投资者对美国的信心受到了严重打击。欧美之间正反两方面的共同作用，使得欧元兑美元汇率走上了升值的"快车道"。始于 2007 年的美国次贷危机，更是加速了欧元对美元升值的步伐，在 2008 年 7 月危机大爆发的时候，达到了 1 欧元兑 1.577 美元的历史最高比例（见图 3 - 6），从 2001 年 6 月 1 欧元兑 0.8532 美元算起，欧元的升值幅度高达 84.83%。同时，欧元在国际储备中的比例也从 1999 年的 17.9% 上升到 2008 年的 26.21%，上升了 8.31 个百分

① 张林，林意佳，王奕韬. 希腊加入欧元区十年的利弊得失 [J]. 银行家，2012 (2)：90 - 93.
② 周寂沫. 从欧元与美元的博弈看欧元危机 [J]. 社会科学辑刊，2010 (4)：144 - 151.

点；相反美元从 71.01% 下降到 63.77%，下降 7.24 个百分点。①

图3-6　欧元兑美元汇率的历史走势（2000~2022年）

资料来源：TRADING ECONOMICS：https：//zh. tradingeconomics. com/euro-area/currency。

　　如何改变欧元走强美元走弱的这种趋势，尤其是随着次贷危机影响的扩大，美国经济环境进一步恶化，美国的国际资本净流入从 2008 年的 7848.47 亿美元，到 2009 年减少到只有 2468.19 亿美元。情况十分紧急，美国需要大量的国际资本回流，拯救美元、美国金融市场和美国经济。美国往往在不能让自己更好的情况下，就通过制造危机让别人变得更烂，这样相对而言还是自己国家更好。这时美国埋在欧洲的定时炸弹可以引爆了，也就是希腊主权债务危机。2009 年 12 月，美国的三大信用评级机构惠誉、标准普尔和穆迪先后将希腊主权信用评级下调，评级展望为负面。希腊债务危机爆发，进而引发欧洲债务危机的全面爆发，有效促进国际资本回流美国。2010 年美国的国际资本净流入回升到 4341.39 亿美元，经济增长由负转正，实现 2.5% 的正增长。② 自此至今，欧元兑美元汇率开启了漫长的下跌之路（见图3-6）。

3.2.3　俄乌冲突背后美欧间的货币博弈

　　一方面，美国希望利用俄乌冲突破解自身经济困境。美国自 2021 年以

---

　　① 资料来源于国际货币基金组织（IMF）。

　　② 笔者根据美国经济统计局官方数据计算得到。原始数据来源于美国经济统计局国际收支数据库（U. S. Bureau of Economic Analysis International Transactions Accounts Data）。

来面临着巨大经济困境，就是面临着自1980年以来的最严峻的通货膨胀压力。2020年以后，美国实施了前所未有的量化宽松货币政策和扩张性的财政政策，投放了巨量美元流动性；加之供应链冲击、工人短缺、能源价格上涨，以及特朗普对华贸易战的关税政策等一系列因素，使得美国通货膨胀率自2021年开始一路高升（见图3-7）。在2021年5月通货膨胀率达到5%的时候，美联储依然坚称只是短期行为。但是，自2021年10月升至6.2%之后加速上升，在2022年3月升至8.5%，创近四十年来的新高。① 抑制通货膨胀成为美联储的首要任务，美联储的态度也由2021年的鸽派转向了鹰派，加息和缩表成为美联储最重要的议事日程。

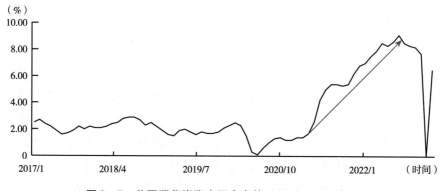

图3-7 美国通货膨胀率历史走势（2017～2022年）

资料来源：TRADING ECONOMICS. https：//zh. tradingeconomics. com/united-states/inflation-cpi。

但是，美联储加息与缩表抑制通货膨胀，又面临着美国股市泡沫破灭和经济衰退的巨大风险。如何破解这一矛盾，或者说兼顾好加息抑制通货膨胀与维护好股市稳定和经济增长，正是美国决策层亟须破解的难题。按照经典经济学基本原理，加息与资产价格之间是反向关系，尤其是美国股市由于巨量资本流入，股市泡沫十分严重，股价指数处在近五十年的历史高位（见图3-8），常规方法更难确保两个目标都能实现。常规方法行不通，那就采用非常规方法，也是美国的惯用手段。在美国的国际资本最有可能流向的地方，也就是美国最大的经济竞争对手欧洲制造更大的危机，让国际资本留在美国以及回流美国。

---

① 资料来源于Wind全球宏观数据库（美国CPI，数据来源于美国劳工部）。

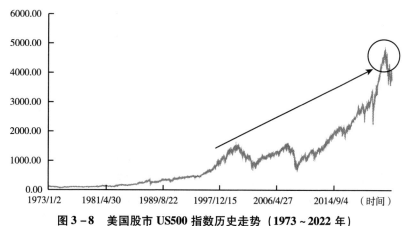

图 3 - 8 美国股市 US500 指数历史走势（1973 ~ 2022 年）

资料来源：TRADING ECONOMICS：https：// zh. tradingeconomics. com/ spx：ind。

另一方面，美国利用俄乌冲突打压欧洲经济与欧元。

俄乌冲突爆发以后，美国拉拢欧洲盟友对俄罗斯实施了经济、金融、能源、外交等多方面全方位的多轮制裁，导致欧洲经济面临高通胀低增长的风险，尤其是对俄罗斯的能源制裁更是加深了欧洲的能源危机，加大了抑制通货膨胀的难度。

在 2022 年 2 月 24 日俄乌军事冲突正式爆发以后，10 月欧盟的通货膨胀率达到 11.5%，相比 1 月的 5.6% 涨幅高达 100%（见图 3 - 9）。欧盟主要国家股市也是大幅下跌，德国 DE40 指数从当年 16285.4 的最高点，在俄乌冲突爆发后的 8 个月内跌至 13307.1，跌幅高达 22.38%（见图 3 - 10）；法国 FR40 指数从当年的最高点 7384.9 跌至最低点 6293.2，跌幅为 17.35%（见图 3 - 11）。欧元对美元汇率自 2021 年的最高点 1 欧元兑 1.2264 美元，下跌到 2022 年的最低点 1 欧元兑 0.9644 美元，跌幅高达 21.4%，尤其是在俄乌冲突爆发之后更是加速下跌（见图 3 - 12）。根据德国《商报》2022 年5 月 16 日的报道，欧盟委员会（以下简称欧委会）将 2022 年欧盟和欧元区国家经济增长预期下调至 2.7%，低于 2 月 4% 的预期，其中德国 2022 年经济增长预期从 3.6% 下调至 1.6%。实际上，欧元区 2022 年第一季度经济增长率为 5.70%，到 2022 年第四季度为 1.6，到 2023 年第三季度降至为负增长（- 0.30%），已经陷入经济衰退。①

———————————

① 资料来源于 Wind 全球宏观数据库（欧元区 GDP，数据来源于欧盟统计局）。

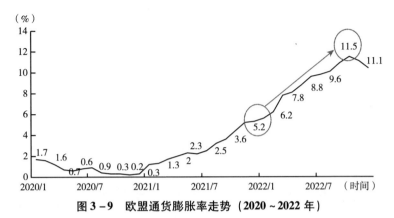

图 3 – 9 欧盟通货膨胀率走势（2020～2022 年）

资料来源：TRADING ECONOMICS：https：//zh. tradingeconomics. com/european-union/inflation-rate。

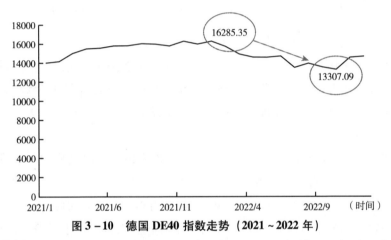

图 3 – 10 德国 DE40 指数走势（2021～2022 年）

资料来源：TRADING ECONOMICS：https：//zh. tradingeconomics. com/Germany/stock-market。

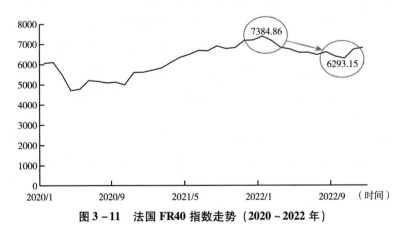

图 3 – 11 法国 FR40 指数走势（2020～2022 年）

资料来源：TRADING ECONOMICS：https：//zh. tradingeconomics. com/france/stock-market。

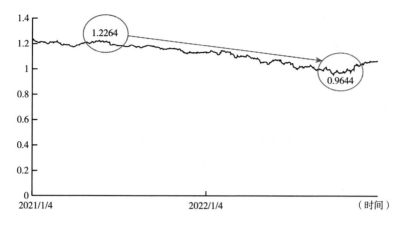

图 3 - 12 欧元兑美元汇率走势（2021～2022 年）

资料来源：TRADING ECONOMICS：https：//zh. tradingeconomics. com/euro-area/currency。

3.3 2008 年以来中美间展开的货币博弈

3.3.1 中美货币博弈的背景

中国自 2005 年启动人民币汇率改革以来，推动了人民币国际化进程，取得了巨大成就。2010 年中国超越日本成为世界第二大经济体，而且中美间经济规模的差距不断缩小，中国和人民币逐渐替代欧盟和欧元成为美国打压与遏制的对象。自特朗普政府将中国列为头号战略竞争对手以来，对华的战略竞争与博弈被推升到了前所未有的高度。可以说，中美在货币金融领域的博弈，是中美全面竞争与博弈在经济领域的集中体现。

首先，美国的霸权思维与美国优先战略，自然将崛起为世界第二大经济体的中国视为对其霸权地位的直接威胁。维护霸权地位是美国的国家战略，谁威胁到其霸权地位就要打压谁，这也是美国社会精英的共识。无论是 20世纪 40 年代对英国的绞杀，80～90 年代对日本的围堵，还是 90 年代末以后对欧盟和欧元区扩张的遏制，都是其维护霸权地位的重要表现。① 自中国经

---

① 张应华. 广义虚拟经济视角下中美货币博弈的缘由与本质 [J]. 广义虚拟经济研究，2017，8（3）：74 - 80.

济 2010 年超过日本成为第二大经济体，并且中美经济规模差距不断缩小；两国 GDP 差距从 2010 年的 8.8 万亿美元，缩小到 2021 年的 5.3 万亿美元；中国 GDP 占美国的比重也从当年的 40.56% 上升到 2021 年的 76.8%（见图 3 – 13）。很重要的一点是中国经济增长的潜力巨大，中国在产业集群、供应链保障、市场规模、国际贸易、社会稳定等各方面的优势十分明显。随着"一带一路"倡议、《区域全面经济伙伴关系协定》（RCEP）、数字人民币的深入推进，人民币国际化的步伐加快。与此同时，美国打压与遏制中国和人民币的力度也前所未有。

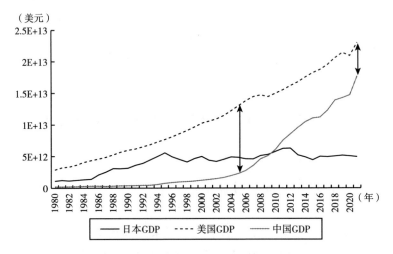

图 3 – 13　中国、美国和日本 GDP 规模走势（1980 ~ 2021 年）

资料来源：根据世界银行数据资料制作（https：//datatopics. worldbank. org/worlddevelopment indi-cators/themes/economy. html）。

其次，因供应链中断、叠加关税政策进口商品价格上涨、国际能源价格上涨，以及量化宽松政策的海量美元流动性，导致美国自 2021 年起通货膨胀率大幅上涨，创 40 年来的新高（见图 3 – 7）。美国枪支泛滥导致的枪杀事件死亡人数也是世界之最，甚至是世界其他地区绝无仅有的。根据枪支暴力档案网站 2022 年 1 月 5 日发布的统计数据，美国枪击事件导致的死亡人数从 2019 年的 39558 人上升到 2020 年的 43643 人，2021 年进一步上升到 44816 人。[1]

---

[1]　美国无论新冠死亡人数，枪杀人数都是世界最高。https：//xw. qq. com/amphtml/2022 0526A0AYZO01.

最后，世界秩序百年变局，正从一超多强向多极化方向转变，越是在变局的最后关头，作为主导旧格局的超级大国美国，自然不会轻易放弃自己的超级霸主地位，而是会不惜一切手段和代价维护以其为主导的旧格局和打压与遏制新格局的形成。根据事物发展的基本规律，任何新事物代替旧事物，都不可能是一帆风顺的，都是充满着新旧事物之间的激烈斗争与殊死较量。新事物代替旧事物的这个方向是明确的，但是过程是曲折的和复杂的。世界百年变局的趋势不可挡，但是变局的过程可能是漫长的，斗争是艰苦的。中国作为世界多极化新格局中的重要一极，以及人民币作为未来国际货币新体系多元化中的重要一员，必然与一超多强旧格局中的超级大国美国以及国际霸权货币美元之间产生激烈的竞争与博弈。

3.3.2 中美货币博弈的历程

到目前为止，中美货币博弈的历程可以分为三个阶段。

第一阶段为2008～2014年：2008年金融危机爆发之后，美国发起的逼迫人民币升值而引起的一系列中美货币博弈。美国因爆发次贷危机而股市大幅下跌，经济陷入衰退；为摆脱危机，美国实施了非常规的量化宽松货币政策，投放巨量美元流通性，通过弱势美元转嫁危机，恢复经济活力；同时全方位对中国施压，逼迫人民币升值，以将中国列入"汇率操纵国"相威胁，阻止人民币加入特别提款权（SDR）货币篮子。

中国在承受美国次贷危机冲击导致的经济增长下行压力的同时，还要承受美国量化宽松政策带来的热钱流入、输入性通货膨胀、美国逼迫人民币升值等多重压力。为了应对金融危机对经济增长造成的巨大冲击，中国政府投放了大量的人民币和巨量的信贷融资，造成人民币对外升值和对内贬值的困境。人民币兑美元汇率从次贷危机爆发前2006年12月的1美元兑人民币7.5465元，升值到2014年的1美元兑人民币5.9594元，8年时间升值幅度达到21.03%，如果从2005年汇率改革初始数1美元兑人民币8.3150元算起，则升值幅度达到28.33%（见图3-14）。

这种情形与20世纪80年代美日《广场协议》签订时的情景十分类似，人民币对外升值造成中国的出口商品竞争力减弱，对内贬值造成房地产与股市价格，尤其是房地产价格的大幅上涨，形成房地产市场对实体经济的金融资源的挤占效应，对当时的经济增长、结构调整、产业升级、民生就业等都造成巨大压力。同时中国还承受着美元外汇储备的巨大贬值损失，而美国则实现了转嫁次贷危机和推动经济复苏的目的。

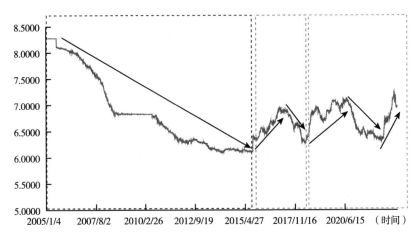

图 3-14 美元兑人民币汇率历史走势（2005~2022 年）

资料来源：TRADING ECONOMICS. https：//zh. tradingeconomics. com/china/currency。

中国在承受美国逼迫人民币升值所带来压力的同时，顺势利用人民币升值的契机，多途径加速人民币国际化进程，并取得了显著成效。同期中国与韩国、日本、新西兰等多个国家开展货币互换，多方位推动自由贸易区战略，加强与金砖国家货币金融合作，组建亚洲基础设施投资银行，成功加入 SDR 货币篮子，建立人民币跨境支付系统，拓宽人民币使用场景，完善人民币交易基础设施，提升人民币国际经济交易支付的市场份额。

第二阶段为 2014~2018 年：美国经济复苏稳固，美国开启了以做空人民币为主线的中美货币博弈。在前一阶段，美国通过施压人民币等其他国家货币升值，达到了转移金融危机，转嫁危机成本，实现经济复苏的目的；但是中国则通过"一带一路"倡议、命运共同体、和平崛起的理念，以"打太极"的方式，不与美国正面对抗，化解了美国的重重围堵，实现了人民币国际化的阶段性目标。从货币博弈的角度看，美国并没有达到阻止人民币国际化的战略目标，中国反而利用人民币升值的契机推动了人民币国际化的进程。从这个角度讲，美国事与愿违。所以当美国经济复苏比较稳固的时候，美国开始反手做空人民币，推动人民币贬值，进而与中国展开新一轮的货币博弈。2010～2015年美国经济增长率稳定在2%左右，尤其是2014年达到2.52%，2015年高达3.07%；相反，中国经济自金融危机以后进入了由高速增长向中高速增长转变的新常态，并且持续处在增速减缓的状态（见图3-15）。

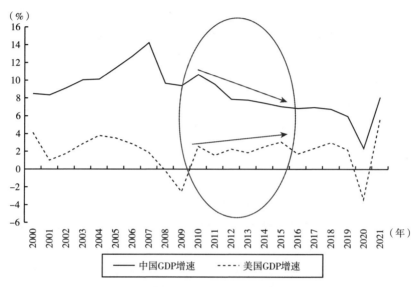

图3-15 中国与美国GDP增速历史走势图（2000～2021年）

资料来源：根据世界银行数据资料制作（https：//datatopics. worldbank. org/worlddevelopment indi-cators/themes/economy. html）。

随着美国经济复苏的稳固，美联储开始启动加息与缩表行动，调动美元周期开始由弱势美元向强势美元转向，开启美元升值周期；同时，美国各种力量开始大肆唱空、做空人民币，索罗斯等美国金融大鳄，以及高盛等金融机构成为美国做空人民币的"急先锋"。2014年6月～2016年12月人民币兑美元汇率，从1美元兑人民币5.9986元贬值到1美元兑人民币7.0869元，30个月的时间内人民币兑美元汇率贬值幅度高达18.14%。为应对美国从舆论、预期、行动等多角度全方位做空人民币的货币金融战，中国政府采取了市场干预等一系列措施，挫败了美国做空人民币的攻击。2016年12月～2018年3月，人民币反弹至1美元兑人民币6.2162元，维护了人民币的稳定，实现了人民币双向波动的政策目标（见图3-14）。

第三阶段为2018年以来：美国对华战略全面转向。自特朗普政府2017年底将中国与俄罗斯并列为美国的战略竞争对手以来，美国告别了此前延续了40多年的对华"接触战略"，转向了全面打压、遏制、威慑与挑衅战略。这段时间推动美元走强，而人民币大幅度贬值。人民币兑美元汇率由2018年3月的1美元兑人民币6.2544元到2019年8月贬值为1美元兑人民币7.1747元，在18个月的时间内贬值幅度为14.7%。

然而，事情很快发生了反转。美国股市出现了历史罕见的四次熔断，美联储再次实施创纪录的量化宽松货币政策，全力开启美元印钞机，导致人民币兑美元汇率大幅升值。从2020年5月的1美元兑人民币7.1403元到2022年2月升值到1美元兑人民币6.3155元，升值幅度为11.55%。从2022年2月起，由于美国通货膨胀创40年来的新高，美联储启动新一轮加息与缩表进程，4月加息50个基点的鹰派做法，推动了美元升值的预期与步伐，人民币同期快速贬值，一度跌破1美元兑人民币6.8元的关口。最近，随着美国核心通胀率的回落，以及对美国经济衰退的担忧，美联储的鹰派论调有所缓和，美元也开始回落，人民币则相应反弹。

在这一阶段，中国在承受美国各种打压与遏制，美联储量化宽松政策实施与退出带来的冲击的同时，始终保持战略定力，以我为主，不随美国起舞。在美国再次实施量化宽松政策的时候，中国政府始终保持克制稳健的货币政策，保持人民币投放的合理规模；当美国实施加息与缩表的政策时，中国政府反而通过降低存款准备金率与降息对冲美国货币政策的影响。同时，充分利用因俄乌冲突美国加大对俄金融制裁而加速的全球"去美元化"势头，继续推动人民币国际化进程，使得人民币在国际储备、国际支付、贸易结算与外汇交易中的份额均大幅上升。美元衰退与人民币国际化的趋势不会改变，时与势都正在逐渐转向有利于人民币国际化的方向。

3.3.3 中美货币博弈的性质与困境

从博弈性质上看，中美货币博弈是中美战略竞争与博弈的重要组成部分和核心内容。自2017年底美国政府将中国列为战略竞争对手以来，美国对中国的战略竞争与博弈的态势有增无减，而且跨越党派纷争和社会分裂成为美国共识，中美战略博弈不可避免。美国的战略目标就是要竭力遏制与阻碍中国成功崛起，至少希望延缓中国崛起的进程。中美战略竞争与博弈涉及美国霸权地位的维护、世界格局的调整与转型、中国成功崛起和中华民族伟大复兴等关系未来世界秩序的重大战略问题，本质上是传统的霸权帝国与新兴的崛起大国间关于世界秩序主导权的竞争与博弈。[①]

从博弈内容上看，中美货币博弈就是以美元与人民币的国际竞争为核心的国际金融主导权竞争与博弈。中国要推动人民币国际化，争取与中国经济实力相适应的国际货币与金融主导权，这既是维护中国经济发展权益、金融安全和金融主权的需要，也是世界经济金融治理的需要。以美国与美元为主导的金融霸权治理体系，本身已经成为国际金融治理的问题所在。美元霸权是美国的核心利益，维护美元霸权是美国的核心战略。美元霸权是美国经济霸权、军事霸权乃至整个美国霸权的根基，也是美国维护霸权地位和摄取霸权利益的重要手段与工具。虽然中国不谋求取代美国的国际金融主导权和美元的国际货币地位，更不会谋求与实施金融霸权，但是仍会坚决反对美国霸权和美元霸权，尊重美国的国际金融主导权地位，构建以人民币、美元和欧元为核心的多元化国际货币体系，以及多元共享的国际金融主导权体系。中美间的国际货币金融主导权之争，属于中美战略竞争的重要内容，即为世界秩序主导权竞争与博弈的重要内容。

从博弈均衡上看，中美间基于国际金融主导权的大国货币博弈，属于守成大国与崛起大国之间世界权力之争的范畴，存在着博弈困境。从历史的角度看，双方陷入囚徒困境博弈的风险极高，甚至陷入修昔底德陷阱引发军事战争的风险也比较大。无论是 20 世纪 40 年代对英国的绞杀，80~90 年代对日本的围堵，还是 90 年代末以后对欧盟和欧元区扩张的遏制，都是美国维护霸权地位的重要表现。随着中美经济规模差距的不断缩小，遏制或阻碍中国顺利发展与和平崛起成为美国的首要目标，中美博弈的烈度与深度正在加剧。[②] 虽然中国一再强调不会走国强必霸的道路，也无意于争夺美国的霸权地位，但是美国对中国崛起的焦虑与不安日益增加。美国不惜动用一切资源和手段，打压与遏制中国。中美间的战略互信被严重削弱，在涉及两国核心利益的货币博弈问题上的矛盾冲突不断加大，未来竞争与博弈失控的风险剧增。如何破解这一困境，是当前与未来一段时期中美两国以及国际社会关注

---

① 吴庆军，陈红梅，肖宛晴. 中美战略博弈的本质特征及其策略选择 [J]. 海派经济学，2021，19（3）：191–209。

② 张应华，洪勇，陈建付. 基于 Stackelberg 模型的大国国际货币主导权博弈分析 [J]. 技术经济与管理研究，2022（5）：72–77.

和必须解决的现实问题。因为一旦陷入囚徒困境，必然是两败俱伤，两国以及世界都会遭受灾难。

3.4　本章小结

本章重点考察了美国为维护其以美元霸权为核心的国际金融主导权，进而打压与遏制不同时期世界第二大经济体而展开的大国货币博弈现象。自布雷顿森林体系建立以来，无论国际货币金融体系如何演变，以美国为主导、以美元为核心的美国金融霸权体系的本质从未改变。美国为维护其金融霸权地位，历来对世界第二大经济体的打压与遏制毫不手软，先后有日本、欧盟和中国成为美国重点打压与遏制的对象。

日本在20世纪80年代成为世界第二大经济体，而且与美国间的经济实力差距不断缩小，一度逼近美国GDP的70%。日本在战后成为美国对抗苏联等社会主义阵营的战略前沿，也成为美国发动朝鲜战争和越南战争的后勤保障基地，在美国的安全保障和默许下，日本专注发展经济，日本经济快速崛起，尤其是日本制造业竞争力不断增强。从20世纪60年代末开始，美国开始对日本产生贸易逆差，美日间的贸易摩擦不断。到80年代，日本制造和日本商品充斥着美国超市与家庭，对美国制造业造成巨大竞争压力。为解除日本对美威胁，美国对日本发起了要求日元升值、金融自由化、经济体制改革等的货币金融大博弈。面对美国的打压与遏制，日本政府一方面对于自身实力过于乐观，另一方面应对不当，从而自导自演地吹大日本经济泡沫和捅破经济泡沫，导致日本丧失了原有的制造业优势，使得日本经济经历了一个又一个"失去的十年"。20世纪90年代中期以后，日本经济几乎陷入了停滞状态。

欧元区的建立和欧元的发行，成为继日本之后对美国和美元霸权地位构成直接挑战的又一对象。而且欧元区的经济实力、人口优势、资源禀赋、市场规模都远胜于日本。欧元区的建立、欧洲货币的统一，对美国和美元霸权形成的挑战远大于日本，于是美国对欧元区的打压与遏制前所未有，与前不同。美国主要采用了军事战争的形式，在欧元区的核心地区或周边地区制造军事冲突，地区动荡，进而破坏欧元区的经济环境，削弱国际资本对欧元及欧元区经济的信心，威慑欧元区进一步东扩的国家不敢轻易加入欧元区。

中国及人民币是当前美国重点打压与遏制的对象，原因同样是中国成为继日本、欧盟之后新崛起的世界第二大经济体，而且中国在制造业、人口规模、国土资源、市场潜力等方面都远胜于日本与欧盟，成为美国自认为自第二次世界大战后成为世界超级大国以来面临的最大挑战与威胁。以美元与人民币为核心的国际金融主导权博弈，成为中美战略大博弈的重要内容；这不仅事关美国和美元霸权的维护问题，也关系到中国经济发展、金融安全与金融主权的核心利益问题。一方面中国崛起势不可挡，人民币国际化和美元衰落成为必然；另一方面美国遏制与打压中国之心不死，两者之间利益冲突和矛盾难以妥协与调和。以国际金融主导权博弈为核心内容的中美战略博弈陷入囚徒困境的风险极高，如何破解这一风险成为中美两国和国际社会关注及亟须解决的现实问题。

第4章

典型案例：基于国际金融主导权的
英美货币博弈的历史考察

在世界历史的长河中，崛起大国与守成大国之间的权力转移似乎总是逃不脱战争的宿命。从国际政治经济关系的视角看，世界大国崛起为霸权国家，一般都经历了从工业大国，到贸易大国，到最后成为金融大国的历程。美国的崛起正是沿着这一路径，从工商业到金融领域，一步步地超越英国，逐渐蚕食英国的霸权基础，成为世界霸主的。① 世界霸权在英美之间的转移是一个渐进的过程，两国基于国际金融主导权的博弈，成为其权力争夺与转移成功与否的标志。英美间的大博弈是研究基于国际金融主导权的大国货币博弈的经典案例。

英国从 17 世纪到 20 世纪初的 300 年间，主宰了当时世界的科技、文化、经济贸易，是当时名副其实的世界霸主。在其鼎盛之时，其领地占世界陆地总面积的 1/4，人口也占当时世界人口总数的 1/4。② 就是这样一个"日不落帝国"，在 20 世纪前半叶不到 50 年的时间里，就被立国时间不到 200 年的其前殖民地国家——美国给超越了，并最终交出了世界权力的最后一把钥匙——国际金融主导权。这一过程并不是一蹴而就的，而是充满了矛盾与斗争，经历了漫长而艰辛激烈的博弈与较量。这一过程可以分为四个主要阶段：蓄势待发——1900 ~ 1914 年第一次世界大战前的博弈预备、锋芒初露——第一次世界大战爆发至 1929 年大危机前的博弈、相持不下——大危

---

① 宋效峰，黄家亮. 国际金融视角下的英美权力转移及其启示 [J]. 江南社会学院学报，2018，20（1）：53 –59.

② ［英］劳伦斯·詹姆斯. 大英帝国的崛起与衰落 [M]. 中国友谊出版社，2018.

机爆发至 1939 年第二次世界大战前的博弈、殊死较量——第二次世界大战爆发至 1945 年第二次世界大战结束的博弈。

4.1 蓄势待发：1900～1914 年第一次世界大战前的博弈预备

4.1.1 战和转向：英美关系由战争对抗转向和平博弈的背景

英美关系从一开始就是以战争为开端的，可以说美国的独立与崛起就是与英国不断战争和争斗的结果。[1] 即便是两国在 1814 年通过签订《根特条约》[2] 实现了两国关系正常化以后，仍然因"卡罗林号事件"[2]、俄勒冈边界争端[3]、阿拉巴马号赔偿案[4]等事件，数度发生激烈冲突，濒临战争边缘。英美两国因为世界霸权的争夺，在 19 世纪始终存在着战争的风险。

英美关系从战争对抗走向和平博弈，阿拉巴马号索赔案是分水岭。英国对在其处于鼎盛时期向其前殖民地美国提出的蛮横无理的索赔要求作出让

---

[1] 美国的独立战争就是美国反对英国殖民的反殖民战争，1812 年爆发第二次英美战争。参见：潘兴明. 英美霸权转移的历史考察 [J]. 北京大学学报（哲学社会科学版），2015（5）：93 – 102。

[2] 1837 年，英属殖民地加拿大发生暴乱，暴乱分子雇用了美国籍船舶"卡罗琳号"运输武器，英国军队则将"卡罗琳号"船舶烧毁。不久，美国扣押了参与这次袭击的加拿大副警长麦克劳德。为此，英国准备动武，最终因美国法院宣布无罪释放麦克劳德才使局势缓和下来。英国政府也就侵犯美国领土一事表示歉意，美国亦未进一步要求赔偿。参见：Caroline（vessel），Microsoft Encarta Encyclopedia 2004 Standard Edition，Microsoft Encarta Program，2003。

[3] 俄勒冈地区实际上是英美共管的归属不明地区，随着美国移民在这个地区的人数增加，美国对整个地区提出了领土要求，甚至发出了"北纬 54 度 40 分战争"的威胁；英国则主张以入海口北纬 45 度附近的哥伦比亚河为界。两国经过谈判，最后同意以北纬 49 度划落基山脉以西的边界，于 1846 年达成《俄勒冈条约》（Oragan Treaty），至此大致划定了美国与英属北美殖民地之间的边界。Robert G. Winters，Great Britain and the Oregon Question [D]. Master Thesis Paper，Montana State University，1964：1 – 2。

[4] 因英国在美国南北战争期间通过出售"阿拉巴马号"等多艘铁甲军舰支持南方军队组建海军，战后获胜的北方美国联邦政府指责英国的行为，违反中立法则，延长了战争进程，给北方造成巨大损失，要求英方作出赔偿。1871 年双方达成的《华盛顿协议》就赔偿结果达成共识，最终以英国同意将存有争议的圣胡安岛划给美国和支付 1550 万美元赔偿金结束。Walter LaFeber，The New Empire：An Interpretation of American Expansion：1860 – 1898 [M]. Ithaca：Cornell University Press，1963：32 – 36。

步——作为非参战方的英国，却因向战败的一方提供了战争武器，要向战胜的一方支付战争赔款。之后，英国对于美国挑战其霸权的行为一直采取了妥协和让步的"靖绥"政策。① 英美关系转向的另外一个标志性事件就是发生在 1882～1899 年的委内瑞拉边界纠纷。② 1882 年，委内瑞拉公开请求美国政府依据"门罗宣言"仲裁委方与英属圭亚那的边界纠纷，英国政府一开始拒绝该要求，后因 1895 年陷入布尔战争，无力开辟新的战场而同意美国仲裁。美国最终在 1899 年作出了有利于英国的仲裁，令委内瑞拉大失所望。英国也投桃报李，从西半球撤出海军力量，事实上承认了美国的"门罗主义"及其在美洲地区的霸主地位。③

4.1.2　实力反转：英美博弈前双方经济实力的比较

导致英美关系从战争对抗转向和平博弈的因素是多方面的，根本原因是英美经济实力发生了反转。虽然在这一时期，美国在金融、外交和军事方面尚无压倒英国的优势，但已经在制造业、贸易、经济规模、人口、资源禀赋、科技创新等方面超越了英国。

英国通过率先的工业革命、遍布全球的殖民地支持的自由贸易网络和世界无敌的强大海军，支撑其成为 17 世纪后的 300 年世界霸主，根本原因是其庞大的帝国体系和强大的经济实力。英国的经济实力在 19 世纪中叶走向巅峰，之后便开启衰退之路，正所谓"盛极而衰"。与此相反，美国正处于崛起的"镀金时代"，从各方面赶超英国。④

在制造业方面，1860 年英国在世界工业生产中所占的份额达到

---

① 潘兴明. 英美霸权转移的历史考察 [J]. 北京大学学报（哲学社会科学版），2015（5）：93－102.

② Thomas Andrew Bailey. A Diplomatic History of American People（Vol. Ⅶ）[M].（New York：Appleton Century Crofts, 1969）：440.

③ 1823 年 12 月 2 日，美国总统詹姆斯·门罗（James Monroe）向国会提出了由约翰·昆西·亚当斯拟定的国情咨文，咨文中有关外交方面的主要内容被称为"门罗宣言"，后来被称为"门罗主义"。其内容大致可归纳为三个基本原则：即"反对欧洲国家再在美洲夺取殖民地"原则、"不干涉"原则和"美洲体系"原则。James D Richardson, ed. A Compilation of the Message and papers of presidents（Vol. Ⅱ）[M]. New York：Bureau of National Literature, 1897：776－789。

④ 杨生茂将美国 19 世纪的后半个世纪称为"镀金时代"。参见：杨生茂. 美国外交政策史（1775－1989）[M]. 北京：人民出版社，1991：183－216。

19.9%，成为当时的世界第一工业强国；[①] 但是到 1875 年以后，英国的工业增长速度远低于美国，年均工业产量增长率仅为 1.5% 多一点；[②] 美国却以加速度增长，在 1894 超过英国居于世界首位，1910 年超过德国（世界第二）和英国（沦为世界第三）工业生产总值的总和，真正成为世界第一工业强国。[③] 在贸易出口方面，1912 年超越英国成为世界最大的出口国。[④] 在国内生产总值（GDP）方面，1870 年英国达到 1 万亿美元，位居世界第一；到第一次世界大战前夕的 1913 年，美国超过德国（世界第二）和英国（沦为世界第三）GDP 的总和（见表 4－1），成为名副其实的世界第一经济强国。

表 4－1　　英美德三国（1870～1950 年）国内生产总值（购买力平价）
变化情况（以 1990 年美元为币值标准）　　　　　单位：百万美元

国别	1870 年	1913 年	1950 年
英国	100180	224618	347850
美国	98374	517383	1445916
德国	72149	237332	265354

资料来源：Angus Maddison. Contours of the World Economy, 1－2030 AD：Essays in Macro-Economic History [M]. Oxford：Oxford University Press, 2007：379.

除了经济实力美国已经超越英国外，美国的大陆经济模式还拥有英国小岛经济模式所不具备的优势，比如丰富的原材料资源、充分的欧洲资本供应、大量移民带来的廉价劳动力、规模巨大的国内市场、迅速增长的人口以及不断提高的生活标准等。这些条件都最终促成了美国经济的快速崛起和强大，并导致英国缺乏动用武力遏制美国争夺其霸权的优势，而采用和平博弈的手段，争取最有利结果。

① ［美］保罗·肯尼迪. 大国的兴衰：1500－2000 年的经济变迁与军事冲突 [M]. 陈景彪，等译. 国际文化出版社，2006：186.

② ［美］保罗·肯尼迪. 大国的兴衰：1500－2000 年的经济变迁与军事冲突 [M]. 陈景彪，等译. 国际文化出版社，2006：221.

③ Walton, G. M. and Rockoff, D. H. History of the American Economy（11th edition）[M]. Cengage Learning, 2010：241.

④ Eichengreen Barry. Exorbitant Privilege, The Rise and Fall of the Dollar and the Future of the International Monetary System [M]. Oxford University Press, 2011：156.

4.1.3 币权反差：英美博弈前双方金融地位与经济实力的反差

随着英国自 19 世纪 70 年代成为世界经济中心，伦敦便成为国际金融中心。英国的国际金融地位并没有随其经济实力的相对衰退而落后，反而与日俱增。英国因其发达的金融市场、完善的银行体系和庞大的殖民贸易体系，使英镑成为国际货币。1872 年英格兰银行开始履行"最后贷款人"的角色，成为世界上第一个真正现代意义上的中央银行，这为维护英镑币值稳定树立良好的国际声誉起到重要作用，促使以金本位制为基础的英镑成为国际经济最重要的硬通货。① 到 19 世纪后期，英国成为世界金融体系的真正霸主，掌握着国际金融主导权乃至实施金融霸权，支撑着国际金融秩序的稳定。英国的国际金融地位仍作为英国霸权的集中表现和有效工具而继续存在，一直维持到 20 世纪 40 年代。②

美国的国际金融地位与英国形成明显的反差。在第一次世界大战前夕英美两国经济实力对比已经发生根本性的变化，美国超越英国成为世界第一经济强国。但是美国的金融地位远不及英国，英镑由于其"在位"优势占据国际金融中心位置，当时国际贸易中的 60% 以英镑计价和结算，在国际借贷和资本市场中均以英镑为中心。③ 美元并没有随着美国经济实力的上升自然国际化，美元的国际地位无足轻重。当时美元不仅与英镑无法比拟，甚至连法国法郎、德国马克、意大利里拉和奥地利先令都比不上。并且美国的金融体系也不发达，在 1914 年以前美国甚至都没有成立中央银行，无法平滑和稳定金融市场。这也是美国金融市场与美元缺乏吸引力和竞争力的重要原因。④

4.1.4 摩拳擦掌：英美博弈双方的战略目标与准备

美国金融和美元的弱势地位已经成为阻碍美国经济发展的桎梏。实施金

---

① 郭佳，范智勇. 美元国际化及其启示 [J]. 西南金融，2013（11）：22 – 24.

② 宋效峰，黄家亮. 国际金融视角下的英美权力转移及其启示 [J]. 江南社会学院学报，2018，20（1）：53 – 59.

③ Williams David. The Evolution of the Sterling System in C. R. Whitlesey and J. S. G. Wilson eds. Essays In Money and Banking [M]. Oxford University Press，1968：229.

④ 韩龙. 美元崛起历程及对人民币国际化的启示 [J]. 国际金融研究，2012（10），37 – 46.

银复本位制的美元未与国际金本位制接轨，无法与占世界主导地位的英镑竞争，世界上绝大部分国际支付采用英镑进行结算。不仅美国与英国的贸易要以英镑计价，并且美国与其他国家的贸易也要用英镑结算。纽约的金融市场与英国的同行相比，也至少要落后 20 年。① 伦敦仍是世界金融中心，美国经济增长的许多关键领域依然要依靠伦敦及其他欧洲的资本市场融资。同时美国经常受到经济危机的困扰，在第一次世界大战前的 100 多年间，美国共爆发了 14 次金融危机。② 美国国内经济危机的频发、国内同行之间的竞争加剧、国内市场的饱和等都亟须拓展海外市场、海外投资机会，以及国际贸易和投资。这些都需要美国突破美元和金融在国际上地位弱势的瓶颈，推动美元国际化，与英国争夺国际金融主导权成为美国经济的内在要求，也是双方博弈的战略目标。

为此，美国进行了长期而充分的准备。第一，积极推动货币制度改革与美元区域化战略。1900 年实施《金本位法》，推动美元金本位的货币制度改革，使美元与国际金本位制度接轨，融入国际金融体系；在规避挑战主导国际货币英镑的同时，推动美元在其势力范围内的拉美地区和菲律宾等地区实施区域化战略，与英镑分庭抗礼。第二，建立中央银行制度。1913 年美国国会通过了欧文 - 格拉斯法案（Owen - Glass Act），正式成立美国的中央银行，构建美国联邦储备系统，成立美联储。这不仅有助于解决 1907 年发生的金融危机，也有助于积极推动美元国际化战略。该法案促成建立了美元承兑汇票中心，美元承兑汇票成为受欢迎的国际投资品，使美元最终开始在国际上扮演有意义的角色。③ 第三，积极推动金融外交，鼓励并支持资本走向海外。美国通过避免政治化的私人资本为其势力范围内的拉美和亚洲地区部分国家贷款与发行债券，并提供担保支持。美国希望借此金融力量排挤英国等欧洲资本，构建美元势力范围，争夺区域金融主导权。④

---

① ［美］斯坦利·L. 恩格尔曼，罗伯特. E. 高尔曼. 剑桥美国经济史（第二卷）：漫长的 19 世纪［M］. 高德步，王珏，译. 北京：中国人民大学出版社，2009：550.

② ［美］巴里·埃森格林. 嚣张的特权——美元的兴衰和货币的未来［M］. 北京：中信出版社，2011：16.

③ ［美］巴里·埃森格林. 嚣张的特权——美元的兴衰和货币的未来［M］. 北京：中信出版社，2011：28 - 30.

④ 阎彬. 金融外交与货币国际化 美元国际化的经验与启示［J］. 国际论坛，2017（3）：53 - 81.

4.2 锋芒初露：从第一次世界大战爆发至 1929 年大危机前的博弈

4.2.1 "危""机"各异：第一次世界大战爆发对英美影响不同

1914～1918 年爆发的第一次世界大战，打破了欧洲均势格局，美国对英国的挑战让位于德国迅速崛起对英国霸权乃至安全构成的直接威胁。英德的结构性矛盾再一次让美国迎来了世界霸权竞赛中的第三方崛起的机会。[①] 正如比米斯所说，"一个世纪以前，欧洲的灾难有利于美国获得独立，巩固它的国家和奠定将来的领土基础，现在一个类似的形式正在形成"。[②] 第一次世界大战，对英美两国造成了截然不同的影响。

第一次世界大战的爆发，对英国构成了严重挑战。虽然英国最终成了战胜国，但是与美国相比，严重削弱了其霸权基础，尤其是国际金融主导权地位。首先，各国纷纷囤积黄金，发行不可兑换的纸币，禁止黄金自由输出国境，破坏了国际主导货币英镑赖以存在的国际金本位制基础；英镑的国际货币主导权地位被大大削弱，战后英镑危机不断。[③] 其次，英国由世界最大的债权国转变成为债务国。战争就是烧钱的机器，战争期间英国近七成的资金需要通过借款筹集。[④] 英国筹集资金的手段包括转移黄金、出售居民持有的外国证券和向外国借款。开始几年英国主要通过前两种方法筹资，后期则通过向美国借款为自己及盟国进行战争融资。到停战前，英国从美国借款金额

[①] 第三方崛起的核心假设是，以霸权争夺为主导的体系结构会给予未直接参与竞争的第三方国家发展和崛起的机遇。参见：黄冠华. 第三方崛起：美国崛起的体系层面思考 [J]. 江南社会学院学报，2018（3）：75-80。

[②] [美] S. F. 比米斯. 美国外交史 [M]. 北京：商务印书馆，1985：421.

[③] 国际金融主导权包括国际货币主导权、国际金融市场主导权、国际金融机构主导权和国际金融规则主导权，其中国际货币主导权是核心。参见：王仁祥，张应华. 国际金融主导权的缘由、内涵与特征——基于广义虚拟经济视角的分析 [J]. 广义虚拟经济研究，2012，3（2）：29-36。

[④] Henry F. Grady. British War Finance [M]. New York：Columbia University Press，1927：120.

达到 36.96 亿美元，成为美国最大的债务国。①

最后，战争加深了英国对美国的依赖。在战争后期，英国及盟国的金融资源濒临枯竭，美国成为战争决胜的关键力量。1917 年 4 月 26 日，美国由资源支持转向直接参战。毫无疑问，英国领导人对美国参战的消息极度欢腾。② 战争使英国经济遭到重创，恢复经济重建和支付战争债务及利息都离不开美国，借款继续进行。截至 1922 年 2 月，英国对美国的净债务总和达到 44.28 亿美元，其中本金 41.66 亿美元，净利息 2.62 亿美元。③

与英国相反，战争给美国提供了前所未有的历史机遇。首先，美国远离战争中心的地缘优势及其中立原则，使其不仅没有卷入前期战争，反而通过与交战双方进行大量军火交易，扩大了贸易市场，增强了经济实力。美国的国内生产总值在 1914 年为英法德三国的总和，到 1919 年达到三国总和的 1.5 倍。④ 世界各国的黄金自战争伊始纷纷流向美国，到 20 世纪 20 年代后期，世界黄金储备量的 40% 已在美国手里。其次，战争给美国霸权从美洲向欧洲扩张提供了契机。19 世纪末到第一次世界大战前，欧洲列强承认了美国的"门罗主义"及其在美洲的霸权地位，相应地，美国也基于"孤立主义"原则，不插手欧洲事务。

但是战争爆发后，由于与战争双方均存在矛盾，美国不希望看到任何一方大获全胜。1917 年初，在战争进行到双方资源都已消耗殆尽的时候，美国威尔逊政府提出交战双方实现"没有胜利者的和平"口号，然后以最高仲裁者身份参与战争，左右战争结局，坐收渔利，摄取国际金融主导权及世界霸权。⑤

---

① Harold G. Moulton and Leo Pasvolsky, War Debts and War Prosperity [M]. Washington, DC: The Brookings Institution, 1932: 426.

② Robert Self Britain American and the War Debt Controversy: the Economic Diplomacy of Unspecial Relationship, 1917 – 1941 [M]. New York: Routledge, 2006: 17.

③ Robert Self Britain American and the War Debt Controversy: the Economic Diplomacy of Unspecial Relationship, 1917 – 1941 [M]. New York: Routledge, 2006: 216.

④ 向祚松，新资本论：全球金融资本主义的兴起、危机与救赎 [M]. 北京：中信出版社，2014: 167 – 206.

⑤ Beard, Charles A., Beard, Mary R. Rise of American Civilization (Vol. 2) [M]. Whitefish: Kessinger Publishing, 2005: 620 – 630.

4.2.2　闪亮登场：威尔逊的"十四点"计划与巴黎和会

随着战争的推进，美国各方优势逐步凸显，美国争夺世界霸权的雄心不再掩饰，英美之间基于国际金融主导权及霸权地位的博弈正式拉开帷幕。美国争夺霸权地位的第一战就瞄准了战后国际秩序的重建。威尔逊总统在其演说中直截了当地指出"我们应当以资本供给全世界，而谁以资本供给全世界，谁就应该管理这个世界"。①1918 年 1 月 8 日，威尔逊在国会致辞中提出的"十四点"计划及其官方注解，从政治、经济、军事、外交、国际组织等方面阐明了美国领导世界的纲领。②

"十四点"计划中第一至第六点以及第十四点将美国争夺世界霸权的雄心表露无遗。第一点要求国际社会实行"公开外交"，反对签订秘密条约，这为美国实现世界霸权扫清了制度障碍。第二点要求公海绝对的航行自由权，实质就是与英国争夺海上霸权。第三点要求自由贸易，期望以此分享英国殖民利益，扩大自己的市场，排挤竞争对手。第四点要求裁军，以限制英国扩军。第五点要求对殖民地进行调整，目的是战后参与瓜分德国殖民地。第六点要求从俄国撤军，实际上就是不承认苏维埃政权。第十四点要求建立国际联盟，本质就是"门罗主义"应用于全世界的逻辑延伸。③

首先，美国要求以此计划作为停战协定的基础。开始时遭到了英国与法国的拒绝，但在美国宣称要与德国和奥匈帝国单独谈判的威胁下，英法最终被迫接受美方要求，于 1918 年 11 月 11 日交战双方签署停战协定，第一次世界大战结束。美国的战胜国身份为其构建战后秩序积累了政治资本。

---

① ［苏联］库尼娜. 1917 – 1920 年间美国争夺世界霸权计划的失败［M］. 北京：世界知识出版社，1957：217.

② "十四点"计划的第一点要求是"必须公开地缔结公开的合约，缔结后不得有任何种类的秘密国际谅解"；第二点宣称"无论平时或战时，必须保持公海航行的绝对自由"；第三点要求各国"尽可能地消除一切经济壁垒，建立平等的贸易条件"；第四点是"各国相互保证……各国军备必须裁减至符合维持国内安全的最低标准"；第六点名为从俄国的全部领土上撤出外国军队，实际上是不承认苏维埃俄国；第十点是奥匈帝国境内的民族自治，但"这必须以保证亚得里亚海和黑海的出口自由为条件"；第十一点和第十二点涉及土耳其统治下的民族自治权问题，以及巴尔干国家的独立和领土完整问题；第十四点提议成立国际联盟。参见：The Special Representative（House）to the Secretary of State［M］. London, October 29, 1918：405 – 413.

③ 宋微. 美国对英国战略与霸权转移［J］. 美国研究，2015（4）：47 – 68.

其次，在 1919 年重建战后国际秩序的巴黎和会上，威尔逊总统携带着实力、野心和理想，按照"十四点"计划精神，就航海自由、公开外交、民族自决和国际联盟等方面提出美国方案。① 这些主张直接威胁到英国霸权，尤其是航行自由和民族自决直接冲击英国霸权的根基——海上霸权和殖民体系，英国坚决反对。在建立国际联盟等问题上，其与英法等国也存在着根本分歧，遭到英法的联合抵制，美国不得不作出让步和妥协。

最终的战后安排《凡尔赛和约》，使得美国改造世界的计划大打折扣。美国国内舆论对威尔逊的让步感到愤怒，指责他出卖了自己的原则，违背了自己的理想。威尔逊为了《凡尔赛和约》能在国会被通过发表演讲说："如果美国加入国联，我们将是金融领袖。我们将是工业霸主。我们将掌握商业上的优势地位。世界各国正期待我们去领导，去指导。"② 然而，《凡尔赛和约》最终还是被参议院否决了。

美国企图通过这次会议确立其在国际体系中的霸权地位并使之合法化的尝试虽然失败了，英法等传统强国依然还有相当的实力抵制美国的企图，美国的权势还不足以支配欧洲传统强国，但是威尔逊总统清晰地向世界和国人表明了美国要争夺国际金融主导权谋求霸权地位的决心，为美国树立了一个清晰明确的战略目标。

4.2.3　焦点之一：英美基于战债与赔偿问题的博弈

战后除了国际秩序与欧洲经济重建问题，另外一个核心问题就是战争债务的偿还和战败国的战争赔偿问题。在巴黎和会上基于战后国际秩序重建的博弈，以美国失败英法胜利为结局；但对于战争债务与赔偿问题，双方基本原则分歧巨大，美国毫不让步，并以"拖"待之，最后这个问题在巴黎和会上被搁置。美国在国际秩序重建主导权方面没有取得成功，他们把目标盯在

---

① 1919 年 1 月 18 日在巴黎凡尔赛宫召开的由 27 个战胜国的 1000 多人参加的关于战后国际秩序安排的会议，称作巴黎和会。参见：[加拿大]玛格丽特·麦克米伦，[英]戴维·雷诺兹. 缔造和平：1919 巴黎和会及其开启的战后世界 [M]. 北京：中信出版社，2018：35 – 67。

② Thomas Andrew Bailey. A Diplomatic History of American People [M]. New Jersey：Prentice Hall College Div，1980：66.

战争债务与赔偿问题上。战争债务的本质是货币，即国际货币。① 用什么货币偿还、如何偿还和货币的流向，都关系到战后欧洲经济重建、美国经济发展的可持续性和国际金融经济主导权问题，这才是美国最关心的核心利益所在。

在巨大的战争债务和战败赔偿问题中，英美是矛盾的关键双方。美国是最大的净债权国，英国既是欧洲的最大债权国，又是美国的最大债务国，法国则是最大的净债务国，同时欠美国、英国及其他国家的债务。英美两国自巴黎和会开始就对战争债务与赔偿问题存在着根本性的原则分歧。对于战争债务问题，美国坚持按商业原则，要求英国等其他欧洲国家必须偿还。② 美国认为，减少英国的债务将恢复英国在国际金融业的垄断地位。③ 英国认为，只要他们的债务还没有偿清，美国就会把英国当作附属国对待。④ 所以英国主张按照政治原则全面取消战争债务，即使要偿还，英国也不会使用自己的资源偿还美国债务。⑤ 英国坚持将战争债务与赔偿问题结合起来，这样战争债务最终就转嫁给了战败的德国；而美国坚持要将两者分开，因为这样德国最终会因债务太重而无力偿还，加大经济恢复难度，美国不希望看到一个衰弱的德国。⑥ 美国希望借解决欧洲战争债务与赔偿之机，复兴德国经济，以达到控制和削弱英国与法国，称霸世界的目的。

英美之间经过多轮拉锯式的磋商与谈判，最终找到了利益共同点：一是都有债权国身份，都要维护债权利益；二是都不希望看到德国衰落而法国在欧洲大陆一家独大。在美国强大的金融压力下，1923 年 6 月美国与英国达成债务偿还协定，英国在 62 年内还清所欠美国的战争债务，利息由 5% 降到

① 战争债务的本质是货币，货币本质上是可以交易的商品和服务，即货币的根本币值是备兑商品和服务。参见：王召东. 一战后英美战争债务问题研究 [D]. 武汉：华中师范大学，2013。

② 美国政府指出战争债务问题是遵循道德和法律原则的商业问题。欧洲有道义责任偿还债务，而美国有依法要求欧洲偿债的权利。James Goodwin Hodgson. Cancellation of International War Debts [M]. New York：H. W. Wilson Company，1932：53。

③ Kent Bruce. The Spoils of War：the Politics, Economics, and Diplomacy of Reparation, 1918 – 1932 [M]. Oxford：Clarendon Press，1989：32.

④ Frank Costigliola. Awkward Dominion：American Political, Economic, and Cultural Relations with Europe, 1919 – 1933 [M]. Ithaca：Cornell University Press，1984：81.

⑤ Robert Self Britain American and the War Debt Controversy：the Economic Diplomacy of Unspecial Relationship, 1917 – 1941 [M]. New York：Routledge，2006：21.

⑥ The Acting Secretary of State to the Ambassador in France, Washington, December 29, 1922 (Vol. Ⅱ), FRUS, 1923：201.

3.3%，相当于削减了英国欠款的 30.1%。① 美国在要求英国等欧洲国家还债的同时，通过高关税筑起贸易壁垒，避免欧洲商品大量涌入美国，也就断绝了欧洲国家用商品向美国还债的可能。那么用什么来偿还这些债务呢？用黄金吗？显然，第一次世界大战之后，大量黄金流入美国，欧洲国家黄金几乎枯竭。也就是说，在这种情形下，理论上偿还全部债务是不可能的。这种既坚持债权又提高关税看似矛盾的做法，表明美国不仅仅是要求欠债还钱，而是以债权为借口对欧洲经济施压，并转化为美国所希望的金融货币主导权。② 美国确实就是这样做的，自其参战开始就宣布：一个盟国在其他盟国中的采购和服务由后者负责供应相应的货币。也就是说英法等欧洲国家要在美国采购军需物资，就需要用美元。美元从哪里来，欧洲国家找美国的金融机构借贷。这就加重了美元在债务支付中的作用，使得美元开始像血液一样在欧洲经济中循环，促使美元国际化，以争取金融货币主导权。

与战争债务问题上美国始终占有主导地位不同，迫于英法在欧洲的传统政治优势，在德国赔偿问题上美国从巴黎和会一开始就不断让步，加之美国国内保守主义势力反对深度介入欧洲事务而逐渐丧失了话语权。③ 美国在战争债务问题上的不让步和在赔偿问题上的妥协，加剧了法国对德国赔偿的强硬要求，鼓动了法国军事冒险的冲动，并最终在 1923 年初酿成法国联合比利时军事索赔的"鲁尔危机"。④ 而美国国内也逐渐在赔偿问题上形成了共识——动荡弱小的德国，不利于美国实现全世界范围内的投资和贸易自由以及对抗苏联的需要，赔偿问题成为美国打开欧洲投资和商品市场的一把钥

---

① Thomas Andrew Bailey. A Diplomatic History of American People ［M］. New Jersey：Prentice Hall College Div，1980：663.

② 康欣. 国家债务与霸权转移 ［D］. 复旦大学博士学位论文，2014：111.

③ 由于英法两国的压力和对战后现实的考虑，从停战谈判到签署《凡尔赛条约》，威尔逊总统在赔款问题上步步妥协，从只要求德国赔偿民事损失到要求其承担战争罪责并赔偿一切战争损失和损害，同时放弃了确定德国赔偿总额的努力，接受了英法两国成立赔偿委员会和会后处理赔偿事务的建议。参见：王宏波. 从道威斯计划看 20 世纪 20 年代美国经济外交 ［J］. 首都师范大学学报（社会科学版），2002（3）：107 – 112。

④ 由于国内经济政治局势不稳，财政持续急剧恶化，德国要求延期支付赔款，法国认为德国是故意不履行交付木材的赔偿义务。事态急转直下，1923 年 1 月 11 日，法国联合比利时，出动 10 万人的军队占领德国的鲁尔工业区，造成德国大量企业停工，资金外流，工人失业，通货膨胀急剧上升，柏林工人罢工，政局更加动荡不安，经济几近崩溃的边缘。这就是震惊欧洲的"战后十年损失最为惨重的政治措施之一"——鲁尔危机。参见：Gordon A. Craig，Felix Gilbert. The Diplomats 1919 – 1939 ［M］. Princeton University Press，1994：305。

匙，时任美国国务卿休斯密切关注局势的演变寻找介入的机会。法国的军事手段并没有解决赔偿危机，反而使问题变得复杂化，正好为美国再次主导赔偿问题提供了契机。同时英国也因美国在战争债务问题上的让步，以及保持欧洲大国均势的考虑，改变了此前与美国僵持的立场，转而支持美国再次主导赔偿问题。

为了既能维护美国在欧洲的利益，又不破坏其不深度介入欧洲内部事务和承担过多责任的原则，并达到淡化政治色彩的目的，美国采用了由政府制定具体政策、金融财团具体执行的官商结合的经济外交方式来处理德国赔偿问题。美国主导德国赔偿问题后，先后制订实施了道威斯计划①、杨格计划②和胡佛延债令③。道威斯计划的实施为美国资本大举进军德国铺平了道路，也推动了德国经济的复苏，德国能够及时支付英法意赔偿，英法意等国也能及时向美国支付战争债务本息。美国成为最大赢家，不仅收回了战争债务本息，获得了大量海外投资利润，还进一步加强了资本输出。而且大量美元从美国流出，通过国际上的周转，最后又流回美国，美元悄然取代英镑成为主导国际货币。美国的私人对外投资总额到1929年已经从1919年的70亿美元增加到190亿美元，即将超过英国；对外贸易总额也在1929年超过英国，位列世界第一；④ 美国的工农业总产值早已超过英国，美国即将从经济的各个方面超越英国，称雄世界。

① 鲁尔危机之后，德国经济接近崩溃的边缘。1924年以美国银行家道威斯为首的赔偿专家委员会提出了一项有关德国赔偿与恢复经济的计划，即有名的道威斯计划。该计划明显减轻了德国的赔偿负担，使德国与协约国共同承担赔偿，由美国人担任赔偿事务总管，德国从美国得到国际贷款，促进经济发展。参见：齐世荣．世界通史资料选集·现代部分·第一分册［M］．北京：商务图书馆，1980：55－58。

② 1929年6月，协约国专家委员会通过了时任赔偿专家委员会主席、美国银行家杨格拟订的有关德国赔款问题的新计划，即杨格计划。它减少了德国赔款总额，规定赔款余额分59年支付，1983年全部付清。参见：齐世荣．世界通史资料选集·现代部分·第一分册［M］．北京：商务图书馆，1980：73－74。

③ 1929年10月美国爆发经济危机后，美国对德国的贷款基本停止。美国的行为对德国的经济造成了沉重打击，因为自道威斯计划以来德国经济已经对美国贷款产生了严重的依赖性。1931年5~7月危机袭击德国，德国经济再次处于崩溃边缘。6月18日德国总统兴登堡呼吁美国总统胡佛紧急支援，6月21日胡佛将该呼吁通知各国政府，7月6日正式宣布了延期偿付法，外国欠美国的债务延迟一年。参见：［美］威廉·兰格．世界史编年手册·现代部分［M］．中译本上册、上海：三联书店版，1978：336。

④ 樊亢，宋则行．外国经济史·近代现代第三册［A］．人民出版社，1980：42。转引自：胡毓源．一次大战后的战债问题与美国的对外关系［J］．上海师范大学学报，1985（4）：88－100。

道威斯计划存在着明显不足，没有确定德国赔偿的总额和期限，对德国财政进行的监督妨碍了德国经济主权，这些都会影响德国民众对计划的支持。为了弥补道威斯计划的不足，1929 年 6 月协约国专家委员会通过了时任该委员会主席、美国银行家杨格拟定的关于彻底解决德国赔偿问题的计划，即杨格计划。该计划确定了赔款总额和清偿期限，并取消了赔偿总管。但由于不久之后就爆发了世界经济危机，该计划实际上未被执行。1931 年胡佛总统宣布延期偿付法，但由于世界经济危机的肆虐与袭击，德国经济还是不可扭转地走向了崩溃，德国停止支付赔偿，赔偿问题不了了之。

4.2.4 焦点之二：英美基于重建金本位制的博弈

除了战争债务与赔偿这一英美博弈的焦点问题外，两国在战争一结束就瞄准的另一焦点问题就是如何恢复世界金融秩序，核心是国际本位币问题。可以说，战争债务、赔偿与货币始终是英美两国博弈和竞争的焦点问题，三者是相互联系、相互影响的关系，货币成为美国将三者联系起来，实现美国争夺世界霸权的重要手段。如何恢复世界金融秩序呢？英美都想到的是恢复金本位制。到第一次世界大战之前，金本位制是英国领导下的国际货币体系，英镑在国际交易中起核心作用，是国际本位货币。伦敦在第一次世界大战前是独一无二、至高无上的经济和金融中心。英国希望通过恢复金本位制，进而恢复昔日大英帝国的霸主地位，以及英镑的国际货币主导地位。而美国希望恢复国际金本位制的直接目的是稳定与扩大美国商品的出口。因为欧洲国家纷纷放弃了金本位制，货币大幅贬值，其扩大它们的商品出口，与美国争夺商品市场。那么美国在第一次世界大战后积累的大量黄金，只不过是成堆的黄色金属而已。①

但是两者的金本位制是有本质区别的。英国希望重建的是以英镑为基础的金本位制。即英镑与黄金挂钩，欧洲各国货币放弃与黄金直接挂钩，而直接与英镑挂钩，各国本币不能兑换成黄金只能兑换成英镑进行国际结算，也就是金汇兑本位制。英国希望借此既能消除欧洲各国的外汇管制，增强英镑

---

① 王宏波. 第一次世界大战后美国对德国的政策［M］. 北京：社会科学文献出版社，2008：86.

的信用，稳定伦敦国际金融中心地位，又能将美元排除在外。① 英国经济学家凯恩斯认为，英国提倡的金汇兑本位不仅会消除投机、通货膨胀、失业，而且也会减轻因英美竞争给英镑带来的压力。② 美国的目标是借重建金本位制争夺国际金融主导权，当然其要求重建的是以美元为基础的金本位制。当英国在1922年的热那亚国际会议上系统提出他们构建金汇兑本位制的设想时，遭到了美国的坚决拒绝。

在这场博弈中，美国利用自身拥有的经济实力和金融优势而获得最终胜利。首先，在德国新马克回归金本位的过程中，到底是继续与英镑保持挂钩，还是与美元挂钩，成为英美之间较量与斗争的第一役。1924年8月30日，美国如愿以偿地使德国新马克与美元挂钩。③ 随后，美国开始采用"胡萝卜加大棒"的策略，一打一拉、打拉结合的方式，迫使英国及其他国家回归金本位。一方面，美国利用自身的经济优势与英镑疲软的态势，拉拢英联邦国家，1925年南非、澳大利亚、加拿大等国家先后回归了金本位，极大地打压了英国的气势。另一方面，给英国一些甜头予以拉拢。对于英国战后经济实力无法维护英镑兑美元1∶4.86的高汇率状况，美国通过降低利率、放松信贷，促使资本大量流入英国，英镑汇率稳定，英国收支趋于平衡。而稳定的英镑对于英国重振金融雄风、扭转工业颓势至关重要。在综合权衡利弊之后，1925年4月，英国宣布回归金本位。

4.3 相持不下：从大危机爆发至1939年第二次世界大战前的博弈

4.3.1 战略反转：大萧条期间英美对外经济战略的"退"与"进"

美国通过道威斯计划为资本打开了通往欧洲的大门，获得了欧洲经济金

---

① 徐振伟. 英美博弈与英国回归金本位 [J]. 历史教学, 2012 (4)：52–57.

② Carole Fink. The Genoa Conference [M]. Chapel Hill：University of North Carolina Press, 1984：305.

③ Frank Costigliola. Awkward Dominion：American Political, Economic, and Cultural Relations with Europe, 1919–1933 [M]. Ithaca：Cornell University Press, 1984：184.

融事务的主导权，美元逐渐取代英镑成为主要国际货币。在政府的默许下，美国大型私人财团通过投资或贷款进入欧洲市场，是德国获得资金后加快经济发展，支付各国战争赔偿，而协约国在获得赔偿后归还美国战争债务。这样就形成了"美国投资→德国支付赔偿→协约国偿还战争债务"的经济循环，使美国经济与欧洲经济紧密相连，造就了20世纪20年代中后期欧美经济的繁荣。① 同时，这也造成了欧洲经济对美国资金的过度依赖。正所谓成也萧何败也萧何，1929年10月24日美国证券市场的暴跌，引发了整个资本主义世界史无前例的经济大危机。面对危机，英美等国迅速调整了对外经济战略。面对危机，1930年6月新上台的美国总统胡佛挥起了关税大棒，签署了《斯穆特－霍利法案》，率先实行高关税贸易保护政策，随后其他国家纷纷效仿美国这种"以邻为壑"的对外经济政策。

对于英国，其被迫放弃了坚持了一个多世纪的自由主义对外经济政策主张。英国在1846年《谷物法》被完全废除后，就确立了自由主义经济政策，② 马克思甚至将此称为"19世纪自由贸易所取得的最伟大的胜利"③。自此以后，自由贸易成为英国对外经济政策无可动摇的原则。在整个维多利亚女王时期，英国成为国际自由主义的积极推动者、建设者、维护者和受益者。④ 虽然在20世纪初期和第一次世界大战以后，也出现过贸易保护主义的呼声和政策，但是自由贸易仍然是英国对外经济政策的主基调。英国凭借其政治、技术、军事、海上运输和殖民体系等无可比拟的优势，一直保持着世界贸易和金融中心的地位。然而，1929年的大萧条成为扭转一切的源头。面对以美国为首的各国以高关税筑起的贸易壁垒，英国工党政府在固守自由贸易政策一年之后，以重组内阁的形式失败而告终。1931年8月，保守党领袖张伯伦接替斯诺登成为财政大臣，改变了英国长期以来的

---

① 张振江. 从英镑到美元：国际经济霸权的转移（1933－1945）［M］. 北京：人民出版社，2006：27－29.

② 郭继兰. 曼彻斯特学派与英国经济自由主义［J］. 史学月刊，2010（9）：68－76.

③ 马克思. 关于自由贸易的演说—1948年1月9日在布鲁塞尔民主协会的公众大会上［A］. //马克思恩格斯全集（第四卷）. 中共中央马克思恩格斯列宁斯大林著作编译局，编译. 北京：人民出版社，1995：444.

④ 维多利亚女王（Alexandrina Victoria），1837年继位成为英国女王直至1901年去世，这段时期正是英国最强盛的"日不落帝国"时期，也是英国推行自由主义的鼎盛时期，维多利亚女王成为英国和平与繁荣的象征。维多利亚女王是英国历史上在位时间第二长的君主，仅次于伊丽莎白二世女王，在位时间长达64年。

自由贸易政策传统。

张伯伦积极倡导贸易保护政策，上任后实施了一系列新举措。1931 年 9 月，宣布放弃金本位制，不再按固定比价兑换黄金，禁止黄金出口。1932 年 2 月 4 日，在他的积极推动下《进口关税法》在议会获得通过。法案规定自 3 月 1 日起，除享有特殊豁免权的商品外，对所有进入联合王国的货物一律 征收货物本身价值 10% 的关税。当年 7 月 21 日至 8 月 17 日，英国又与加拿 大、澳大利亚、新西兰等英联邦国家和殖民地在加拿大渥太华召开帝国经济 会议，最后英国与英联邦国家间建立了互相优惠的贸易渠道，即著名的"帝 国特惠制"。① 至此，标志着这场肇始于美国的经济大危机彻底摧毁了以金 本位和自由贸易为基础的国际经济体系。②

对于美国，高关税的贸易保护壁垒，不仅没有解决危机，反而使美国经 济从 1929 年危机爆发至 1933 年初陷入了全面衰退。面对经济萧条，美国总 统富兰克林·罗斯福没有延续其前任胡佛的高关税贸易保护政策，而是开始 了他著名的"新政"改革，对外推行自由贸易经济政策。③ 罗斯福将对外贸 易和关税政策作为推动国内经济改革的突破口，并挑选赫尔担任国务卿，作 为美国改革国际经济的"先锋官"。赫尔是自由贸易原则的忠实信徒，他认 为保护性关税是"万恶之源"，只有降低关税和实行开放的对外贸易政策， 才能复兴世界经济，缓解和解决国内经济衰退。④ 但他也深知在 20 世纪 30 年代"以邻为壑"的国际经济环境下，没有哪个国家会自愿无条件地率先实 施自由贸易。作为务实的政治家，在实际操作中他不是教条地坚守自由贸易 原则，而是提出贸易互惠战略，通过双边谈判解决高关税问题，实现自由 贸易。

---

① 帝国特惠制的主要内容包括：英国给来自帝国内部的食品和其他一些重要的商品以优惠， 各联邦国家对外商品增加关税时给英国以例外。通过一系列双边和多边关税协议，使英联邦国家间 实施贸易优惠，鼓励相互间的贸易往来。参见：Norman Lowe. Mastering Modern British History［M］. Palgrave MacMillan，2009：385。

② ［意］卡洛·M. 奇波拉. 欧洲经济史第 6 卷（上册）：当代各国经济［M］. 北京：商务印 书馆，1991：244.

③ 正如美国著名历史学家罗克腾堡在其研究新政的经典之作中所述："1933 ~ 1938 年这六年， 标志着美国制度上的巨变；这次变动之大，超过我国历史上任何类似的时期，也许只有内战对南部 的冲击可以除外。"参见：［美］威廉·罗克腾堡. 罗斯福与新政：1932 - 1940［M］. 北京：商务出 版社，1993：4。

④ Hull. Memoirs of Cordell Hull（Vol. Ⅰ）［M］. The Macmillan Company，1948：390 - 392.

在赫尔的推动和罗斯福的支持下，由赫尔亲自起草的《互惠贸易法案》于 1934 年 6 月获得国会通过。[①] 该法案成为美国历史上最重要的一个法案，它解决了关税之争，是美国对外贸易政策的转折点，彻底改变了美国贸易保护主义的历史传统，为美国融入全球经济和创建第二次世界大战后新的国际秩序铺平了道路。[②] 从 1935 年 2 月 2 日美国与巴西签订第一个互惠贸易协定起，到 1945 年美国与 27 个国家签订了 32 个互惠贸易协定。[③] 这些双边协定拉开了创建资本主义世界第二个自由主义经济秩序的序幕。[④]《互惠贸易法案》连续在 1937 年、1940 年、1943 年、1945 年 4 次被延长或修正，直至它的原则被融入 1947 年的关税总协定（GATT），成为美国领导确立世界经济领导权的有效工具。其中的"无条件最惠国待遇"和"平等待遇原则"，更是成为赫尔开展对英经济外交、打破帝国特惠制的有力武器。[⑤]

面对经济大危机，英美两国分别采用了截然不同的"进""退"战略，实施了不同的对外经济政策。美国选择了迎难而上，乘机进攻，争夺国际金融经济主导权。美国虽经历了胡佛总统的短暂退缩，但罗斯福总统上任后迅速发起了"新政"，扭转了美国历来信奉的贸易保护主义政策，通过双边的互惠贸易战略，进而获取国际自由主义经济秩序重建的主导权。英国以退为进，在经历第一次世界大战和大危机的重创后，帝国实力日薄西山，无力继续维护国际自由主义经济秩序，希望通过"帝国特惠制"堡垒，逐渐恢复昔日帝国辉煌。借此，英美之间新一轮的艰苦博弈拉开帷幕。

---

① 该法案包括三方面内容：授权美国总统可以实施关税协定谈判并与外国政府签署相关协议；根据互惠原则，总统有权决定在《斯穆特-霍利法案》基础上不超过 50% 的税收减让；无条件最惠国原则。参见：Sharyn O'Hallorn. Politics, Press and American Trade Policy [M]. The University of Michigan Press, 1994：85 - 86。

② Michael A. Butler. Cautious Visionary：Cordell Hull and Trade Reform, 1933 - 1937 [M]. Kent State University Press, 1998：286.

③ Sidney Ratner. The Tariff in American History [M]. New York：D. Van Nostrand Company, 1972：152.

④ 第一个自由主义经济秩序是在英国的主导下建立起来的，始于 1846 年英国废除《谷物法》，终于 1914 年"一战"的爆发。参见：[澳] 阿尔伯特·肯伍德，阿兰·洛赫德. 国际经济的成长：1820 - 1990 [M]. 王春法，译. 北京：经济科学出版社，1997：56 - 60。

⑤ 张振江. 从英镑到美元：国际经济霸权的转移（1933 - 1945）[M]. 北京：人民出版社，2006：38.

4.3.2 巨大分歧：大萧条期间英美基于世界经济会议的博弈

早在 1930 年 12 月美国大使萨克特与德国总理布吕宁的一次会谈中就提出召开一个世界经济会议制订经济复兴计划的想法，希望通过一揽子的方式解决困扰当时世界政治经济关系的裁军、赔偿、战争债务、关税和国际贷款等一系列相互关联的重大问题。[①] 国际联盟也希望召开一个世界经济会议，协调各国以邻为壑的反危机政策，讨论通货膨胀和关税问题。对国内危机束手无策的胡佛总统积极响应，力图通过国际合作达到消除萧条恢复经济的目的。[②] 1932 年 7 月 9 日，国际联盟在洛桑会议通过的决议中正式宣布于 1933 年召开世界经济会议。[③] 会议的名称为"国际货币与经济问题"。

由于战争债务、赔偿、关税、通货膨胀、货币等问题交织在一起，一直困扰着当时世界各国的关系和经济复苏，各国的利益重心和关注焦点不同。从会议的筹备起各国间就矛盾重重、各怀鬼胎。美国关注的是关税，倡导关税停战和签署英美双边贸易协定，赫尔主张分三步达到这一目标。首先是各方停止提高竞争性关税和施加贸易壁垒，其次各国在现有关税水平下各减 10%，最后签署多边贸易互惠协议。与胡佛总统不一样，罗斯福认为导致经济萧条的根源在国内，而不在国际，他上任后把首要工作重心放在国内，对于推进国际合作显得不是那么积极，并且已经做好了不达成任何协议的准备。英国由于刚刚完成了自己的关税计划——"帝国特惠制"，把美国反对贸易歧视的主张看成直指帝国特惠制的幌子。并且英国政府认为美国一直实施高关税，对英贸易保持顺差，与美国签订贸易协定不会给自己带来直接经济效益，此时英国更关注的是战争债务问题，并与法国政府在此问题上达成

---

① Gerhard Schulz, Edward W. Bennett. Germany and the Diplomacy of the Financial Crisis，1931 [M]. Harvard University Press, 1962：32. 转引自［美］查尔斯·P. 金德尔伯格.1929 – 1939 年世界经济萧条［M］. 上海：上海译文出版社，1986：237 – 238.

② 杨生茂. 美国外交政策史（1775 – 1989）［M］. 北京：人民出版社，1991：349 – 350.

③ 由于经济危机，德国无法执行杨格计划，相关国家于 1932 年 6 月 16 日在瑞士洛桑召开会议继续讨论德国战争赔偿问题，美国担心被要求取消所有战争债务而拒绝派代表参加。会议于 7 月 9 日通过决议，即《洛桑协定》，规定德国最后赔款额为 30 亿马克。停付 3 年后于 37 年内分数次付清。除此以外，德国还须偿付杨格及道威斯借款的利息。实际上德国并未履行协议，希特勒上台后索性全部取消赔款义务。参见：袁明. 国际关系史［M］. 北京：北京大学出版社，2005：116 – 130.

一致立场。而法国更关注的是货币稳定，因为就在各国对世界经济会议充满期待的时候，罗斯福先是禁止黄金出口暂停国外美元兑换黄金、批准农业调整法案，后又在会前放弃金本位制、美元贬值，使本已萧条的世界经济产生更多不确定性，尤其是法国作为唯一保持金本位制的大国集团，关税停战只会使自己在外贸方面面临更大的损失。

直到会议召开前夕，英美法之间还在就会议主题进行着艰难的博弈。英国和法国关注战争债务和货币稳定，罗斯福坚决反对将战争债务问题纳入会议议题，明确表示：当务之急是为日趋恶化的国际经济合作树立信心，让人们对政府间的国际经济合作看到希望，在具体议题上也只有关税停战问题有达成具体协议的可能。① 而时任英国首相麦克唐纳宣称会议成功与否的关键在于能否解决战争债务问题，并且不管结果怎样，都必须把这一议题提交会议讨论。② 会议前一周，麦克唐纳还致函给罗斯福要求延缓支付 6 月 15 日到期的应付战债，并声称哪怕只是偿还极小的数目，也可能严重挫伤英国公众的情绪和两国的互信，给债务谈判、世界经济会议，乃至整个国际关系都会带来不幸。罗斯福对此置之不理，并宣布会议应避免讨论既难解决又耗时日的债务问题。对于法国最关心的货币稳定问题，在经过三方间多轮磋商后，决定在世界经济会议召开的同时，各国就中央银行之间货币问题进行单独谈判，以求达成协议。这样，战争债务问题和货币稳定问题都从会议的议题中删去了，只剩下美国所主张和强烈要求的关税问题作为会议的主要议题。

1933 年 6 月 12 日，期待已久的世界经济会议在伦敦正式开始。正如张振江博士在其著作《从英镑到美元：国际经济霸权的转移（1933－1945）》中所评价的那样，"美英法在会议召开前的各行其是、不同期望和视会议为追求自身利益机会的事实已经注定了会议的必然失败"。③ 事实也确实如此，会议一开始就一片混乱。麦克唐纳在开幕式上完全不顾美国的反对，依然大

---

① The Secretary of State to the Great Britain (Atherton), 28 April, FRUS 1933, Vol. Ⅰ, p. 578 – 580. 转引自，张振江. 从英镑到美元：国际经济霸权的转移（1933－1945）[M]. 北京：人民出版社，2006：63。

② 麦克唐纳在 1933 年 5 月 5 日发表的电视讲话，被登载在第二天《纽约时报》上。参见：New York Times, May 6, 1933, p. 2。

③ 张振江. 从英镑到美元：国际经济霸权的转移（1933－1945）[M]. 北京：人民出版社，2006：65。

谈战争债务问题以及英国对战争债务的看法，而美国代表团对此大为反感。在会议的组织过程中，美国与法国就会议财政委员会的主持人选发生了很大争执，法国认为由一个放弃金本位制的美国的代表作为主持人是不合适的，美国则同样认为由一个拒付债务的法国的代表主持委员会也是不合适的。以法国为首的金本位国家高谈货币稳定的重要性，并将其称作经济会议"必不可少"的条件。这反而使同时召开的美英法三方货币会议成为此次会议瞩目的焦点。其实英国和法国针对的对象都是美国，英国关注的战争债务问题的核心就是要美国取消一切战争债务，并将此作为洛桑协定生效的前提条件。法国关注的货币稳定问题，核心也在美国要停止美元放弃金本位制后的继续大幅贬值措施。而美国在这两个问题上都坚决不让步，就在货币会议参与各方正在商讨如何稳定货币的时候，7 月 3 日罗斯福就国际会议发表了一个措辞激烈的讲话，表示美国政府拒绝任何形式的货币稳定，一个国家的福利取决于健康的国内经济形势而不是其货币价格因素。① 罗斯福的这一炸弹式的讲话，使本已艰难的会谈变得毫无希望。

1933 年 7 月中旬，在耗费了一个多月时间后，伦敦世界经济会议终于在争吵和不满中落下帷幕，没有获得任何成果。正如英国前首相劳乔治（David Loyd George）所批评的那样，"伦敦经济会议没有减掉关税上的一个便士，没有拿下带刺铁丝网上的一个铁刺"。该会议也为英美关系留下了一个需要很长时间才能愈合的伤口。②

4.3.3　有限合作：大萧条期间英美基于三方货币协议的博弈

在世界经济会议召开的同时，美英法三方在伦敦还举行了货币专题会谈。世界经济会议的大多数与会国家代表都把货币稳定看作解决贸易保护和外汇管制的基础，以及摆脱世界经济萧条的根本，对三方会谈格外关注。罗斯福把国内目标置于优先位置，对于三方货币会谈只是提出了各国央行应该

---

① U. S. Department of State：Foreign Relations of the United States（FRUS），1933（Vol. Ⅰ）[G]. The Washington Press，1950：673 - 674. 转引自［美］查尔斯·P·金德尔伯格. 1929 - 1939 年世界经济萧条［M］. 上海：上海译文出版社，1986：255 - 256。

② Hull. Memoirs of Cordell Hull（Vol. Ⅰ）［M］. New York：Macmillan，1948：378.

协同行动 "刺激经济和提升物价" "重整商业和工业" 等宽泛的要求。① 作为东道国的英国对会谈取得成功充满期待，希望避免国家间竞争性的货币贬值，同时坚持英镑贬值和对自治领地的义务。② 法国将会谈视作一次重大机遇，期望达成美国和英国货币稳定的长期协议，并把重回金本位作为最终目标，但是不愿意为美元和英镑的稳定提供一笔共同基金。③

经过艰难的谈判，三方于 1933 年 6 月末达成了一个货币协议。核心内容就是，英国同意将英镑汇率稳定在每盎司纯金兑换 121 ~ 124 先令英镑；美国宣称将美元汇率确定在每 100 法郎兑换 4.59 ~ 4.73 美元，3.88 ~ 4.12 美元兑 1 英镑；三国央行通过出售黄金支持各自的货币，英美两国表示把重建金本位作为货币政策的终极目标。④ 不过这个协议只是三国央行之间谈判签订的，尚需各国财政部和政府批准，其中美国政府的态度最为关键。然而，罗斯福认为该协议要求的汇率稳定不利于刚刚有点起色的国内经济恢复，因而拒绝在货币稳定问题上的相互合作，也不愿意接受协议给定的规则限制。他于 1933 年 7 月 1 日宣称稳定货币是各国央行的事情，而不是政府的事情。前面提到的其于 7 月 3 日的炸弹讲话更是彻底熄灭了英法与美达成货币稳定协定的希望，最终货币会谈也破裂了。随后，英国联合其帝国属下的各国举行正式会议，组建了英镑区；以法国为首的金本位集团为了更好地保护自己也组织起来。国际货币体系由此分裂成了英镑集团、金本位集团和美元集团，它们之间的货币战加剧了国际金融市场的动荡和国际关系的紧张。

随着英镑和美元的竞相贬值，以法国为首的金本位集团国家面临严重的货币危机。英国和美国放弃金本位制之后，通过英镑和美元的大幅贬值，提高通货膨胀水平，进而推动国内经济复苏和出口增长。而以法国为首的金本

---

① U. S. Department of State：Foreign Relations of the United States（FRUS），1933（Vol. I）[G]. The Washington Press，1950：622 – 627. 转引自：谈谭. 从货币战到有限合作：1933 – 1936 年英美法三国货币外交 [J]. 世界历史，2009（6），27 – 38。

② 《1933 年 6 月 12 日世界经济会议记录》（"World Economic Conference Record of Meeting Held 12 June 1933"），《英格兰银行总裁文件》（Bank of England，London，Governor's Papers，B/E G1/53）编号 B/E G1/53。

③ 《1933 年 6 月 10 日和 13 日世界经济会议记录》（"World Economic Conference Record of Meetings Held 10 June 1933 and 13June 1933"），《英格兰银行总裁文件》编号 B/E G1/53。

④ 《1933 年 6 月 17 日稳定宣言》（"Stabilization Declaration, 17 June 1933"），《英格兰银行财政委员会文件》（Bank of England，London，Committee of Treasury）编号 B/E CT 118.01。

位集团国家，固守币值稳定才是社会和政治秩序的必要基础的信条，导致币值高估。外汇市场上英镑兑法郎的 3 个月估价在 1933 年夏天至 1936 年夏季贬值幅度高达 34%。[①] 法国只能通过通货紧缩、缩减公共开支等手段达到保持币值稳定、国际收支和财政预算平衡的经济目标，结局就是社会动荡和经济形势持续恶化，政府频繁更替。1936 年法国赖伐尔（Pierre Laval）因紧缩政策失败而下台，希特勒进军莱茵河非军事区等国内国际形势的变化，迫使新上台的国民阵线布拉姆（Léon Blum）政府改变政策主张。同时，美国经济复苏迹象显现、美元汇率和国内物价稳定，美元贬值压力减弱，美元兑欧洲主要国家货币的汇率和美国国内物价相对稳定。[②] 这些促使美国决策层逐渐改变了对世界经济形势的认识。美国财政部长摩根索（Henry Morgenthau Jr.）认为："美元的进一步贬值对国内经济没有多少利益。"[③] 美国国务院也意识到法郎估价过高对美国的商业利益没有好处。1935 年法国爆发多次法郎危机，美国多次出手相助。这也促使美国认真考虑美元、英镑与法郎之间达成货币协议的可能性，并积极推动三方货币合作。

行动一开始，英国愿意合作，法国拒绝美国提出法郎贬值的要求，美国与法国的谈判受阻。直到 1936 年 6 月布拉姆政府上台后，发现法郎贬值不可避免，向美国伸出了橄榄枝，表示法国愿意进行货币贬值，但需要英美支持，只有在确认法郎贬值时美国不进行竞争性贬值，法国才能实现贬值。美国表示愿意对此合作，但是拒绝了法国提出的希望所有货币各方达成一个具体汇率多边协定的要求，美国不愿意牺牲其货币政策的灵活性。[④] 1936 年 8 月底，法国布拉姆政府决定法郎贬值。同年 9 月 4 日，法国财政部正式向美国和英国财政部提出协议草案，要求各国中央银行负责将本国货币汇率维持在固定限度，并公开承诺将重返金本位作为最终目标。而美国不愿意公开承诺重返金本位，摩根索反复强调这只是一个"君子协定"。英国与美国的观

---

① 相关根据文献资料数据计算而得。参见：Kenneth A. Oye, Economic Discrimination & Political Exchange [M]. Princeton University Press, 1992: 126。

② 1934 年 1 月 31 日，罗斯福政府最后一次将美元兑黄金的价格调整为 35 美元兑 1 盎司黄金，这也是《布雷顿森林协定》确定的美元黄金平价，这一比价一直保持到 1971 年布雷顿森林体系崩溃。

③ John Morton Blum. From Morgenthau Dairies: Years of Crisis, 1928 – 1938 [M]. Boston: Houghton Mifflin, 1959: 126.

④ John Morton Blum. From Morgenthau Dairies: Years of Crisis, 1928 – 1938 [M]. Boston: Houghton Mifflin, 1959: 147.

点相近，也不愿意固定英镑与黄金的汇率和签订正式协定。9 月 17 日，法国的第二份草案又被美国拒绝了。由于面临德国不断重新武装的威胁，法国试图将三国货币领域的合作扩展到国际政治与安全领域，在这份草案的修正案中增加了"三国同时发表宣言，赞成保障和平和自由的国际金融秩序"的条款。①

　　美国财政部迅速起草了一份满足法国要求的草案，宣称愿意共同保障和平，恢复国际经济秩序，努力实现汇率稳定，三国努力减少法郎贬值引起的汇率波动。为防止德国破坏三方货币协议，实行竞争性的马克贬值，在协议中增加了一条声明，"美国相信任何国家都不会试图获得不合理的竞争优势，以此来妨碍三国政府共同推动的经济关系稳定目标"。对此，摩根索明确指出："这是对日本、德国和意大利的警示。"② 最后美英同意法郎贬值 25% ~ 34.5%，英镑对美元汇率将稳定在 1 英镑兑 5 美元左右。9 月 25 日，美英法各国发表了内容大致相同的声明，这就是后来的《三方货币稳定协议》。为保证协议的充分运作，三国同意"对官方外汇结存实行 24 小时黄金可兑换"，并将美国的黄金价格作为英镑与法郎定价的基础。

　　这个三方协议并非真正意义上的协定，显示出各方在货币合作方面的"有限性"。从协议的起草、声明到操作整个过程可以看出，美国的态度最为关键，始终处于主导地位，而英国也是放弃金本位制的国家，利益和观点与美国基本一致。这也表明英法两国开始接受美国在国际货币体系中的主导权，打破了 20 世纪 30 年代初国际货币体系的囚徒困境。尽管该协议仅仅是三国各自发表的一个声明，但在当时具有重要的政治意义，标志着美英法三国关系发生了根本性变化，由以前的相互竞争和猜忌转向了相互合作。

4.3.4　艰难谈判：大萧条期间英美基于贸易条约的博弈

　　除了货币领域的博弈和有限合作外，美国最关心的还是贸易领域。因为美国基于国内强大的生产能力和大量积压商品，亟须打开巨大的海外市场，

---

　　① John Morton Blum. From Morgenthau Dairies：Years of Crisis，1928 – 1938［M］．Boston：Houghton Mifflin，1959：160 – 163.

　　② John Morton Blum. From Morgenthau Dairies：Years of Crisis，1928 – 1938［M］．Boston：Houghton Mifflin，1959：165 – 167.

推行自由贸易的对外经济政策。而英国则以帝国特惠制为依靠，大力开展与帝国外的国家双边贸易谈判，形成集团性的经济保护圈，这恰恰成为美国拓展海外市场、问鼎世界经济霸权、领导国际经济金融贸易秩序改革的最大障碍。赫尔作为国际自由贸易主义的积极倡导者和践行者，一直将与英国达成一个互惠贸易协议作为其对英经济外交的着力点和推行国际自由贸易战略的突破口。自 1934 年美国通过《互惠贸易法案》起，美国多次向英国发起就互惠贸易协定进行谈判的倡议，赫尔不遗余力地推动此事。然而，英国基于帝国特惠制刚刚起到的改善对外贸易和国际收支的良好效果，以及两国关注的焦点及其态度的不同，而对美国贸易谈判的倡议反应冷淡。① 直到 1935 年底，在美国的持续施压下，美英才达成非正式约定，双方同意对达成贸易条约的可行性进行研究，但是这并没有把谈判实质性地往前推进。于是以赫尔亲自领导的对英国外交攻势与以贸易协定科为主的贸易谈判共同形成美国推动两国达成互惠贸易条约的两条战线。

赫尔亲自上阵，全力以赴地展开对英国的外交攻势。1936 年 1 月底，赫尔会见时任英国驻美大使林赛，向其表达美国对双方达成贸易条约的强烈愿望，以及条约对世界繁荣与和平的重要性，呼吁英国与美国一道担负起促进世界繁荣和维护世界和平的领导责任。几周后，赫尔以此内容为基础指示时任美国驻英国使馆代办阿瑟顿与英国展开初步探讨，待时机成熟后提出正式谈判要求。并为阿瑟顿准备了一个备忘录，系统阐释了赫尔对世界经济和英国对外经济政策的看法，指责英国双边贸易和清算协议的短见以及对恢复世界经济与贸易的妨碍，与美国所倡导的"平等待遇"原则的根本对立。同时还将这些谈话内容以及对世界经济的看法与美国对外经济主张一并发给拉美和欧洲非法西斯国家的驻美使馆，让使馆官员采用一切办法使所在国政府接受美国主张。② 英国正在享受着其帝国特惠制和一系列双边贸易与清算协议带来的红利，经济逐渐好转，根本就不为美国的呼吁所动，更不接受美国的指责。

---

① 英国最关注的仍是美国能否取消战争债务的问题，以及美国本身的高关税问题；而美国却坚决不取消战争债务，同时坚持要在现有关税税率条件下，达成临时关税停战协定。在英国看来，这对英国都是不利的。参见：张振江. 从英镑到美元：国际经济霸权的转移（1933 - 1945）[M]. 北京：人民出版社，2006：94 - 95.

② The Secretary of State to the Great Britain（Atherton）[G]. Feb 13, FRUS 1936（Vol. Ⅰ）：635 - 636.

　　时任英国贸易大臣拉西曼在两天后的商会发言中，对赫尔的指责进行了针锋相对的还击。还特别强调英国的政策不怕被批评，因为这一政策为英国夺回了丢失的市场，赚回了大量的英镑。① 对此，赫尔于3月28日向英国政府提交备忘录表示对拉西曼的发言感到遗憾，并软化了立场，表示不要求英国马上减少贸易壁垒和不合理的贸易手段，只是希望英国发表一个旨在恢复世界经济繁荣的宽泛的对外经济政策的声明，以此带动其他国家。赫尔多次向英国施压，都不能扭转英国不理不睬的对策，总是从英国得到令人失望的消息。② 5月26日，英国外交部对于美国发表声明的要求作出正式答复，强调英国的一系列政策安排正是在1933年世界经济会议失败之后所采取的为达到恢复世界经济正常秩序所做的努力，对美国有指责之意，但强调其最终目标与美国倡导的是一致的。美国对英国的这一答复表现出超前的乐观情绪，连罗斯福都认为"这是一个非常好的开端"③。

　　然而，美国低估了英国对既有政策的固守。7月中旬，时任英国贸易大臣拉西曼在国会公开讲话，却表示英国不可能放弃与其他国家签订的双边贸易与清算协议，这让赫尔大失所望。时任英国外交大臣艾登向时任美国驻英大使宾厄姆辩解称拉西曼的讲话只是为了应付国会。所以赫尔仍然对英国外交部的正式回复抱有幻想，继续外交施压。直到11月20日，赫尔等到了英国外交部的正式答复，从表面上对美国的呼吁进行了回应，英国政府赞同美国的自由贸易政策，但却声称坚持现行的贸易政策。宾厄姆对此鲜明地指出，美国的贸易政策与英国的贸易政策根本不是一样的。正如克莱文（Clavin）教授所说，英国和美国在对外经济政策上的深刻分歧，成为它们不能达成协议的根源。④ 赫尔一年多的外交努力没有取得任何实质性的成果，只是让他深刻了解到了英国对外经济政策立场的坚定性和顽固性。

　　以美国国务院贸易协定科为主的另一条战线，对英贸易谈判进展更是举

---

① The Secretary of State to the Great Britain（Atherton）［G］. Feb 25 and 28, FRUS 1936（Vol. Ⅰ）：644 – 645.

② The Ambassador in the United Kingdom（Bingham）to the Secretary of State［G］. April 28 – May 1, FRUS 1936（Vol. Ⅰ）：659 – 662.

③ Schatz, Arthur W. The Anglo-American Trade Agreement and Cordell's Search for Peace 1936 – 1938 ［J］. Journal of American History, 1970, 57（1）：85 – 103.

④ Patricia Clavin. The Failure of Economic Diplomacy（Britain, Germany, France and the United States, 1931 – 1936）［G］. VSWG 85. Bd., H. 3（1998）：418 – 419. http：// www. jstor. org/stable/20739670.

步维艰。自 1935 年底英美双方达成双方进行条约签订可行性分析之后，一直到 1936 年 6 月英国驻美使馆商务参赞乔克利与美国国务院贸易协定科科长格雷迪会面时，表示英方还没有进行自己的研究。格雷迪表示达成一个全面协议的前提条件是，英方必须对帝国特惠制进行修正。他还表示由于国会马上要就贸易政策进行听证会，政府必须拿出美方对英方进行贸易减让的具体项目清单，以及英国对美国的减让清单。① 英国当然不能让美国为其准备减让清单，不然更被动。经此会谈后，英国变得积极起来。一周之后，乔克利向美国提交了一份非官方性质的英国可以考虑给予美国方面的贸易减让商品范围清单。为了迎合态度刚刚有些转变的英国，美国也罗列了一些可以对英国减让的商品，目标直指帝国特惠制和出口配额制。双方要价都很高，立场也十分坚定。美国方面一直积极推动，英国方面却一直拖延。直到 11 月 2 日，英国贸易委员会才给乔克利发去了英国对于两国达成贸易协定基本看法的信件和 4 份清单。

与英国对于未来谈判持保守态度相反，美国却表现出志在必得的强势。11 月 16 日，双方如约互换清单。但是在美国提交的两份清单中有一份是必须得到满足的"死单"，都是美国急需出口的猪肉产品、大麦、新鲜水果、烟草、软木木材和皮革等农产品。② 面对美国的"死单"要求，英国反应激烈。英方表示美国的方案已经触及渥太华协议的核心，英国不可能签订违反渥太华协议条款的条约。尽管双方立场都很强硬，但英方不愿承担关闭贸易谈判大门的责任，表示美国可以就"死单"中的某些项目与英联邦国家进行双边谈判，比如木材问题可以与加拿大谈判，这样英国就把皮球踢到了美国一方，可以名正言顺地拒绝美国的"死单"要求。这也成为英国在接下来谈判中的"杀手锏"，成为英美双方博弈与较量的焦点。当然，这也为日后美国采用分化英联邦国家策略突破帝国特惠制提供了外交机会和口实。

从 1937 年新年伊始，两国的贸易对话已经上升到美国国务卿与英国贸易大臣和外交大臣的级别。1 月下旬，英国贸易大臣拉西曼访美，他不仅关心双方的贸易谈判问题，还谋求罗斯福政府推动美国国会修改中立法中关于

---

① Memorandum by Mr. William A. Fowler of the Division of Trade Agreement ［G］. June 17, FRUS 1936, （Vol. Ⅰ）: 668 – 671.

② 所谓死单，英文为 must list，就是谈判必须满足的最低要求，列在清单上的名目不能被更改，是一种强硬的谈判方式。

"禁止向交战国出售军火和贷款"的条款，极力说服对方采用"现购自运"的方式。① 对于这一并不过分的要求，美方不仅没有答复，反而对英国多加指责。可以想象，这样的访问氛围不可能推动贸易对话前进，反而使双方矛盾尖锐化。3 月 12 日美方一如既往地向英方提交了 6 份要求对方减让的清单，并将涉及渥太华协议的项目列为第一份清单，要求必须满足。4 月 13 日英国贸易委员会正式回复，表示美国所持立场对英联邦国家是不可接受的。双方依然固守各自的立场，谈判难以为继。直到 5 月，两国国内形势发展都有了新突破，贸易对话才出现了转机。美国方面，罗斯福在国会延长中立法中得到了"现购自运"的条款，这就满足了英国贸易大臣拉西曼所坚持达成协议的基本条件。英国方面，张伯伦接替鲍德温成为首相之后，从国家政治与安全的角度一改之前坚持贸易保护的态度，在 6 月 15 日伦敦帝国会议的闭幕式上呼吁英联邦国家对于英美贸易协议给予支持。②

英国态度上的转变，并不代表愿意作出多大让步。在涉及渥太华协议的核心问题上，英国拉英联邦国家作为"挡箭牌"，并称加拿大的态度最坚决，建议将其纳入英美贸易对话。然而，英国一再强调加拿大立场强硬，美国却得知加拿大相当一部分重要官员竟然对此一无所知。精明的赫尔抓住英国的这个失误，迅速对英联邦国家展开攻势。当年秋天，便与加拿大展开非正式贸易对话，所涉内容远超美国的"死单"要求。赫尔的这一迂回策略非常奏效，英国没想到其打出的"挡箭牌"，结果成了美国攻击帝国特惠制的突破口。英方对此非常惊骇，为避免陷入被动，10 月 29 日向美方表示英国政府将尽快确定两国谈判基础。至此，英国已经没有了退路，内阁会议很快通过了对美国贸易谈判的新方案。11 月 5 日正式对美国 3 月的清单进行了答复，几乎答应了美国的全部要求，但是强调涉及渥太华协议的内容需要英联邦国家同意。尽管美国对此不满意，而且两国分歧仍然巨大，但是都迫于国内外政治形势，双方同意于 1938 年开始正式谈判。

1938 年 2 月 23 日以林赛、奥弗顿、斯特林为成员，乔克利为顾问的英

①　根据美国的中立法，即使英美达成贸易条约，一旦英国卷入战争，美国自动终止对英贸易，那么条约就如同一张废纸；同时还禁止向英国出口军火和贷款，也不利于世界和平。参见：Robert A Divine. The Illusion of Neutrality ［M］. The University of Chicago Press，1962：174 - 175。

②　The Ambassador in the United Kingdom （Bingham） to the Secretary of State ［G］. June 10, 15, FRUS 1937, （Vol. I）: 39 - 41.

国贸易谈判代表团抵达华盛顿，随后与由国务院贸易协定科及其贸易问题专家组成的美国代表团的谈判正式开启。双方经过持续一个多月的就比较宽泛的原则进行讨论之后，于4月上旬双方在部分商品再分类、价值归档和特定商品等问题上基本达成一致，但在涉及渥太华协议的木材等方面仍然存在着严重分歧。① 4月下旬美方拟定了一份条约草案，并把电影问题单列出来，以求得到最有利的条款。② 美国的草案立即遭到英国的反对，5月6日英国回函美国国务院表达了强烈不满，指责美国对英国的让步非常有限，美国的高关税导致英国对美贸易逆差还在持续上升。而美国对英国的不满视而不见，继续谋求英国在某些特殊项目上让步。6月14日，美国再次提出希望英国在一些特定商品如木材，尤其是道格拉斯冷杉给予美国更多的优惠。7月5日英国再次拒绝了美国的要求。双方围绕木材待遇问题一直争论不休，互不相让。焦点就是英美双方围绕帝国特惠制的一个攻防战，美国希望通过木材贸易打破帝国特惠制，英国坚决不让。7月28日英国的内阁会议批准了除木材之外的几乎所有条款，但是美国并不满足。为说服英方让步，罗斯福甚至放出狠话，如果英国不在农产品方面作出更大让步，美国不会签署协议。在木材问题上，双方一直僵持了两个多月。

10月份英镑开始贬值，本已艰难的贸易谈判形势急转直下。许多英国人包括著名经济学家凯恩斯把英镑贬值归因于对美国的贸易逆差，150多名议员甚至认为与美国签订贸易条约会威胁英国经济安全，外交部也认为不能答应美国的条件。张伯伦的态度也在强大的压力之下发生了转变，认为美国不值得信任、不可靠，一旦英国陷入困难时，对其不要抱有任何奢望。10月25日，林赛向赫尔转交了英国对美国方案的最后答复，与前期的立场一样，其他条件几乎都答应了，就是对美国最关心的木材问题不让步。赫尔对英国的回复自然感到失望，声称与英国的谈判比他经历的所有谈判多四倍的困难，英国代表奥弗顿也表示英方同样感到异乎寻常的困难。赫尔指出造成这一困境的关键因素在于英国的帝国特惠制，林赛和奥弗顿也认可赫尔的说

---

① The Ambassador in the United Kingdom (kennedy) to the Secretary of State [G]. April 9, FRUS 1938, (Vol. II): 25 – 26.

② 1937年美国已经就电影问题与英国展开了多轮交锋，1938年3月28日英国议会通过了电影新法案，满足了美国15%的配额要求，美国对英国的电影外交已经取得成功。赫尔现在再次提出电影问题是想获得英国更大的让步或者作为要求其他方面让步的谈判筹码。

法，并提醒赫尔英国没有废掉帝国特惠制的打算。虽然赫尔对英国在木材问题上的不让步感到失望，但是考虑英国立场的强硬和肯尼迪关于英国谈判底线的分析，以及久拖不决带来的政治压力等因素，决定接受英国的回复，表示加紧签约步伐。[①]

1938 年 11 月 17 日，在经历近 3 年的艰苦谈判后，美英双方终于在华盛顿签署了《美英互惠贸易条约》。在整个谈判过程中，美国始终占据主导地位，紧紧相逼；英国处于被动地位，不断推诿。美国利用英国在欧洲面临的安全和政治需要，迫使英国不得不在贸易谈判中作出最大限度的让步。姗姗来迟的贸易协定，虽然没有从根本上解决两国的贸易分歧，但是具有较强的政治意义。对英国来说，政治考虑压倒了经济权衡。英国对德国绥靖政策的失败，迫使张伯伦政府不得不寻求华盛顿的合作来遏制德国的扩张。[②] 对美国而言，虽然未能在帝国特惠制上取得突破，但这是在互惠贸易法案指导下对英经济外交取得的第一次成果，在一定程度上表明美国角逐世界经济霸权、争夺国际经济金融主导权的对外经济战略的胜利，极具象征意义。

4.4 殊死较量：从 1939 年第二次世界大战爆发至 1945 年结束的博弈

4.4.1 天赐良机：第二次世界大战爆发打破了英美博弈的僵局

1938 年底签订的《美英互惠贸易条约》还算是一个双赢的结果。该条约的签订是美国以多边主义为原则构建国际自由贸易秩序的一个重大突破，为美国大量的过剩产品尤其是农产品打开了大英帝国的广阔市场。英国虽然对美国作出了重大让步，但对于涉及渥太华协议的条款始终未让

---

① 在 1938 年 10 月 25 日英国政府作出最后答复一周后，时任驻英大使肯尼迪给赫尔发了一份密电，认为英国现在的条件已经到了他能够让步的极限。参见：The Ambassador in the United Kingdom (kennedy) to the Secretary of State [G]. Nov 3, FRUS 1938 (Vol. Ⅱ): 69 – 71。

② Gardner. Economic Aspects of New Deal Diplomacy [J]. Journal of American History, 1964, 51 (3): 529 – 530.

步，最终捍卫了帝国特惠制。在整个谈判过程中，虽然美国始终占主动，英国处于被动，但是双方尚处于一个相对的平衡。然而条约还没有开始充分运作，很快就因 1939 年 9 月 1 日德国军队越过边界进入波兰而引发的第二次世界大战被打断了。由于英法此前对德国纳粹的军事扩张行径采取绥靖政策，企图通过牺牲其他小国的利益来换得自身的安全与和平，因而没有对战争做充分的准备和动员。① 战争的爆发，对英国构成了极为不利的形势。一方面为了赢得战争，英国必须加强与美国的合作；另一方面面对美国对其霸权地位的挑战，必须进行坚定的维护。对于美国来说，战争的爆发为其赢得了更多与英国博弈的筹码，创造了问鼎世界经济霸权的"第三次机会"。② 英美两国由于各自所处的地缘环境不同，面临德国军队的安全威胁也是不同的，以及综合实力的此消彼长、各自的对外战略目标具有明显的差异。

当德国军队横扫西欧直指大不列颠时，英国没有时间拖延，此时英国的战略目标就是整合国内外一切资源，打赢战争，打败德国，同时维护联合王国的帝国地位。英美之间的矛盾和博弈并没有因为战争而减少，反而变得更加尖锐。为了节约美元储备，购得更多战争物资，英国采取了限制进口和鼓励出口的政策，这严重影响了美国的出口以及美国与欧洲中立国家的贸易往来，加重了对美国的歧视。在一向反对歧视的赫尔看来，英美签订的贸易条约不仅没有得到贯彻，英国的政策变本加厉。而英方认为问题的直接原因是

---

① 英国著名战略家、军事家李德·哈特明确指出英美法等西方国家和当时的苏联，对于德国纳粹希特勒不断突破《凡尔赛和约》的行径采取的绥靖政策，是诱发战争的一个重要原因。英法不希望与德国产生正面冲突，对德国实行绥靖政策，以牺牲其他小国利益换取所谓的和平。德国借此不断扩充军备，进驻莱茵河畔，吞并奥地利，侵占捷克斯洛伐克。英法的妥协恰恰纵容和鼓动了希特勒的侵略野心，使其欲壑难填。所以当德国军队进入波兰国境时，面对英法的警告，希特勒很自然地认为这只不过是为了面子而不得不进行的舆论宣传而已。他被以前的胜利冲昏了头脑，不明白这次突破了英法的底线。大战在双方都没有预期到的情况下，突然爆发了。历史再一次证明，敢战方能止战，乞求来的和平是不可靠的。参见：李德·哈特. 第二次世界大战战史（第 1 卷）[M]. 上海：上海人民出版社，2002：6 - 8。

② 张振江认为世界为美国问鼎世界经济霸权提供了三次机会。第一次世界大战将美国由债务国转变为债权国的时间大大提前，是为第一次机会；经济大危机大萧条摧毁了以金本位制和自由贸易为标志的英国主导的国际经济体系，为美国省了破旧之力，是为第二次机会；第二次世界大战彻底摧毁了英国抗衡美国的任何资本，消除了美国问鼎世界经济霸权的最大外部挑战，是为第三次机会。参见：张振江. 从英镑到美元：国际经济霸权的转移（1933 - 1945）[M]. 北京：人民出版社，2006：173 - 174。

战争导致英国出现美元荒，根本原因在于美国的高关税政策和中立法引起的贸易转移。为解决这一矛盾，双方就贸易条约进行了一年多的补充性谈判。美方在谈判中首次正式提出英国应该废除帝国特惠制，而英方辩称正是战争的原因，英国需要更加重视与帝国成员的关系，坚守帝国特惠制的决心比以往更加坚定。

美国由于地处大西洋彼岸，享有充分的地缘优势和战略回旋空间，同时受《中立法》影响和第一次世界大战的启示，而不急于参战；希望由与德国比邻的英法苏先去拼杀，以等待参战最佳时机，获得最大战争红利；还希望尽一切努力削弱英国实力，破除帝国特惠制，为日后争夺世界霸权减少阻力。① 欧洲战争爆发以后，为响应美国社会对于美国应该吸取第一次世界大战的教训、充当世界领导大国角色、尽早制定对外战略等威尔逊国际主义者的呼声，国务院和对外关系委员会迅速成立了专门机构研究战后世界蓝图规划和重建问题。其中对外关系委员会重点研究战争与和平问题，他们的研究结果就是要建立以美国为领袖的战后经济秩序，英国始终占有重要位置。由赫尔领导的国务院主要负责战后世界蓝图的工作，他们将"建立世界贸易的多边体系（即'多边主义'）"确定为战后经济政策的基本原则。"多边主义"的核心是反对"双边主义"的"特惠"和"歧视"原则，主张公平和机会平等。在国际贸易领域，要求各国在对外贸易方面必须得到"非歧视"待遇；在国际金融领域，强调货币之间的"可兑换性"。② 为了应对国内的孤立主义和民族主义与大英帝国的帝国特惠制，赫尔在罗斯福的帮助下，延长了互惠贸易法案，使其成为构建战后多边主义经济原则的基本工具。

两国的对外经济战略目标都十分清楚，美国坚决要求英国废除至少是承诺战后废除帝国特惠制，英国则坚定地捍卫帝国特惠制，这一斗争成为两国

---

① 美国的战略是暂时独立于欧洲战争之外，先做双方的"兵工厂"，发战争财，等待局势明朗之后，再以仲裁者的身份加入最符合美国利益的一方，以达到"坐观血腥厮杀，坐收渔翁之利"的目的。参见：李昌新，黄世相. 论第二次世界大战期间的英美矛盾及其妥协 [J]. 世界历史，2004 (6)：74-81。

② "多边主义"在当时已被广泛接受，但不能包含美国战后经济蓝图的全部。多边主义实际上是对赫尔多年来一直呼吁并逐步实施的对外经济政策的继承与发扬，与其相对立的是双边主义，是英国和德国等老牌大国的对外经济政策。参见：John Ruggie, ed. Multilateral Matters: The Theory and Praxis of an Institutional Forum [M]. New York, Columbia University Press, 1993：3-49。

战时经济博弈的主旋律。英美两国虽然在对外经济战略目标存在着巨大分歧，但并不妨碍它们之间的合作，因为它们有着共同的敌人，那就是德意日，它们有着共同的战略目标，那就是打败德意日法西斯。当1940年法国沦陷后，欧洲大国均势被破坏，美国不希望看到一个统一欧洲的大国新秀德国成为其日后争霸的挑战。尤其是1941年12月7日日本军队偷袭美国珍珠港事件爆发以后，美国国内停止了是否要参战的争吵。罗斯福竭力说明这场战争的全球性质，德意日的侵略行为是一个整体的一部分，在对德宣战的讲话中，他一再强调希特勒是美国敌人中最突出的一个。于是，同英国合作成为罗斯福对外政策的战略基点，当丘吉尔打电话来核实珍珠港受袭的消息时，罗斯福对他说："我们现在坐上同一条船啦。"从中可以看出罗斯福对与英国合作的重视。①

虽然美国与英国联合打败德意日法西斯是其共同战略目标，但同时美国有着谋划战后世界蓝图问鼎世界经济霸主的更宏伟的战略目标。珍珠港事件以后，美国的对外政策围绕两个目标展开：彻底打败轴心国集团和建立确保美国利益的战后世界秩序。② 而这两个目标的实现都与大英帝国的兴衰息息相关，既要采取行动援助英国抵抗法西斯纳粹的进攻，又要采取措施削弱大英帝国的实力，尤其是战后恢复昔日帝国地位的潜在能力。正如李德·哈特在其名著《第二次世界大战战史》中所说："所有一切毁灭希特勒德国的努力，结果也就使欧洲变得如此的残破和哀弱……，于是，英国连同其所有的欧洲邻国，都变成了美国的穷亲戚。"③ 这句话很好地诠释了美国的战略目标。所以，在英国面临生死存亡之际，以援助为诱饵，逼迫英国签订有助于战后建立以美国为主导的国际体系的条约，就成为美国和英国交往与博弈所遵循的基本原则。④ 英美在共同努力反击德意日法西斯的同时，开始了新一轮的艰难博弈，这一轮博弈事关国际金融经济主导权的转移和世界经济霸权的易主，为此两国之间展开了殊死较量。

---

① ［美］威廉·麦克尔尼，阿德诺·托因比. 美国、英国、俄国：他们的合作和冲突 1941 –1946 ［M］. 上海：上海译文出版社，1978：4.

② Robert M Hathaway. 1933 – 1945 Economic Diplomacy in a Time of Crisis ［A］. in William H Becker, Jr., and Samuel F. Wells, Jr., eds. Economic and World Power：An Assessment of American Diplomacy since 1789 ［C］. New York：Columbia University Press，1984：313.

③ 李德·哈特. 第二次世界大战战史（第1卷）［M］. 上海：上海人民出版社，2002：4 – 5.

④ 梁亚滨. 称霸密码：美国霸权的金融逻辑 ［M］. 北京：新华出版社，2012：77 – 80.

4.4.2 打开缺口：第二次世界大战期间英美基于租借协定的博弈

欧洲战争的爆发使 1938 年底签订的《美英互惠贸易条约》中断了，一切又回到了原点，英美之间的经贸矛盾并没有因为战争的爆发而减弱，反而变得更加尖锐，英美双方围绕帝国特惠制开展着艰难的攻防战，为此进行的贸易条约的补充性谈判也进入了"死胡同"。随着战争的推进，形势很快朝着不利于英国的方向发展。战争爆发一年后，英国的美元储备告罄，从而无力通过"现购自运"的方式继续从美国购买军火，不得不向美国求援。1940年5月15日，丘吉尔在第一次以英国首相身份给罗斯福的求援信中写道："我们将尽一切可能继续支付美元，但是我有理由相信：当我们无力支付时，您将一如既往地向我们供应物资。"虽然罗斯福密切关注着欧洲战局，一面继续扩充军备，一面继续寻求加大英国援助的办法；但是受制于国内孤立主义者的反对，加之面临年底大选压力，罗斯福对丘吉尔的多次呼吁一直比较谨慎。

然而，敦刻尔克大撤退和法国沦陷加大了英国的开支，大大提前了英国维持"现购自运"购买计划的时间。当 12 月 8 日丘吉尔再次给罗斯福写信求援告诉他"我们不能再以现金支付船舶和供应品的时候即将到来"时，罗斯福第三任连任大局已定，他迅速指示财政部长亨利·摩根索主持起草一份援英法案。① 为了满足罗斯福关于"有个全面的自由决定的权限，避免分配国防产品时经常找国会，也避免那浪费时间的争吵"② 的要求，财政部法律顾问爱德华·弗利和奥斯卡·考克斯找到了一条 1892 年的旧法规："陆军部长可以在职权范围内将不用的物资租借给别的国家，只要这样做有利于公共利益。"③ 他们以此为依据，迅速完成了初稿。罗斯福和国会成员几经修改，最后将法案定名为国防增强法案，这就是著名的《租借法案》。1941 年 1 月 10 日，政府将《租借法案》提交国会，后经参众两院表决通过。

---

① Warren F. Kimball. Churchill and Roosevelt：The Complete Correspondence（Vol. Ⅰ）［M］. New Jersey：Princeton University Press，1984：102 – 109.

② Langer W.，Gleason S. The Undeclared War：1940 – 1941 ［M］. New York：Published for the Council on Foreign Relations，1953：102 – 109.

③ Edward R. Stettinius. Lend-lease，Weapon for Victory ［M］. New York：Macmillan Company，1944：63.

3月11日，罗斯福总统签署了该法案，大批陆军和海军的战争物资迅速开始运往英国。

《租借法案》的出台使以赫尔为首的多边主义者重塑以美国为主导的世界经济秩序重新燃起了希望。对美国来说，建立一个开放自由的战后世界经济新秩序的最大障碍就是建立起帝国特惠制的大英帝国，而《租借法案》正好成为扫除英国障碍的工具。因为美国对英国的援助并不是不计回报的无偿施舍，《租借法案》明确规定："美国从租借物资的供应中应得到的利益可以用实物或财产来支付，也可以是总统所满意的其他直接或间接利益。"[1] 要从英国获得补偿成为美国政界的共识，但是对于具体的补偿内容，财政部和国务院意见不统一。时任财政部长摩根索倾向于商业性质，要求将没有消耗或用完的非农用品如数奉还，对诸如锡、黄麻以及农产品用美元偿还，其他物品由总统酌情了解。他的目标是帮助英国对抗德国，但是绝不允许其重获主导国际经济的地位，他们把英国不仅看成一个急需战争物资的盟友，更看成其争霸的潜在对手。[2] 而国务院赫尔更倾向于战后合作，而不是经济补偿。他只要求英国归还没有消耗掉的物资，在战争中消耗掉的物资作为美国对战争的贡献；英国对应的回报则是，必须支持美国的战后自由贸易政策，限制渥太华协议。[3] 基于对第一次世界大战战后美国与欧洲国家之间战争债务问题的反思，赫尔的方案得到了罗斯福的支持，他力主消除那种"愚蠢的美元记账方式"，以免重蹈覆辙；同时也获得了与英国进行租借补偿问题谈判的授权。[4]

虽然罗斯福不赞成财政部太过苛刻的还款条件，担心重演第一次世界大战后战争债务纠纷的历史，但也认为国务院在具体赔偿方面太过慷慨大方，嘱咐赫尔在该问题上要与摩根索保持协商。为了保持与摩根索的沟通，赫尔

---

[1] Alan P. Dobson. US Wartime Aid to Britain：1940 – 1946 [M]. London：Croom Helm, 1986：65.

[2] Michael Hudson. Super Imperialism：The Origin of Fundamental of US World Dominance [M]. 2nd edition, London and Sterling, Virginia：Pluto Press, 2003：119.

[3] Alan P. Dobson. US Wartime Aid to Britain：1940 – 1946 [M]. London：Croom Helm, 1986：41 –45.

[4] 实际上，摩根索与赫尔长期以来在对外经济政策领域进行着争权夺利的角逐。这次围绕租借补偿问题，在美国国务院与财政部之间又爆发了一场权力之争，争夺对英谈判的主导权。参见：张振江. 从英镑到美元：国际经济霸权的转移（1933 –1945）[M]. 北京：人民出版社，2006：182。

安排了"摩根索认为当时国务院中唯一能够与之坦诚直言的助理国务卿艾奇逊"作为美方谈判代表。[①] 1941 年 5 月，英国派著名经济学家、财政部经济顾问约翰·梅纳德·凯恩斯赴美进行租借补偿谈判。此时艾奇逊还没有最终完成罗斯福要求的新方案，只是提出了要求英国放弃具有歧视性质的双边贸易做法，放弃帝国特惠制支持美国多边主义的自由贸易体系，遭到了凯恩斯的当即拒绝。[②] 6 月 12 日，美国副国务卿萨姆纳·韦尔斯与英国驻美大使哈利法克斯就租借补偿问题进行了首次正式会谈，韦尔斯要求英国对战后的贸易政策作出政治允诺，建立一个英美联合委员会来制定有关经济政策，该提议同样遭到了英方的拒绝。

　　7 月 8 日，哈利法克斯和凯恩斯拜会了罗斯福总统，后者表示在租借补偿问题上理解英国的立场。凯恩斯很快根据与罗斯福的谈话精神起草了一份协议并直接发回了伦敦，随后约见了艾奇逊，传达了与罗斯福的谈话精神，希望协议草案返回后就此达成协议。艾奇逊对凯恩斯的这种"挟天子以令诸侯"的做法非常不满，7 月 28 日将一份声称经罗斯福同意的美国最终方案交给了凯恩斯。[③] 方案第七条写道：经双方最后决定，英国从美国接受的防务援助以及美国由此获得的利益应当以不为两国间的贸易造成负担为条件，而是应当促进两国间互利的经济关系以及世界范围内经济关系的改善；它们要求英美两国都要反对任何针对原产于对方国家产品的进口歧视；双方将为达到上述目的而采取有关措施。[④] 当凯恩斯看到这一条时，情绪非常激动，大叫"英国不可能信守这样的承诺""它为未来套上了 19 世纪的枷锁"。[⑤] 因为双

① Dean Acheson. Present at the Creation：My Years in the State Department［M］. New York：W. W. Norton，1969：23.

② 凯恩斯临行前，丘吉尔给他提出了几条原则：与美国达成的协议不能限制战后英国经济的充分自由权，不能讨论任何经济与社会政策，只能在政治、军事和经济方面进行补偿。参见：Randall Bennett Woods. A Changing Guard：Angle-American Relations，1941－1946［M］. Raleigh：The University of North Caroline Press，1990：28－29。

③ 实际上根本就没给罗斯福看文件，只是接了哈利法克斯的电话，在电话里中表示同意，这只是对凯恩斯趾高气扬的行为的提醒和回敬。参见：张振江. 从英镑到美元：国际经济霸权的转移（1933－1945）［M］. 北京：人民出版社，2006：186－187。

④ The Mutual Aid Agreement of 1942：US Draft of Articles（Vol. Ⅱ）［G］. July 1941，Appendix 1 in Press nell，External Economic Policy Since the War（Vol. Ⅰ）［G］. The Post-War Financial Settlement：371.

⑤ Donald Markwell. John Maynard Keynes and International Relations-Economic Paths to War and Peace［M］. Oxford：Oxford University Press，2006：371.

方在第七条上的巨大分歧，租借补偿的初步谈判无果而终。

面对两国经济政策的巨大分歧，罗斯福决定与丘吉尔会面解决。1941年8月，罗斯福和丘吉尔进行了战时的第一次会晤，这次会议的最重要成果就是《大西洋宪章》的发表。经济问题是宪章中最重要的一条，也是当时双方唯一的分歧。美国在一开始就要求在会谈后发表的联合声明中宣布：两国将共同采取措施"以消除在国际贸易中的歧视政策"，其实质就是要求英国废除帝国特惠制。对此，丘吉尔采用拖延战术，声称涉及渥太华协议的条款需要花费至少一周的时间来征询联邦国家的意见。罗斯福为了避免曝光英美的分歧，尽早发表联合声明，而做了让步。对经济条款只进行了笼统性表述，没有涉及渥太华协议，丘吉尔成功捍卫了帝国特惠制。会后，国务院继续对英国施压，要求接受第七条内容。丘吉尔面对英国的财政困境有求于美国，不敢强硬反击，但继续拖延也不能解决问题。凯恩斯带回了艾奇逊草案，在英国政府内部引起了激烈争论，一时无法形成统一意见。在美国的不断催促下，1941年10月17日，哈利克斯将英国对第七条修改后的版本递交给了艾奇逊，英国基本上回避了美国的要求，艾奇逊十分不满。12月2日，艾奇逊将原版的第七条略作修改后递交给哈利法克斯。① 双方都不妥协，态度很强硬，谈判再次陷入僵局。

几天后，珍珠港事件的爆发，使英美租借补偿谈判出现了转机。珍珠港事件为美国参战下定了最后的决心，打败德意日法西斯成为当前的第一要务，罗斯福督促国务院尽快与英国达成租借补偿协议，以便国会尽早批准新拨款。赫尔立即催促英国对第七条表态，英国内阁只有外交大臣艾登同意接受美国主张，财政大臣霍华德·金斯利·伍德则极力反对，丘吉尔也要求捍卫帝国特惠制。面对英国内阁的分歧情况，罗斯福和摩根索纷纷出面对英国施压，要求英国尽快接受美国方案。丘吉尔故伎重演，声称"在接受对现行帝国特惠制进行任何修正的承诺之前，英国政府自然需要与英联邦国家进行协商"②，态度十分顽固。这使密切关注战争大局的罗斯福决定，尽早结束

---

① William D. Leahy. I Was There [M]. New York：Whittlesey House, 1950：228. 转引自：杨永锋. 试析《租借法案》在英美经济霸权转移中的作用 [J]. 中南大学学报（社会科学版），2014 (3)：266 – 273。

② Foreign Relations of the United States (1942, Vol. I) [M]. Washiongton D. C.：U. S. Government Printing Office, 1960. 转引自：杨永锋. 试析《租借法案》在英美经济霸权转移中的作用 [J]. 中南大学学报（社会科学版），2014 (3)：266 – 273。

这场旷日持久的争论，因为他懂得："赢得战争才是首要目标，而英国对战争胜利举足轻重，所以不能在战后经济秩序的安排上与英国发生争吵而破坏（反法西斯）大联盟。"① 有求于美国的英国不敌美国的多方施压，丘吉尔也丢弃了永久搁置的幻想，英美双方最终在 1942 年 2 月 23 日达成了《租借互助协议》，结束了长达一年之久的租借补偿谈判。

对于《租借互助协议》的签订，虽然美国没有实现英国公开承诺废除帝国特惠制的要求，但是将"废除任何形式的贸易歧视"（即"非歧视"原则）作为双方确认的战后国际经济秩序的基本准则写入了协议。这从法律上落实了美国的战后国际经济原则，使实现美国谋划战后世界蓝图与重建战后经济秩序的战略目标迈出了关键一步。这为以后要求英国废除帝国特惠制奠定了基础，为最终瓦解大英帝国打开了缺口。由此，英美围绕国际金融经济主导权的博弈进入了一个新的阶段。英国政府在战争消耗的巨大财政压力下，直面英美实力巨大反差的现实，实际上默认了美国的领导地位；并且一改自 20 世纪 30 年代以来在经济交往方面对美国的消极应对，转而积极参与战后谋划与设计。

4.4.3 巅峰对决：第二次世界大战后期英美基于《布雷顿森林协定》的博弈

谋划战后国际秩序布局，谋求美国在战后秩序中的主导权和霸主地位，始终是美国决策者和战后政策设计者的核心目标。在赫尔领导的国务院与英国于以多边主义为原则的自由贸易方面的博弈取得突破的同时，以摩根索为核心的财政部也在紧锣密鼓地准备着与英国展开在国际货币领域的激烈斗争和博弈。美国的政策设计者们清晰地知道，要把美国的经济实力和在第二次世界大战中的领导地位转换成为战后的霸权国地位，仅仅靠武力是不牢固的，需要掌握控制世界经济的权力，而达到这一目的的最重要的武器就是美元的世界储备货币地位（即美元霸权），它甚至在很多方面比美国占绝对优

---

① Maurice Matloff. Strategic Planning for Coalition Warfare: 1944 [M]. Washington D. C.: U. S. Office of the Chief of MilitaryHistory, 1959. 转引自：杨永锋. 试析《租借法案》在英美经济霸权转移中的作用 [J]. 中南大学学报（社会科学版），2014（3）：266 - 273.

势的军事实力还重要。① 为此，在珍珠港事件爆发不久后的 1941 年 12 月 14日，摩根索就指示深受其信任的财政部长特别助理怀特起草一份建立"盟国间稳定基金"的备忘录，为"战后国际货币安排打下基础"，以便总统在"全力以赴赢得战争的同时，随时可以在战后对外政策的篮子里拿出其需要的东西"。② 他的目标就是，既要将管理经济的权力从华尔街的资本家手中转移到财政部，也要将国内的"新政"推广到国际经济领域，将管理世界经济的权力中心从伦敦转移到华盛顿；他要在世界金融交往中创造一个新概念，使美元变成国际金融交往的基本单位。③

怀特于 1942 年 3 月完成了计划的第一稿，也就是后来众所周知的"怀特计划"。正值同盟国在亚洲战线的崩溃和英国与德国在英吉利海峡战争失利之时，而怀特已经看到了战争结束后世界经济面临的挑战。怀特认为，制订富有远见的重建计划本身就是"赢得战争的一个因素"，它能够增强那些侵略的实际和潜在受害者战胜敌人的信心；反之，灾难性的结果将会重演，世界将继续面临混乱的竞争局面，甚至存在再次爆发战争的风险。怀特清晰地阐释了美国在战后领导世界将立即面对的"三个无法逃脱的问题"："防止外汇交易的扰乱以及货币及信用体系的崩溃""确保对外贸易的恢复""为全世界重建、恢复和经济复苏所需要的巨额资本"。他开出的药方就是，立即而不是等到战争结束后开始制订并实施有关计划，并建立"具备相应资源、权力和组织结构的机构"以应对相应挑战。④ 为执行他的计划，他设计了两个新的机构：联合及联系国稳定基金和联合及联系国复兴开发银行，也就是现在的国际货币基金组织和世界银行。设立稳定基金的宗旨，怀特公开声明是为了"大幅并永久性地消除国际贸易及其资本流动的壁垒"；其实，还有一个刻意没有言明却更重要甚至使他为之痴迷其中的目标，就是抬升美元的地位使之成为世界唯一的黄金等价物。最终目的跟摩根索一致，就是要

---

① 军事实力只是用于展示实力，而美元的世界储备货币地位使美国处于世界经济的控制中枢。参见：梁亚滨. 称霸密码：美国霸权的金融逻辑 [M]. 北京：新华出版社，2012：77 - 80.

② Post World War II Foreign Policy Planning：State Department Records of Harley A. Notter, 1939 - 1945 [J]. Government Information Quarterly, 1990, 7 (3)：376 - 377.

③ 根据摩根索的传记作者的说法，这个概念是深得他信任的特别助理怀特灌输给他的。当然他的目标不仅是使世界金融中心从伦敦转移到纽约，还要从华尔街转移到美国财政部。

④ White Archives (Mar. 1942), United Nations Stabilization Fund. 转引自：[美] 本斯泰尔. 布雷顿森林货币战：美元如何统治世界 [M]. 北京：机械工业出版社，2014：124 - 125.

建立一个以美国为主导的国际金融体系，符合美国的利益。①

　　英国著名经济学家凯恩斯恰巧也就在怀特计划正式提出几个月前，自发地开始酝酿战后国际金融体系改革建议，该建议后来被人们称为"凯恩斯计划"。虽然两个计划在表面上看有惊人的相似之处，但是两者的设计理念存在巨大差异，反映出了各自维护相互冲突的国家利益的本质。凯恩斯设计的国际金融体系，运行的基本原理比怀特计划要复杂得多，目标也更远大。对于国际交易的清算问题，凯恩斯通过新设一个国际清算银行和一个国际银行货币班科（bancor）来进行。② 各国中央银行在国际清算银行的"清算账户"采用班科进行记账，各国中央银行和国际清算银行都不持有任何外国货币，彼此之间通过班科买卖各国自己的货币，班科与所有货币和黄金保持固定汇率。各国可以通过贸易顺差和缴纳黄金获得国际清算银行的班科信用，但是不能用班科兑换黄金，班科只能在清算银行的各国账户间转移。国际清算银行像个"黑洞"，黄金只能进不能流出，这就是凯恩斯设计的非常独特的非对称机制，他称其为"单项兑换"，目的就是要剥夺黄金作为货币的历史作用。对于经常账户的失衡，由盈余国和赤字国共同调节，失衡的责任主要由盈余国（即债权国）而非赤字国（即债务国）承担。这些核心机制都是根据英国和美国当时的现实情况设计出的，旨在最大限度地维护英国的地位进而削弱美国的既有优势。正如与凯恩斯同样伟大的同时代经济学家约瑟夫·熊彼特对此的评价："首先总是英国的建议，源自英国的问题。"③

　　尽管怀特计划和凯恩斯计划从宏观上看具有许多惊人的相似之处，但是通过比较其细节可以看出，他们各自费尽心思地利用新设计的国际金融体系来实现本国利益最大化所反映出的巨大差异。第一，两个计划都是围绕一个新的国际货币机构而构建的。怀特计划的稳定基金仅对债务国提供最低限度

---

　　① 怀特认为，黄金是迄今为止发明的最佳国际交换媒介，黄金的国际记账单位的替代物必将是美元，对美元有充足信心的理由就是美国拥有充足的黄金储备，没有哪个国家能比美国能够更好地管理国际贸易和金融。White Archives（Aug. 1942）：4 - 12. 转引自：［美］本斯泰尔. 布雷顿森林货币战：美元如何统治世界［M］. 北京：机械工业出版社，2014：125 - 130。

　　② John Maynard Keynes 1937 - 1946: the Creation of International Macroeconomics (A Review Article on John Maynard Keynes 1937 - 1946: Fighting for Britain by Robert Skidelsky)［J］. The Economic Journal, 2003, 113 (488): 338.

　　③ Howard S. Ellis, Ten Great Economists［J］. Journal of Political Economy, 1952, 60 (5): 433 - 436.

的激励，而对债权国没有要求，这对当时世界最大债权国——美国最有利；而凯恩斯的国际清算银行则对债务国的限制较少，赋予债务国更多的自由，并限制了债权国的权利，这对当时的英国有利，而对美国不利。第二，两个计划都创设一个新的国际货币单位。凯恩斯希望班科成为最重要的国际交易媒介和储备货币，并实现黄金去货币化和降低对美元的依赖。怀特虽然也提出了新设国际货币"尤尼塔斯"（unitas），其目的不是降低美元的影响，恰恰相反，是要创建以美元为中心的世界，并且使美元成为黄金的同义词。第三，两个计划都希望维护汇率稳定。凯恩斯通过一个机械的方法允许成员国在一定程度上进行汇率浮动，以避免英镑币值持续高估；而凯恩斯却坚定地要求固定汇率制度，以阻止其他国家对美元进行贬值的强烈愿望。第四，两个计划都设计了防止各自的中央机构遭受损失的防御性措施。凯恩斯赋予了各国更多的借债权，而将美国这一全球最大的债权国置于风险最高的位置。而怀特让美国承担的最大风险仅限于其缴纳的基金资本金（20 亿美元）。这与当时英国实际已经破产和美国担心再一次遭受对外贷款巨大损失的状况相吻合。第五，两个计划对于成员国的投票权都倾向于经济实力更强大的国家。怀特基于成员国对基金认缴的现金、黄金和证券价值进行分配，实际上赋予了美国否定权；而凯恩斯建议按照过去国际贸易的份额分配，实质上将创始国仅限于英国和美国，并且拥有否定权。当然，怀特和凯恩斯各自在战后国际货币体系中的立场是由他们所处的位置（美国和英国）决定的。①

剧本已经写好，怀特计划与凯恩斯计划竞争的大戏就此拉开序幕。这既是怀特与凯恩斯个人之间能力和智慧的竞争与斗争，也是英美两国政府间实力与意志的较量和博弈。在布雷顿森林召开国际会议之前，两个计划的竞争和博弈主要从三个层面展开：双方就计划内容的直接沟通与较量，两国政府之间的谈判与博弈，两国围绕各自的计划争取更多国家支持的竞争与斗争。怀特计划和凯恩斯计划在各自获得本国政府支持之后，怀特与凯恩斯于 1942 年 8 月底分别通过不同渠道将自己的计划传递给了对方。凯恩斯在接到怀特计划后，对其评价相当的尖酸刻薄，在他给时任英国驻美使馆财政代表菲利

---

① 怀特与凯恩斯两个计划的内容和差异还有许多，但最基本的主要就在于这五点。参见：[美] 本斯泰尔. 布雷顿森林货币战：美元如何统治世界 [M]. 北京：机械工业出版社，2014：145 – 151。

普斯的备忘录中，一开始就将怀特计划批评得体无完肤，随后话锋一转提出他的竞争者仍然有望得到救赎，表示他们追求的总体目标是一致的。① 时任美国助理国务卿伯利于 1942 年 10 月 6 日向菲利普斯提交了关于凯恩斯清算联盟的问题清单，委婉地表达了美国的立场，对于美国这样的债权国而言，不能兑换黄金的班科，永远不可能成为一个可靠的价值储藏单位。对于美国担心清算联盟具有发钞功能，并且会影响美元地位的问题，英国答不上来。10 月 23 日，与摩根索同行前往英国访问的怀特与凯恩斯进行了一场私人会谈。怀特清楚地告诉凯恩斯，由于美国要为英国的潜在需求付出巨大资金，美国不可能接受清算联盟的主张；而凯恩斯认为怀特计划中的基金规模太小，并且要求各国缴纳基金份额不具可行性。②

　　11 月 13 日，由国务院主导的谈判正式开始。当天菲利普斯与伯利、帕斯沃尔斯基和菲斯在华盛顿重启会谈。③ 英国人非常清楚，怀特虽然不在谈判一线，但是他才是美国方案背后的思想动力；凯恩斯方案的优势不足以弥补英国在谈判地位上的弱势。于是他们竭力展现出与怀特积极合作的态度，尽可能完善他们认为对英国比较友好的内容；同时强调清算联盟对英国这种黄金短缺的国家的重要性。不过基于这种理念，凯恩斯于 1943 年 1 月提出的替代方案，还是被美国国务院拒绝了。2 月 1 日，美国将新的怀特计划草案发给英国，同时还将草案副本发给了苏联、中国和其他大国，并准备散发给欧洲和拉丁美洲的盟国和自治领。④ 很快英国人也将凯恩斯计划的副本发给了包括苏联和中国在内的盟国。随后双方开展了长达数月的宣传大战，以推销各自的计划。两个计划相互竞争和计划内容外泄的消息很快被英美媒体传播开来，面对媒体大量的关心和提问，在匆忙之中，英美双方于 4 月 7 日分别在伦敦和华盛顿公布了凯恩斯计划和怀特计划。随着怀特计划被公布，

---

　　① 凯恩斯当时已经蜚声海外，在经济学界享有教父般的地位，罗斯福新政与凯恩斯的扩张政策主张相吻合，而且是一个有着极强个人魅力的人；比较而言，怀特只是一个名气一般的人，但也是一个目标明确、立场坚定的人。参见：唐欣语. 从怀特计划、凯恩斯计划到国际货币基金组织协定（二）[J]. 银行家，2010（4）：88 - 91。

　　② [英] R. F. 哈罗德，谭崇台. 凯恩斯传 [M]. 刘精香，译. 北京：商务印书馆，1993：588.

　　③ 帕斯沃尔斯基时任国务卿特别助理，菲斯当时为国务院负责国际事务的经济顾问。英美双方此前已就两个计划彼此关心的核心问题进行了多次沟通和非正式会谈。

　　④ 自治领是大英帝国殖民地制度下的一个特殊的国家体制。参见：宋高阳. 浅议英联邦诸王国的主权沿革 [J]. 法制与社会，2016（32）：138 - 140。

财政部成为被指定制定战后货币与金融安排的机构。① 从 4 月下旬开始，怀特就在华盛顿召开与其他国家专家的双边会谈。尽管凯恩斯计划在理论上很有吸引力，欧洲的盟国非常清楚否定怀特计划对它们是一种不顾后果的行为。正如菲利普斯在发给伦敦的电报中沮丧地说，"无论他们在伦敦说了什么，来到这里后完全没有支持清算联盟的意思"。怀特通过这种一对一的方式搞定了他们。

与英国专家的对话推迟到 6 月的后半个月才进行，这令英国人非常不满。对他们而言，最重要的问题就是国际失衡的责任要由债权国债务国共同承担，无论是债权还是债务余额达到一定限度后都应想办法削减；而怀特坚称债权国削减债权余额的难度要比债务国削减债务余额的难度大得多，调整国际失衡的责任应由债务国承担。凯恩斯最反对的就是，债权国可以像以前一样继续吸收大量的黄金，并要求进行修改，宣称否则"我们将成为美元外交的俘虏"。但怀特对此寸步不让，8 月 19 日公开表示，"在我看来，英国人的方案已经出局了"。② 时间很快到了 1943 年夏天，战争形势朝着有利于同盟国的方向迅速发展，此时要是英美两国能就战后金融体系安排形成共同方案，意义格外重大。为此，9 ~ 10 月凯恩斯来到华盛顿与美国财政部进行了密集的会谈。主要分歧依然是老问题，包括实质的国际货币是美元或黄金还是班科或优尼塔斯，以及成员国调节汇率的自由度的大小等。双方的会谈并没有减少分歧，怀特和凯恩斯的个人关系反而变得越发糟糕，凯恩斯形容怀特是一位政治上的大拉比。③ 10 月 8 日和 9 日，双方就起草这种方案进行了一场马拉松式的谈判，会谈中双方激烈争论，凯恩斯大发雷霆，场面一度失控，会谈被迫中止。当天下午美国提出了一个新的、对英国更加友好的文案。凯恩斯对此很满意，称这一幕"以爱、吻和各种溢美之词收场"④。最

---

① 对于怀特而言，这既是其所在的财政部与国务院权力斗争的一次重大胜利，也是其个人职业生涯的一次重大胜利。参见：[美] 本斯泰尔. 布雷顿森林货币战：美元如何统治世界 [M]. 北京：机械工业出版社，2014：168。

② Foreign Relations of the United States：Diplomatic Papers，1943 [G]. 1943 (Vol. I)，General，Washington，D. C.：United States Department of State.

③ 拉比是犹太教的智者，并有一定的宗教地位，怀特是犹太人。参见：唐欣语. 从怀特计划、凯恩斯计划到国际货币基金组织协定（二）[J]. 银行家，2010（4）：88 – 91。

④ The Collected Writings of Keynes John Maynard：Volume XXV，Activities 1940 – 44：Shaping the Post-World：the Clearing Union [M]. Cambridge University Press，1980：370 – 377.

后形成一份《联合及联系国专家关于建立国际稳定基金组织的联合声明》的成果，提纲挈领地提出了专家们准备向各自政府提议的原则，对于有争议的问题还有待达成一致。此后，凯恩斯多次就文本中的许多技术问题提出修改意见，以及对一些关键词的定义问题，当时怀特都采用拖延战术。他的策略就是将凯恩斯反对的问题拿到国际会议上解决，届时再将凯恩斯排除在谈判之外。事实上，怀特后来确实是这样做的，而且瞒天过海成功了。

1944 年初，对于凯恩斯来说最紧迫的挑战就是说服本国政府接受联合声明。虽然凯恩斯对联合声明有诸多不满，但是他始终是一个务实的经济学家，很清楚英国当时的处境。对于联合声明，英国内阁中有很多反对意见，甚至有人认为联合声明中提出的多边清算义务对英国来说是毁灭性的。不仅如此，怀特和摩根索还力主取消对英国的非军事援助，以耗尽英国的黄金和美元储备，达到使英国持续处于依赖性的地位。凯恩斯尖锐地评价道："这完全是要在我们黄金和美元所剩无几时，将方案强加于我们的头上。"① 即使这样，联合声明还是在战时内阁通过了，原因就是租借。英国很清楚，没有美国的租借物资，英国将无法维持其战争行动。凯恩斯在与美国的数次斗争之后坚信，英国在战后的和平与繁荣有赖于与美国紧紧地联系在一起；从英国的长远利益来看，现时必须承受一定的屈辱。美国财政部同样认为英国承诺战后货币稳定与非歧视贸易是租借援助必须付出的代价。美国人认为租借是他们节衣缩食来供应英国人，对方必须付出代价，更何况第一次世界大战时的债务都没偿还。联合声明最终在 4 月 21 日于华盛顿和伦敦对外发布，声明只是从形式上由技术专家达成的共识，还需要得到有关国家政府的批准。5 月 10 日和 23 日，凯恩斯经过激烈辩论，联合声明分别在下议院和上议院获得了通过。联合声明作为大会序曲的关键性文件，大会终于可以向前推进了。

战后货币与金融安排国际会议最终确定在 1944 年 7 月 1 日于新罕布尔州的布雷顿森林召开。会议分为起草委员会会议、正式会议和会议结束三个阶段，由美方主持安排。这完全不是凯恩斯设想的由英美两国严格控制，令凯恩斯十分不安。尽管如此，凯恩斯还是头脑非常清晰地面对英国的严峻现

① The Collected Writings of Keynes John Maynard：Volume XXIV，Activities 1944 – 46：The Transition to Peace ［M］. Cambridge University Press，1979：36.

实，英国完全是在靠借来的时间和金钱维持生计，战后经济重建将更困难，需要更多的融资。英国代表团于 6 月 23 日抵达会议地点，24 日英美代表团正式谈判。26 日怀特与凯恩斯发生了激烈争执，凯恩斯坚持基金成员国在决定其汇率方面拥有"最高权力"，怀特认为凯恩斯将基金视为一个巨大的信贷计划，并坚持认为基金的最主要任务就是维持汇率稳定，直接拒绝了凯恩斯的意见。对于凯恩斯关于战后 3 年过渡期太短的质疑，怀特直接转移话题，表示等到大会解决。6 月 28 日，两人又围绕"可兑换黄金货币"和"可兑换汇兑"的解释产生了冲突。凯恩斯担心"可兑换黄金货币"最终指的就是美元，因为这将给英国带来巨大的政治和经济风险，他建议用"货币储备"代替；美国人反建议用"黄金和美元"作为备选方案，同样将此问题推迟到大会解决。尽管双方在谈判桌上的立场都十分强硬，但私下都留有很大余地。对英国来讲，加入美国领导的战后金融体系已经不可避免，他们的底线已经日益集中到积极获得美国战后经济援助保障方面。同时，怀特也很清楚，美国整个计划要取得成功，必须得到英国的充分合作。虽然还有许多分歧未能解决，但是英美大国间达成了一定的共识，为大会的成功召开奠定了基础。

1944 年 7 月 1 日，44 个国家代表聚集在布雷顿森林，期盼已久的联合国家货币与金融会议正式拉开帷幕。为了掌控会议，怀特煞费苦心作了精心安排。按照国际惯例，摩根索被选为大会主席。因为担心凯恩斯因其全球著名经济学家身份的巨大影响力影响会议的进程和走向，怀特以美国国会对凯恩斯经济学反对之声日益高涨为由，把他的发言环节安排在闭幕式上而不是开幕式上。另外，怀特在会议召开数周前精心制定了大会分组方案，将会议分成三个专门小组，即分别讨论和研究国际货币基金组织、国际复兴与开发银行和加强国际金融合作的其他方式。怀特自认基金组主席，对他而言布雷顿森林会议最主要目的就是国际货币基金组织；凯恩斯任银行组主席，这既满足了凯恩斯对银行计划高度关心的需求，也可以分散他的精力，无暇他顾基金的问题①；墨西哥财长任第三小组主席，这是安排西欧和亚非拉发展中

---

① 在大会开幕前，基金的争论已经基本清楚，美国人把银行计划和战后贷款联系起来了，这引起了凯恩斯的注意，他十分关心这个问题，因为英国战后经济恢复与重建需要大量的融资。

国家的一个诱饵。① 会议从形式上看非常民主，会议的成员都各司其职，每个成员国拥有相同的投票权。但是对于关键性文件的起草，甚至对于实质性问题的辩论、会议的进度、会议的记录、文件的分发这些看似一般实际上能真正掌控会议的工作都由怀特安排的技术团队负责，并在会议之前进行了严格的演练和培训。

怀特的策略十分奏效，会议按照他的预期进行着。会议的合作与分歧主要集中在英美之间，尽管英国人非常清楚接受美国计划不可避免，但是凯恩斯及英国代表团始终坚持不妥协的精神，为了国家利益而据理力争。到7月21日晚，所有的议题都已经完成。会议几乎实现了怀特所期望的所有主要目标，美元成为与黄金齐名的国际硬通货、各国货币与美元实行固定汇率以保障国际汇率稳定、美国拥有基金组织的否定权、两大国际金融机构最终的选址都在华盛顿。7月22日凌晨，怀特小组终于完成了长达96页的《布雷顿森林最后协定》（以下简称《最后协定》）。当天晚上举行了盛大的闭幕招待宴会，凯恩斯作为当时最伟大的经济学家，作了当晚最精彩的演讲。对于他个人而言，这几乎象征着其个人事业的一个巅峰；② 然而，在伦敦迎接他的却是无尽的指责和攻击。当然，这样的结果不是他个人能力和意志所能决定的，而是由当时英国和美国各自的经济实力与世界政治经济形势所决定的。《最后协定》的签订实现了美国战后政策设计者和决策者们将管理全世界金融经济的权力中心从伦敦转移到华盛顿的战略目标，英美之间围绕战后货币和金融主导权的博弈实现了地位反转。布雷顿森林会议圆满结束了，英美之间围绕《最后协定》的诸多条款的博弈仍在继续，《最后协定》被各国政府批准至关重要。

4.4.4 大局已定：英美基于战后财政协定的博弈

凯恩斯离开华盛顿后的几个月里多次与怀特联系，就他对《最后协定》

---

① Henry Pelling. A Changing of the Guard：Anglo-American Relations, 1941 - 1946 by Randall Bennett Woods［J］. Journal Concerned with British Studies, 1991, 23（3）：588 - 589.

② 凯恩斯的晚宴致辞是那么生动活泼、文采飞扬、优雅动人、艳压群芳。无论他的到来和离去，几乎整个会场的人都站起来注视着他走过，以示敬意；他的整个演讲过程都被掌声和赞歌包围。参见：Armand Van Dormael. Bretton Woods：Birth of Monetary System［M］. New York：Holmes and Meier, 1978：219 - 222。

中不满或有异议的条款与怀特交涉，要求其进行修改，怀特坚持文案不可更改，不能让国会闻到一丝不和的风声。① 接下来最重要的就是《最后协定》要在英国、美国内批准通过。美国国内的反对声音也很多，包括庞大的国会、银行家集团、媒体和社会公众，最关键的是在国会通过。为此，1944 年 12 月下旬摩根索还专门要求罗斯福总统提名怀特为财政部部长助理，这算是怀特第一个有真正地位的政府职务。他先是与银行家们沟通，后又聘请了专业的公关公司向公众进行解释。2 月，罗斯福总统敦促国会立即通过《布雷顿森林协定》。虽然在众议院和参议院的银行与货币委员会的听证会上，众多议员提出了诸多质疑和反对意见，但是在罗斯福和杜鲁门当局，把《布雷顿森林协定》看成一个关乎战争与和平的问题，任何人都不想被贴上孤立主义的标签。② 最终分别在 6 月 7 日和 7 月 19 日，众议院和参议院以压倒性多数通过了《布雷顿森林协定》。7 月 31 日，杜鲁门总统签署法案，《布雷顿森林协定》成为美国的法律。

英国国内对于《布雷顿森林协定》的争论和反对声浪相对于美国有过之而无不及，任何一个英国人绝不情愿接受一个由其前殖民地美国主宰世界而将大英帝国瓦解为一个二流国家的协定，而最终使英国人就范的还是租借援助问题。正如本·斯泰尔教授所说"有布雷顿森林协定的地方，租界问题就不会离得太远"。③ 在第一轮租借谈判中，出于罗斯福反法西斯同盟团结大局的考虑，国务院的赫尔原本计划通过租借杠杆迫使英国同意支持美国构建战后世界经济新秩序的想法没有实现。当 1944 年夏季法西斯败局已定，欧洲和平即将来临时，英国战后经济的和平转型面临巨大困难。此时美国对英国租借援助的态度也发生变化，国会认为"租借法案是战时一个独特的工具，不能被应用到战后"。④

---

① 应该说怀特坚持的有道理，由 44 个国家代表长时间开会最后表决通过的协定，不可能因为会后有人有不同意见就更改，河口一开，后患无穷。当然，国会也是一个很好的"挡箭牌"，成为怀特拒绝其不愿意接受条件的很好的借口。其实，国会和政府往往是在"唱双簧"。

② 1921 年国内孤立主义者反对加入国联组织，被指责为未能在"一战"后防止"二战"爆发的一个重要原因，人们担心历史会再一次重演，怀特在听证会上也一再强调这一点，使得那些反对者非常忌惮这一点。

③ [美] 本斯泰尔. 布雷顿森林货币战：美元如何统治世界 [M]. 北京：机械工业出版社，2014：261.

④ George C. Herring Jr. The United States and British Bankruptcy：1944 - 1945，Responsibilities Deferred，[J]. Political Science Quarterly，1971，86（2）：260 - 280。

为了寻求美国在欧洲战争结束后继续对英国进行租借援助，以帮助其战后经济和平转型和重建，在 1944 年 9 月加拿大魁北克召开的英美首脑军事会议上，丘吉尔正式向罗斯福提出了第二阶段租借援助的请求，声称这关系到英国的生死存亡。① 对于军事会议的两个主要议题，英美两国很快就协调对日作战问题达成了共识，但是对于如何处置战败后的德国，产生了严重分歧。罗斯福主张严惩德国，丘吉尔强烈反对。最后在摩根索的提议下，英美两国达成交易，英国同意美国处置德国的方案，美国同意给英国进行第二阶段租借援助。对此，国务卿赫尔因罗斯福主动放弃"诱饵"的做法而愤然辞职。1944 年秋，英美双方顺利达成第二阶段租借协议：美国给英国 27 亿美元的军事物资援助和 28 亿美元的非军事贷款，并同意放松对英国的出口限制。然而，受国内反对力量的影响，罗斯福拒绝签订正式条约。当丘吉尔收到消息时乐观地认为，当过一段时间租借援助不够用时，罗斯福会像 1941 年提出租借概念一样，产生另一个"灵感"来拯救英国。②

然而，幸运之神并未降临英国。1945 年 4 月 12 日，长期患病的罗斯福总统突发脑出血去世了，而就在此前几周国会对租借法案通过了更加严格的限制条件。5 月 8 日，同盟国接受了德国的无条件投降，欧洲战争正式结束了，随后美国缩减了对英国的租借援助。在苏美的联合打击和原子弹的轰炸下，日本也于 8 月 14 日宣布无条件投降。三天后，杜鲁门总统突然宣布终止对英国的所有援助。此举给了英国沉重一击，新上台的工党政府面临严重的财政危机，正如凯恩斯所说的英国在经济上的"敦刻尔克时刻"已经来临，使英国直接掉入了第三阶段租借援助的凄凉困境。③ 丘吉尔在离任前恳

① ［美］罗伯特·达莱克. 罗斯福与美国对外政策：1932－1945（下册）［M］. 陈启迪，译. 北京：商务印书馆，1984：667.

② 1941 年为了规避中立法"现购自运"的法律限制支持英国对德战争，罗斯福提出了著名的租借概念，在丘吉尔看来这一灵感是神来之笔。参见：George C. Herring Jr. The United States and British Bankruptcy：1944－1945［J］. Responsibilities Deferred，Political Science Quarterly，1971，86（2）：260－280。

③ 早在 1945 年 3 月份凯恩斯就为财政部提交了一份第三阶段租借援助方案，建议政府设法继续利用租借援助进行战后重建。并规划了三种政策选择，分别为"经济紧缩"（这是不要美国援助的对策，也是最坏的结果）、"利益诱惑"（为获得大笔低息贷款，付出的代价就是要接受第七条货币自由兑换和多边自由贸易原则）和"公平正义"（要求美国为英国之前的战争支出买单而进行无偿拨款，这是最理想的对策）。参见：Robert Skidelsky，John Maynard Keynes：Fighting for Britain，Keynesian studies（Vol. 3）［M］. London：Macmillan，2000：381－383。

求杜鲁门总统继续他与罗斯福总统在魁北克达成的共识，杜鲁门总统受到来自军方和国会的压力，拒绝了丘吉尔的请求。摩根索对此与杜鲁门产生了严重分歧，两个月后向总统递交了辞呈，杜鲁门同意并任命自己的心腹文森接任财长。此时国务院提议，对英国提供第三阶段金融援助采取贷款而非拨款形式，并主张将财政贷款谈判与贸易谈判相挂钩，提出贷款的前提条件就是英国废除帝国特惠制，使英镑可以自由兑换，与美国合作建立自由贸易体系。

1945 年 9 月 6 日，凯恩斯率团来到华盛顿，第二次执行求援美国拯救英国于金融危难之时的艰巨任务。凯恩斯这次来高举"公平正义"的大旗，希望美国对英国进行无偿拨款，理由是美国要为英国在美国宣战前就加入战争支付战争账单。而美国人认为英国要求美国为英国人的战争支出买单的说法，简直就是一种侮辱，绝不可能接受。9 月 13 日谈判开始，凯恩斯用他犀利雄辩的语言大谈英国人如何用勇敢的抗争和巨大的牺牲换来了英美共同事业的胜利。而美国人根本就不买账，对于凯恩斯提出美国应该为英国战争支付账单的说法勃然大怒。两个星期后，"公平正义"死了。接着，助理国务卿威廉·克莱顿提出要求英国人现在兑现他们在第七条中关于终止贸易歧视及其货币管制政策的承诺。这也是凯恩斯预设的第二种方案"利益诱惑"，英国人别无选择，必须确保获得美国的商业性贷款，以避免凯恩斯最痛恨的第三种方案"经济紧缩"，于是凯恩斯转向寻求获得一笔无息贷款。

对此，伦敦的立场变得强硬起来，似乎不准备接受美国的条件而拒绝金融援助。然而残酷的经济现实，使伦敦不得不作出让步。谈判开始一个月之后，财政大臣道尔顿告诉驻美大使哈利法克斯，现在可以接受一笔 50 亿美元的 50 年期的无息贷款和积极争取 20 亿美元的退款，并且伦敦拥有限制进口总量的权利。10 月 18 日，文森告诉凯恩斯和哈利法克斯，美国只能提供 35 亿美元的贷款，利率为 2%，50 年还清；外加 5 亿美元贷款用于租借计划的收尾工作，利率为 2.375%，30 年还清。这一下激怒了凯恩斯，甚至一度威胁要中止谈判。但是他非常清楚这样做的严重后果，"饥饿之角"正在威胁英国。接下来的几周，凯恩斯仍然不懈努力，积极争取更多的贷款和改善豁免条款。而美国人却在思考逼迫英国人做更多的让步，如《布雷顿森林协定》下英国的过渡期限和对英国偿还债务的保障方面的优先权等。双方谈判再次陷入僵局，英国人警告称如果得不到合理的贷款，布雷顿森林体系就会崩溃；而美国人则称批准《布雷顿森林协定》是获得金融援助的前提条件。

12月2日，谈判进入了最后阶段，英国在债权人优先级、英镑区经常项目可兑换的最后期限等方面最终做了让步，双方达成共识。对于凯恩斯与其他英国人来讲，正如罗宾斯所说，"与预期的结果一样，耻辱"。贷款部分做了微调，信用额度为37.5亿美元，利率为2%；外加6.5亿美元的租借计划"收尾"资金，以作为英国让步的回报，贷款总额为44亿美元。12月6日上午，哈利法克斯和文森正式签订了《英美财政协定》。英国为还清这笔债务花了60年时间，直到2006年12月才还清，最后一笔还款金额为8325万美元。① 凯恩斯为了英国的金融援助已经筋疲力尽，谈判期间还发作了一次心脏病，此时的他无精打采、疲惫不堪。12月11日凯恩斯登上了回程的邮轮，距离要求批准《布雷顿森林协定》的最后期限12月31日已经时间不多了。②

12月13日，凯恩斯还在返航途中，下议院进行了激烈的辩论。此时的丘吉尔成为反对党领袖，他反对艾德礼政府将贷款、贸易政策承诺和《布雷顿森林协定》相挂钩的协议条款，将此与他之前领导的政府主导的宝贵而圣洁的战时租借援助坚定地划清界限，并带领他的保守党同僚们投了弃权票。代表政府的发言人贝文呼吁工党大臣们不要当懦夫，大家要齐心协力帮助国家渡过难关。最后议案在下议院以压倒性多数通过了。12月17日，凯恩斯回到伦敦，当天上议院就《布雷顿森林协定》与贷款协定进行激烈辩论，凯恩斯参加了后半场5个小时的辩论，并为协定的许多条款进行解释和辩护，半数议员投了弃权票以示他们的无奈和不满，最后以90票赞成8票反对的投票结果通过了财政协定。财政协定的通过，为《布雷顿森林最后协定》的批准铺平了道路。截至12月31日，《布雷顿森林协定》获得了包括英国在内的30个国家政府批准，达到了44个签字国的法定多数要求而开始生效。③

反法西斯战争既加深了英国与美国的同盟关系，同时也加深了英国对美国的依赖。当反法西斯战争结束后，杜鲁门总统宣布终止战时租借法案，成了压垮英国财政的最后一根稻草，正如凯恩斯所说的英国经济上的"敦刻尔克时刻"来临，这也使英国彻底失去了与美国进行国际金融经济主导权乃至

---

① 冷晓明. 二战债务：英国60年后终还清 [J]. 环球军事，2007（2S）：22–23.

②③ ［美］本斯泰尔. 布雷顿森林货币战：美元如何统治世界 [M]. 北京：机械工业出版社，2014：277–283.

霸权地位博弈的筹码。在第一次世界大战后期，英国尚可以对美国的"十四点计划"置之不理，经济大危机时期，英国可以组建英镑区和英联邦国家与美国分庭抗礼，而到了第二次世界大战末期英美两国的政治经济军事实力已经形成天壤之别，英国完全要靠美国的租借援助和贷款维持生存与战后经济重建，英国失去了所有与美国抗争和博弈的资本。虽然以凯恩斯为核心的英方代表和政府竭力维护大英帝国的霸权地位及帝国特惠制的核心体制，但是个人力量终不敌国家实力的悬殊，再有才能的凯恩斯也无力回天。在战后国际货币金融安排的竞争中，以怀特计划为核心的美国方案最终胜出是水到渠成的事情。尽管如此，过程并不是一帆风顺的。应该说最后的结局是斗争与妥协的结果。最后英美财政协定的通过进而批准《布雷顿森林协定》表明，通过与美国的长期博弈，英国虽不情愿但是最终理性选择承认美国的霸主地位，并积极维护与美国的关系，以争取自己最大的国家利益。

4.5 本章小结

本章通过对 20 世纪前半叶英美之间基于国际金融主导权的大国货币博弈的历史过程的考察，可以得出以下结论。

首先，英美间国际金融主导权的转移是一个长期而艰苦的过程。美国自 19 世纪末超越英国成为世界第一大经济体，到 1945 年《布雷顿森林协定》生效，国际金融主导权正式从英国转移到美国耗费了长达半个多世纪的时间。而且还因为两次世界大战和经济大危机的爆发，为美国省去了破旧之力，破坏了大英帝国及其拥有国际金融主导权的根基——国际金本位制、国际自由贸易体系和殖民体系。如果没有这些有利于美国的历史大事的发生，国际金融主导权在英美之间的转移将会需要更长的时间。

其次，美国国际金融主导权的获得是一个激烈竞争与艰苦博弈的结果。美国超越英国成为世界第一经济强国，并没有必然带来美元替代英镑成为主导国际货币以及国际金融地位的提升。相应地，英国的货币和金融地位也没有随其经济实力的相对衰退而落后，反而与日俱增。英镑和英国在世界金融体系的霸主地位，一直维持到 20 世纪 40 年代。在此期间，美国一直致力于推动美元国际化和争夺国际货币金融主导权。美元最终替代英镑成为主导国际货币和美国获得国际金融主导权，是市场竞争与政府间博弈共同作用的结果。一方面，两次世界大战期间，美元凭借强大的国家实力和庞大的市场规模，在国际市场上拥有越来越强的吸引力；另一方面，美国精英阶层（尤其是罗斯福政府）一直将构建以美国为主导、美元为核心的战后国际货币金融经济体系作为重要战略目标，并一以贯之地推进。

最后，大国国际金融主导权之争完全可以避免战争而和平博弈。美英基于国际金融主导权及世界霸主的争夺，没有陷入全面对抗乃至战争的修昔底德陷阱，而是采取非武力博弈的方式实现国际权力的和平转移，根本原因在于双方始终保持共同应对德日法西斯的合作大局，两国虽矛盾重重却始终保持斗而不破的博弈格局。总体上，美国虽野心勃勃却取之有道，英国虽不甘心但终究务实面对，做到让之有利。

第5章

特征事实：基于国际金融主导权的英美货币博弈史实的总结

以史为鉴，可以知兴替。历史不会简单地重复，但是历史往往又是那么惊人的相似。本章重点总结基于国际金融主导权的英美货币博弈的历史经验，进而归纳出具有一定普遍意义的基于国际金融主导权的大国货币博弈规律，对于加深大国货币金融博弈的理论认识和指导当今中美货币金融博弈实践都具有重要意义。本章主要从大国博弈的基础（凭什么博弈）、动因（为什么博弈）、阶段（如何博弈）与风险（对抗博弈会产生什么风险）四个方面归纳总结大国基于国际金融主导权而展开货币博弈的一些特征事实。

5.1 大国货币博弈主体的特征事实

国际金融主导权历来由世界霸权国家所掌握，基于国际金融主导权的大国货币博弈，本质上是世界霸权竞争与博弈的重要内容，也是霸权地位转移的重要标志。即使在未来的非霸权式的国际秩序构建中，兼具掌握国际金融主导权能力与意愿的依然是世界强国，而非普通中小国家。总结基于国际金融主导权的英美货币博弈的历史以及美日、美欧和中美货币博弈的实例可以发现，要参与基于国际金融主导权的大国货币博弈的大国都是当时的世界强国，强大的国家实力、坚定的国家意志和高效的国家能力是基于国际金融主导权的大国货币博弈的三大基础。

5.1.1　博弈大国的国家实力

国家实力是大国国际金融主导权博弈最主要的基础。根据美国著名政治学家约瑟夫·奈（Joseph Nye）的观点，国家实力包括硬实力和软实力。①国家硬实力通常是指国家的经济实力、军事实力和科技实力，是国家实力中的物质力量；国家软实力包括文化吸引力、价值观感召力和政府亲和力。实力是权力获得的基础，硬实力可以通过强制与威胁手段影响别人而得到自己想要的结果；软实力可以通过说服力和吸引力影响别人达到自己的目的。而将这两种实力有机结合，达到实现自己目的的有效手段，即为巧实力（硬实力、软实力和巧实力的关系见图5－1）。② 本章此处主要指的是硬实力。国际金融主导权、国际货币和国家实力之间是一个三位一体的关系。国家实力是本源，国际货币和国际金融主导权是结果。国家实力基础决定着大国是否具有竞争与博弈国际金融主导权的资本和资格，也是决定博弈成败的关键因素。

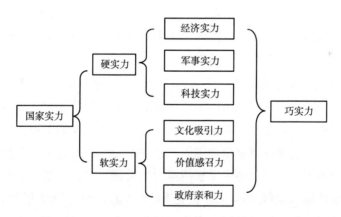

图5－1　国家实力：硬实力、软实力和巧实力的关系

---

①　约瑟夫·奈教授更强调国家实力的软实力，本书讲的国家实力包括硬实力与软实力。参见：[美] 约瑟夫·奈. 软实力：权力，从硬实力到软实力 [M]. 马娟娟，译. 北京：中信出版社，2013（5）：5－25。

②　约瑟夫·奈. 硬实力、软实力和巧实力 [J]. 中国发展研究基金会研究参考，2013（24）：1－4.

纵观近代以来 500 年的世界历史可以发现，世界始终存在着三位一体的现象：实力最强大国家的货币往往是国际货币，并掌握着国际金融主导权，[①]比如自大航海时代以来先后出现了西班牙、荷兰、英国和美国等当时世界最强大的国家概莫能外。经济学家蒙代尔也认为世界上只要出现超级大国，其国家货币就会成为国际主导货币。20 世纪 20~40 年代，英美之间进行国际金融主导权竞争与博弈的根本原因在于，这一时期超级大国地位在英美两国之间发生了转移。

伟大的国家拥有伟大的货币。纵观历史，跟军事力量一样，只要某个地区或整个世界出现超级大国，它的货币就必定在那个地区或整个世界经济中处于主导或支配地位。19 世纪中后期的英国是当时全世界无一能敌的日不落帝国，伴随大英帝国的兴盛和繁荣，英镑逐渐演化和崛起为人类历史上第一个真正意义上的国际货币。

从 1815 年开始直到第一次世界大战结束，英镑在全球金融经济中处于支配地位和英国掌握国际货币金融主导权，正是大英帝国全盛时期超强国力的真实反映。19 世纪的英国，凭借其超强实力重塑了全球经济，创造了一个真正的全金融体系。[②] 1914 年第一次世界大战爆发之后，英镑危机不断，国际金本位制崩溃，随后英镑的国际货币主导权地位逐渐被美元替代，英美之间的国际金融主导权大博弈开始上演。

1894 年美国超越英国成为工业产值第一大经济体，1913 年全面超越英国成为世界超级大国。在经历两次世界大战和世界经济大萧条之后，英美之间的实力差距加大，尤其是英国在第二次世界大战后期的军事援助和第二次世界大战后的经济重建严重依赖美国，这种实力差距成为第二次世界大战后期美国在与英国的国际金融主导权博弈中取胜的决定性因素。直到如今，美国仍然是世界第一超级大国。20 世纪 80 年代的日本、2000 年前后的欧盟，都曾经与美国发生过激烈的国际金融主导权博弈，但都因实力不敌美国而在博弈中失败。

---

① 韩文秀认为国际货币、国际语言与国家实力三者之间存在着"三位一体"的关系，而国际金融主导权只是国际货币主导权的更高一层，国家实力最强大国家更是存在国际金融主导权、国际货币与国家实力"三位一体"的关系。参见：韩文秀. 国际货币、国际语言与国家实力 [J]. 管理世界，2011（6）：1-10。

② 向松祚. 新资本论：全球金融资本主义的兴起、危机与救赎 [M]. 北京：中信出版社，2014（12）：167-206。

5.1.2　博弈大国的国家意志

根据卢梭的观点，国家意志是整个社会的公共意志，包含着公民的共同意愿和共同追求，代表着由社会成员个别意志最大公约数抽象出的公民普遍意志。[①] 国家作为阶级统治的工具，政府作为统治阶级的代表，国家意志本质上是统治阶级意志的体现。国家通常通过一系列法律（法案）、法规、政策或决议等具体形式或形态体现国家意志。国家意志的目标是追求和保障国家利益与社会公共利益，属于集中的、普遍的、具有共性的社会意志集合体。[②] 国际货币金融主导权并不是超级大国随着其国家实力增强自然获得的，而是在国家实力比拼的基础上国家意志较量与博弈的结果。

美国超越英国成为世界第一经济强国，并没有必然带来美元替代英镑成为主导国际货币以及国际金融地位的提升。相应地，英国的货币和金融地位也没有随着其经济实力的相对衰退而落后，反而与日俱增。英镑和英国在世界金融体系的霸主地位，一直维持到 20 世纪 40 年代。在此期间，美国一直致力于推动美元国际化和争夺国际货币金融主导权。美元最终替代英镑成为主导国际货币和美国拥有国际货币主导权，是市场竞争与政府间博弈共同作用的结果。一方面，两次世界大战期间，美元凭借强大的国家实力和庞大的市场规模，在国际市场上拥有越来越强的吸引力；另一方面，美国精英阶层（尤其是罗斯福政府）一直将构建以美国为主导、美元为核心的战后国际货币金融经济体系作为重要战略目标，并一以贯之地推进。

货币即政治，任何一国货币背后都是国家意志的体现，成为国际主导货币更是需要在超强综合实力基础上国家全力推动去实现。[③] 美国货币体系从混乱到统一，美元从弱到强，从区域化到国际化，从金本位制到美元本位制再到美债本位制，以及与英国之间基于国际金融主导权的大国货币博弈，既是国家实力的比拼，更是国家意志的体现与较量。美国推动美元国

---

① 王曙光. 中国正面临"国家意志"的考问 [J]. 人民论坛, 2014 (18): 20-21.

② 王春城, 周琦珊. 社会意志与国家意志组合关系视角下的公共政策新解 [J]. 新视野, 2016 (4): 77-84.

③ 何帆, 李婧. 美元国际化的路径、经验和教训 [J]. 社会科学战线, 2005 (1): 266-272.

际化的国家意志，可以从其通过的一系列有关货币金融法案窥见一斑。从 1787 年制宪会议制定的新《宪法》将货币权力收归国会，到林肯政府 1862 年初发行新的统一法定货币——绿背纸币（greenback），禁止外币在国内流通，到 1900 年实施《金本位制度法案》，1913 年成立美联储，再到第二次世界大战后期美国主导签订《布雷顿森林协定》，以及 1973 年签订《牙买加协议》，使美元成为国际主导货币并最终成为享受金融霸权的超级国际货币。

美国将美元从一个名不见经传的弱小货币打造成为超级国际货币，在这一历程中无处不能感受到，美国积极推动美元国际化掌握国际金融主导权并最终形成金融霸权的坚强意志。

5.1.3 博弈大国的国家能力

国家能力的内涵十分丰富，简而言之就是国家为了实现其目标而实施战略与政策行动的能力。国家目标一般包括维护国家主权、安全与发展权利的能力，法治建设的能力，社会治理的能力，支撑经济发展的能力，汲取财政收入的能力，基础设施建设的能力，提供公共服务的能力，以及为战争筹资的能力。[①] 只有具有强大的国家能力才能更好地实现国家目标，将国家意志转化为切实的国家利益。美国虽然在 19 世纪末 20 世纪初就已经具备了美元国际化的经济实力，但是美元没有自然成为国际货币，与强大的竞争对手英镑相比，美元的国际货币地位微不足道，这也表明美国不具备相应的国家能力。美国正是在不断加强自身能力建设的同时，推动了美元国际化和实现了争取国际金融主导权的国家意愿与目标。

对一国的国家能力的研判，可以从可供国家支配的资源、由资源转化而来的国家力量、国家力量植根的结构三个方面进行考察（黄心泓和罗章，2020）。美国建国至今仅仅两百多年，从一个纯农业国发展成为世界唯一的超级大国，其中占据世界大国首强位置一百多年，背后也显示着其不断增强的国家能力，表 5 - 1 展示了从三个层面对美国国家能力的考察。

---

① Acemoglu, Daron, James Robinson. The Narrow Corridor: States, Societies and the Fate of Liberty [M]. New York: Penguin Press, 2019.

表5-1　　　　　　　　　　从三个层面对美国国家能力的考察

层面	具体内容
可供国家支配的资源	拥有900多万平方千米的国土
	3.3亿人口的超大社会规模
由资源转化而来的国家力量	自19世纪末以来一直位居世界首位的经济规模
	拥有世界上最多的核弹头、航母舰队
	拥有世界上发达的科研生态、强大的科研队伍
	在全球分工体系和价值链的顶端位置
	占据国际政治、经济、安全等制度、规则、机制制定的主导地位
国家力量植根的结构	立宪的政权体系
	资本主义生产方式
	以市场精神与民主法治理念为内核的文化传统、以神与民主法治理念为内核的文化传统

资料来源：根据黄心泓和罗章（2020）的观点笔者整理得到。

5.1.4　三者之间的关系模型

国家实力、国家意志和国家能力是基于国际金融主导权的大国货币博弈的三大基础。三者之间不是一个完全平等的关系，具有一定的层级关系，构成一个金字塔式的三角层级模型（见图5-2）。其中，国家实力是基础中的基础，实力是一切的基础，也是大国博弈最重要的筹码。在强大国家实力的基础上，还需要博弈大国坚定的国家意志，就是参与博弈的大国有非常明确的目标和意愿去争取国际金融主导权。有实力，有意愿，还要有落实目标与意愿的能力，这种能力包括国际金融的治理能力、战略谋划能力、博弈谈判与战略实施能力。

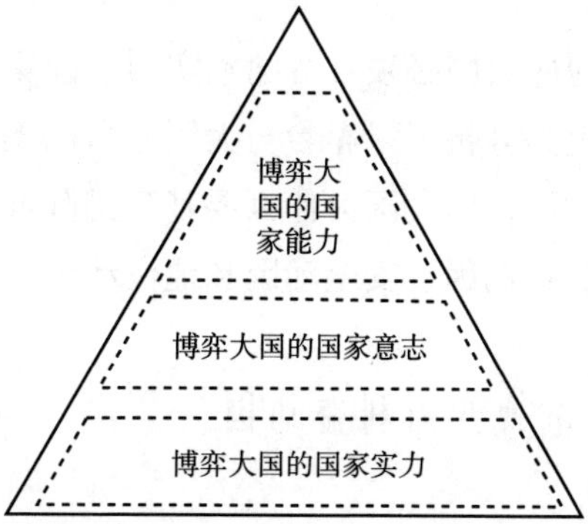

图5-2　基于国际金融主导权的大国货币博弈基础三角层级模型

在基于国际金融主导权的大国货币博弈三大基础中，国家实力、国家意志和国家能力三者之间，不仅是一种上下层级关系，同时它们之间也是一种相互影响、相互强化、相互依存的关系。博弈大国具有强大的国家实力，才能使其具有参与国际金融主导权博弈的国家意志，弱小国家或实力不支的国家是不具有资格的；但是光有国家实力，不具有坚定的国家意志也是不行的，国家并不会随着国家实力的增强而自然获得国际金融主导权；国家实力和国家意志又成为国家能力的基础，反过来国家意志与国家能力也推动国家实力的增强，它们的具体关系见图5-3。

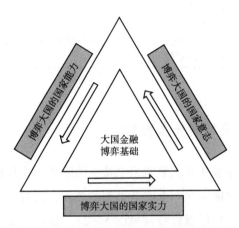

图5-3　基于国际金融主导权的大国货币博弈基础三角依存模型

5.2　大国货币博弈动图的特征事实

章节5.1分析了博弈大国必须具备国家实力、国家意志和国家能力三方面的博弈基础，实际上是分析了博弈参与大国必备的条件或资格。接下来就要分析其博弈背后的动因，即大国为什么要基于国际金融主导权展开激烈的货币博弈。下面将从利益动因、安全动因和地位动因三个方面进行分析。

5.2.1　大国货币博弈的利益动因

大国积极推动本国货币国际化成为关键国际货币，进而争夺国际金融主导权，最直接也最重要的原因就是巨大的经济利益的吸引。在世界无政府状态下，通常由首强大国的国家货币充当关键国际货币，该国就掌握着国际货币的发行与流通，以及国际货币政策的走向的主导权，为该国带来巨大的经济利益。根据程恩富和夏晖（2007）、张宇燕和张静春（2008）的研究，国际货币主要获得包括铸币税收入在内的六大金融和经济利益，具体情况见表 5-2。

表 5-2　　　　　　　　国际货币获得的金融与经济利益具体情况

序号	利益名称	具体情况
1	获取国际铸币税收益	包括一国因其货币为非居民所持有而得到的直接收益（近似等于在该国之外流通的该国货币的数量）和间接收益（金融运作和投资获得的收益）
2	攫取国际通货膨胀税收益	国际货币发行国货币的贬值既可以带来刺激出口的好处，又可以减轻该国的外债负担，相应地其他国家对国际货币发行国的债权（即外汇储备）却缩水了，这相当于国际货币发行国向非国际货币国家征收的一种"国际通货膨胀税"
3	交易成本与费用的节约，金融服务及货币结算余额收益	国际货币发行国可以用本币进行国际贸易结算、支付贸易逆差，因而不用担心较少的外汇储备不足以支付商品进口的风险，节约贸易结算的风险成本与汇兑费用
4	影响别国货币政策的能力	国际储备货币发行国的央行本质上拥有了世界中央银行的职能，掌握着国际货币发行数量调控和利率政策变动等货币政策的主导权，成为其他国家货币政策调整的风向标
5	国际货币市场和关键大宗商品的定价权	关键国际货币通常也是世界上大多数国家的锚货币，是国际货币市场和主要大宗商品的计价与结算货币，进而国际货币发行国掌握了国际货币市场和大宗商品的定价权
6	促进发行国金融市场的发展、维护和巩固以发行国利益为主的国际金融体系	国际货币发行国向非国际货币发行国发行货币、债券等金融产品，自然就获得了优先发展金融市场和构建与巩固以己为主导的国际金融体系的优势

资料来源：笔者根据程恩富和夏晖（2007）、张宇燕和张静春（2008）的成果整理而成。

以美国为例，根据程恩富和夏晖（2007）的测算，截至 2003 年美国已经累计获得国际铸币税的直接收益为 4319 亿美元，2003 年一年就获得 231 亿美元；而美国流通在国外的 3000 多亿美元就相当于为美国政府提供的一笔免息贷款，每年可以节约利息费用 150 亿 ~ 200 亿美元。美国一方面为美元外汇储备国家提供低息债券回流美元，另一方面又通过对外投资或收购高附加值资产获得高额收益，通过这种"利息倒挂"的方式获得高额金融运作与投资收益。仅仅通过对 2003 年全球美元外汇储备大约 22152 亿美元的测算可知，美国 2003 年获得的该项收益就高达 1551 亿美元，① 占到美国当年 GDP 的 1.3%②。在国际通货膨胀税方面，美国外债规模不断增长，而美元大幅贬值，自布雷顿森林体系崩溃后美元贬值幅度高达 90% 以上，相当于向其债权国征收了巨额的国际货币通货膨胀税。当然还有其他的巨大金融经济收益，正是这些巨大收益，使得美国将维护以美元为核心的金融霸权作为其国家核心利益和对外的核心战略。

5.2.2 大国货币博弈的安全动因

随着经济全球化、金融自由化的不断深化，现代信息技术的快速发展，金融风险、金融博弈甚至金融战都已渗透到所有国家的方方面面，尤其在博弈大国之间更甚。金融与一国经济、科技、军事、国家安全乃至战争都息息相关，金融在经济社会生活中具有重要地位，金融安全事关国家安全。③习近平总书记明确指出，金融安全是国家安全的重要组成部分，是经济平稳健康发展的重要基础；要求扎实做好金融工作维护金融安全。④

在以"中心—外围"为特征的世界经济体系中，也形成了以极少数世界强国作为国际货币发行的中心国家和本币不能作为国际支付结算的外围国家

---

① 根据曹勇的方法，假定美国对外投资收益为 10%，美元债券利率为 3%，美国 2003 年获得的对外投资与债券利息差额收益为 22152 × (10% – 3%) = 1551 (亿美元)。参见：曹勇.国际铸币锐的分配、计算与启示 [J].华南金融研究，2002 (5)：9 - 12。

② 2003 年美国 GDP 为 11.46 万亿美元，上述金融运作与投资收益占 GDP 的比重为 1551/114600 = 1.3%。

③ 万喆.金融安全的全维度 [J].中国金融，2017 (10)：56 - 58.

④ 2017 年 4 月 25 日中央政治局以维护金融安全为主题举行第四十次集体学习，习近平总书记在主持学习时强调，维护金融安全，是关系我国经济社会发展全局的一件带有战略性、根本性的大事。金融活，经济活；金融稳，经济稳；必须充分认识到金融在社会经济生活中的重要作用，切实把维护金融安全作为治国理政的一件大事。参见：习近平主持十八届中共中央政治局第四十次集体学习并发表重要讲话 [EB/OL].(2022 - 06 - 18). https：//www.gov.cn/xinwen/2022 - 06/18/content_5696442.htm。

的"中心—外围"的国际金融体系。在国际金融体系的演变过程中，变化的只是中心国家而已，中心国家由金本位制体系下的英国转换为布雷顿森林体系和牙买加体系下的美国；而由极少数发达的中心国家通过金融手段对绝大多数发展中的外围国家"薅羊毛"的本质没有变。① 无论是20世纪80年代的拉美金融危机，还是90年代末的亚洲金融危机，以及2008年的次贷危机，本质上都是美国通过制造金融危机、转嫁危机薅发展中国家羊毛的掠夺行径，对这些外围国家的金融安全构造致命威胁。美国也由工业国家、贸易国家演变成了金融国家，金融成为美国最重要的经济领域。

可以看出，金融已经成为现代国家经济最为关键、最为敏感，也最为脆弱的领域。维护金融安全成为现代国家，以及国际金融治理最为重要的一件大事。一国货币成为关键国际货币，且该国掌握国际金融主导权，就掌握了维护国家金融安全和金融利益的最有力手段，这也是大国间尤其是崛起大国与守成大国基于国际金融主导权展开激烈的货币博弈的重要原因之一。在掌握国际金融主导权的中心国家与不掌握国际金融主导权的外围国家之间，应对金融危机的主动性、政策措施和代价都是不一样的。掌握国际金融主导权的中心国家可以通过非常规的货币金融政策转嫁金融危机，率先推动经济复苏；而不掌握国际金融主导权的外围国家，只能被动地随着国际金融主导权国的政策起舞，并且当主导权国金融政策转向时面临二次金融危机的风险。

2020年新冠疫情大流行，美国金融市场出现了历史罕见的四次股市大熔断，面对可能引发的大规模经济萧条，美国推出了创历史纪录的非常规量化宽松货币政策，以及大量发债的财政政策，维护了金融市场的稳定和金融安全。而不掌握国际金融主导权的新兴国家则面临因美元泛滥而导致的大宗商品价格暴涨、输入型通货膨胀高企、资产价格暴涨等困境；当美国准备收紧货币政策时，又面临资本外逃、资产价格暴跌的被动局面。比如，土耳其2021年就正在经历这种煎熬，土耳其里拉对美元的汇率从2018年的1∶3，下跌到2021年最低的1∶18，贬值幅度高达85%以上；同期面临严重通货膨胀（见图5-4）。

---

① 在"中心—外围"的国际分工格局下，美国实现了由传统的"资本输出"向"资本输入"角色的转换，形成了"金融国家对贸易国家"的金融博弈与掠夺关系。参见：梁涛. 美元霸权下的"中心—外围"博弈对中国的影响与应对［J］. 财经科学，2018（7）：25-36。

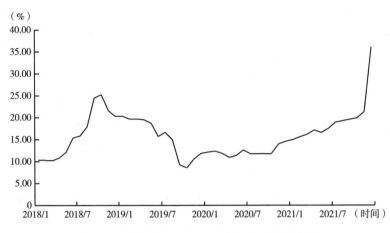

图 5 - 4　土耳其 2018～2021 年通货膨胀率走势

资料来源：trading economics 网站，https：// zh. tradingeconomics. com/turkey/inflation-cpi。

5.2.3　大国货币博弈的地位动因

现在的国际社会依然是一个现实主义的世界，国家实力决定国际地位。随着国际力量对比结构的调整，国际秩序的演变，大国间的国际地位也会发生动态变化。当一个国家的实力提升了，就会努力改变该国在相互依赖与相互影响的国际结构中的区位和状态，积极要求和争取提升其在国际体系中的地位，进而积极谋求其在国际金融体系中的更高地位。在世界无政府状态下，通常由世界强国供给国际金融公共产品、主导国际金融治理事务、维护国际金融秩序稳定，这既是国际金融发展与治理的需要，也会为主导国带来巨大的经济利益和金融安全保障。因而，国际金融主导权也成为世界强国尤其是霸权国家必然竞争与博弈的关键国际地位。

大国的国际金融主导权地位不是一成不变的，而是随着大国兴衰与国际秩序的转型演变而不断变化的。大国的国际金融主导权地位的变化与转移往往充斥着激烈的竞争和博弈，尤其是在守成大国与崛起大国之间，这种竞争与博弈会更加复杂与激烈。守成大国会竭力维护其主导地位，在其实力没有绝对衰退下来之前不会轻易让位。即使其实力相对衰退了，由于其强大的在位优势，以及地位惯性，依然能在相当长的一段时期内稳住其以国际货币为核心的国际金融主导权地位。崛起大国随着海外投资和国际经济交往的不断扩大，其国家利益边界也不断扩大，保护其国家经济金融利益、维护国家金融安全成为其生存与发展的必然要求。那么，根据其国家实力争取相应的国际金融主导权地位，就成为自然选择。

在 1919 年的巴黎和会上，时任美国总统威尔逊的十四点计划已经向世界明确提出了重构以美国为中心的国际自由主义经济秩序的战略目标，也显示出其要提升国际地位的国家意愿。但是当时在国际上依然是英法等欧洲老牌资本主义大国占据主导地位，同时受美国国内孤立主义的影响，威尔逊总统的这一目标在当时并未实现。在 20 世纪 20 年代美国借机恢复金本位制，提升美元的国际地位，取得一定成效，但是经济大危机的爆发，让这一成绩废于一旦。罗斯福新政让美国不断摆脱经济大萧条，大幅提升其国家实力，整合国家战略资源，增强美国在国际互动进程中的主动性和国际事务的主导性。第二次世界大战的爆发为美国获取世界霸权地位争取到了第三次机会。第二次世界大战后期，美国在经济、军事、科技和国际影响力各方面全面碾压英国。英国甚至只能依靠美国的援助与贷款，才能维持战争开支和战后经济重建。英国维护和巩固其霸权地位已经力不可支，美国据此构建了以美元为核心的布雷顿森林体系，赢得了国际金融主导权地位。

5.3 大国货币博弈过程的特征事实

基于国际金融主导权的大国货币博弈是一个长期而艰苦的过程。美国自 19 世纪末超越英国成为世界第一大经济体，到 1945 年《布雷顿森林协定》生效，国际金融主导权正式从英国转移到美国耗费了长达半个多世纪的时间。而且还因为两次世界大战和经济大危机的爆发，为美国省去了破旧之力，破坏了大英帝国及其拥有国际金融主导权的根基——国际金本位制、国际自由贸易体系和殖民体系。如果没有这些有利于美国的历史大事的发生，国际金融主导权在英美之间的转移将会需要更长的时间。大国间的国际金融主导权博弈与转移是一场持久战，据此可以将基于国际金融主导权的大国货币博弈过程分为三个阶段，即追赶阶段、相持阶段和超越阶段。

19 世纪末至第二次世界大战结束，发生在这一时期的英国和美国两大新旧世界霸主之间以国际金融主导权为核心的世界权力大博弈堪称守成大国与崛起大国博弈的经典案例。它们在国家力量对比关系发生逆转的情况下，围绕维护与争夺以国际金融主导权为核心的世界霸权而展开了激烈的竞争与博弈，其间既有追随与合作，也有竞争与打压，甚至对抗，但是始终保持斗而不破，没有陷入修昔底德陷阱而爆发直接战争，最终实现了权力的和平转移。这一过程持续了半个多世纪，下面从追赶阶段、相持阶段与超越阶段三个阶段来分析这一世纪大博弈的持久过程。

5.3.1 大国货币博弈的追赶阶段

这一阶段可以从 19 世纪末美国超越英国成为第一工业大国开始算起，一直到第一次世界大战结束（1894～1919 年），这一阶段可以称为美国与英国基于国际金融主导权的大国货币博弈的追赶阶段，即美国追赶英国的阶段。美国对英国的追赶阶段可以分为两步，即蓄势与试探。

第一步，蓄势。从 19 世纪末至第一次世界大战爆发前，这一时期美国主要从经济实力、地区影响力和国内金融改革等方面做好与英国争夺国际金融主导权的博弈准备。经济实力方面，1894 年美国超过英国成为世界第一工业大国（当时没有 GDP 概念，实际上就是第一大经济体），1910 年超过德国和英国工业生产总值的总和，成为世界第一工业强国，1912 年超越英国成为世界最大的出口国，1913 年超过德国和英国 GDP 的总和，成为名副其实的世界第一经济强国。区域影响力方面，美国奉行"门罗主义"，不断挑战英国在美洲的霸权地位。英国对此多采取妥协和绥靖政策，1899 年美国对委内瑞拉与英属圭亚那的边界纠纷作出了有利于英国的仲裁。英国投桃报李，从西半球撤出海军力量，事实上承认了美国在美洲地区的霸主地位。国内金融改革方面，一是 1900 年实施美元金本位的货币制度改革，结束了金银复本位制的混乱局面，使美元与国际金本位制接轨；二是 1913 年成立美联储，作为正式的中央银行，增强美元的国际市场吸引力。

第二步，试探。从第一次世界大战爆发至经济大危机爆发前，这一时期美国充分利用第一次世界大战的机会，使美元和美国首次亮相国际舞台，试探性地与英国争夺国际金融主导权。战争期间，美国为交战双方提供军火物资，大发其财，黄金储备不断集聚，积累了美元与英镑抗衡的基础。1914～1924 年的国际货币体系实际上是钉住美元本位制，因为美国是唯一继续维持金本位制的大国。更重要的是，完成了由债务国向债权国的华丽转身。相反，英国因为战争破坏了英镑赖以存在的国际金本位制基础，并由最大的债权国转变成为债务国。由此，美国不再隐晦地与英国争夺国际金融主导权乃至霸权，1919 年巴黎和会上威尔逊总统明确提出了战后国际秩序重建的美国方案，遭到了英法联合抵制，以失败告终。随后美国通过坚持对英国等欧洲国家的战争债务索取权、减轻德国赔偿要求、重建金本位制和道威斯计划等一系列行动悄然使美元逐渐取代英镑成为主导国际货币。

5.3.2 大国货币博弈的相持阶段

这一阶段主要发生在经济大萧条期间，从第一次世界大战结束至大萧条末期。这一时期美国以《互惠贸易法案》为进攻武器进攻，英国以帝国特惠制为堡垒防守，双方形成不分伯仲的僵持格局。大危机爆发后，美国率先实行高关税的贸易保护政策，随后各国纷纷效仿，很快大危机演变成大萧条。1931 年英国被迫放弃了其长期以来奉行的自由贸易政策，退而与英联邦国家形成互惠的帝国特惠制，并放弃了金本位制，由此彻底摧毁了大英帝国主导的国际自由经济体系的基础。美国在经历短暂退缩之后，时任总统罗斯福迅速开启了著名"新政"，扭转了美国历来信奉的贸易保护主义政策，高举重建国际自由主义经济秩序的旗帜，瞄准英国的帝国特惠制。为此，美国以互惠贸易法案为工具，积极展开对英国的攻势，英国一直消极应对。经过 3 年多的艰苦谈判，英国最终迫于德国军事扩张的压力，于第二次世界大战爆发前期的 1938 年 11 月与美国签订了《美英互惠贸易条约》。尽管如此，英国仍然坚守帝国特惠制毫不让步。

面对经济大危机，美国胡佛政府率先推出了高关税的贸易保护政策，开启了"以邻为壑"的政策先河。随后，英国新上任的张伯伦政府也跟随美国实施了贸易保护政策，并率先终止了英镑与黄金的自由兑换，彻底废止了金本位制。这从根本上动摇了大英帝国主导下的国际自由主义经济秩序，也动摇了英国的国际货币金融经济主导权。其间英美为了共同应对经济大萧条，双方积极对话与沟通，试图找到可以共同推进的合作领域。但是总体而言，合作非常有限，相互之间的对抗与僵持成为这一时期的主线。在全世界都寄予厚望的 1933 年举行的世界经济会议上，由于各方尤其是英美的关注焦点不同、利益诉求不同，以及对世界经济会议的期望不同，最后是无果而终。①

在世界经济会议召开的同时，英美法召开了世界货币专题会议，就英美退出金本位制后如何实现货币汇率稳定，推动经济复苏进行协商。英美已经退出金本位制，法国仍然坚守金本位制，英美通过货币贬值增强本国商品出口优势，而法国坚守金本位制致使货币被高估，法国货币危机不断，社会危机隐现。面对这种情况，英美间的共同利益大于分歧，同时法国货币稳定也有利于美国和世界经济复苏。但是，美国政府不愿意承受因国际协议而限制其政府政策的灵活性的约束，最终只是三国央行发表了一个共同声明来表达这样一种共同意愿，同时也共同采取了一定措施使得法郎进行了一定幅度的单边贬值。

总体来看，在这一时期的英美博弈中，美国处于优势的一方，占据主动地位，但不具有绝对优势和绝对地位。英美之间进行了一系列艰苦而复杂的博弈，虽然开展了有限的合作，但是在涉及双方关键利益的帝国特惠制的博弈中，依然是僵持不下的局面。打破这一局面的是第二次世界大战的爆发。

5.3.3 大国货币博弈的超越阶段

这一阶段主要发生在第二次世界大战期间，从爆发至结束。这一时期美国充分利用时机，一方面贩卖军火，大发战争财，另一方面以援助为筹码，全面压制英国，谋求世界霸权。战争后期，美国开始积极布局构建战后国际政治经济安全秩序。在经济方面，构建了以美元为核心的布雷顿森林体系，全面获得国际金融主导权。

第二次世界大战的爆发，并没有马上打破英美在帝国特惠制上博弈的僵持局面。但是随着战争的持续推进，不利局面朝着英国方面发展。在战争爆发一年后，英国美元储备告罄，不得不向美国求援，为美国再次突破帝国特

---

① 美国关注的焦点是关税，英国关注的是战争债务，法国关注的是货币；美国的利益诉求是各国降低关税恢复自由贸易，英国的利益诉求是美国减免战争债务，法国的利益诉求是重建金本位制；同时美国由于罗斯福总统的关注重点在国内，对于世界经济会议不抱太多期望，而英法极其希望达成重要协议。

惠制提供了机会。① 美国当局一方面通过租借法案获得了对英国进行军事支援的法律授权，另一方面也借助租借法案向英国施压。租借法案就成为美国打破英国帝国特惠制的工具，以及与英国进行谈判的筹码。② 1942 年 2 月双方签订的《租借互助协议》，将"非歧视"原则作为双方确认的战后国际经济秩序的基本准则写入了协议。

为了全面掌握战后国际金融主导权，美国于 1944 年 7 月在新罕布尔州的布雷顿森林小镇召开了筹备和博弈已久的战后货币与金融国际会议。在这次会议上展现了著名的代表美国利益的"怀特计划"与代表英国利益的"凯恩斯计划"的交锋。实际上会议的安排包括所谓的表决等议程都是在美国的操控下实施的，会议就是一个重要形式，结局早在会前基本定格了。即便如此，象征着新旧两个世界霸主易位的国际仪式依然充满着激烈的斗争与较量，凯恩斯作为旧霸主英国的代表在布雷顿森林会议上竭力维护英国利益。但是任凭凯恩斯拥有多么高的个人魅力和国际影响力，也无法挽救已经衰败的大英帝国。在英美两国关于战后货币金融秩序安排的博弈中，以美国的"怀特计划"胜出，构建了以美元为核心、以美国为主导的布雷顿森林体系，最后以国际法的形式给予美国的国际金融主导权以合法地位和制度保障。

这并不意味着英国就此轻易放弃其国际金融主导权地位，英国仍然在做垂死挣扎，迟迟不签订《布雷顿森林协定》。③ 为达到目的，1945 年战争一结束美国就突然终止对英所有援助，使得英国很快陷入严重财政危机，英国财政的敦刻尔克时刻迅速来临，不得不再次向美国求援。当然，美国会援助，但是援助是有条件的，条件就是要英国废除帝国特惠制，使英镑自由兑

---

① 因为帝国特惠制已经成为美国建立以己为主导的自由主义国际经济秩序的最大障碍，当英国支撑战争的财力不足需要向美国寻求支援时，博弈的天平已经偏向了美国。美国构建自由主义秩序的主导者（以赫尔为首）迅速抓住了难得的机会，将租借法案作为撬开英国帝国特惠制的"大棒"，双方展开了激烈而艰苦的博弈。

② 一方面，美国国内受孤立主义影响，对于卷入欧洲战争十分谨慎，因而面对英国的军事援助请求十分消极，罗斯福政府找到了采用租借方式进行支援的法律依据。美国援助英国不是简单地同情和帮助英国，而是基于国家利益战略考虑，美国不希望欧洲出现一个独一无二能与美国抗衡的大国，所以必须支援英国，否则英国会战败。另一方面，美国以租借法案的援助为筹码，要求英国必须废除帝国特惠制。

③ 因为《布雷顿森林协定》要达到参加会议的 44 个国家的法定多数国家政府批准之后才能生效，而英国政府是否批准却具有重要的示范效应，因此英国政府是否批准非常重要。

换，这是美国战后秩序设计者和决策者期盼已久的目标，也是阻碍美国获得战后国际货币金融经济管理大权的主要障碍。英国别无选择，只能答应美国条件，签订《英美财政协定》获得美国贷款，并批准了《布雷顿森林协定》。至此，基于国际金融主导权的英美货币博弈基本结束，美国完全超越英国成为新的世界霸主，国际主导货币由英镑转变为美元，国际金融主导权由英国转移至美国，并得到全世界主要国家的承认。

5.4　大国货币博弈强度的特征事实

大国间国际金融主导权的博弈往往是新旧世界霸权国家基于世界霸主地位争夺的一系列博弈中的重要一环，很容易陷入全面对抗乃至战争的修昔底德陷阱，通过非和平博弈的方式实现国际权力的转移。美英基于国际金融主导权的大国货币博弈，没有发生全面对抗及直接战争，而是采取非武力博弈的方式实现国际权力由英国向美国的和平转移。根本原因在于双方始终保持共同应对德日法西斯的合作大局，两国虽矛盾重重却始终保持斗而不破的博弈格局。总体上，美国虽野心勃勃却取之有道，英国虽不甘心但终究务实面对，做到让之有利。英美基于国际金融主导权的大国货币博弈历史，为我们提供了一个通过非武力博弈实现权力转移的经典案例。据此，可以分析基于国际金融主导权的大国货币博弈的动态变化关系。

5.4.1　大国货币博弈强度的动态演变

基于国际金融主导权的大国货币博弈关系是一个随着博弈大国双方实力差距缩小、利益冲突扩大，而博弈强度不断增强的过程。博弈关系从早期的合作逐渐演变到竞争，乃至最后的对抗。如果将大国间的这种博弈关系的强弱动态演变关系用一根两边带箭头、中间有原点的横轴表示，从左到右表示大国博弈关系从合作到竞争再到对抗博弈强度不断增强的动态演变过程。中间点越往左的方向表示合作关系越融洽，中间点往右的方向表示对抗关系越激励；中心点表示竞争，这种竞争应该属于良性竞争，是正常范围内的竞争。分区间来看，左边至中心点之间表示竞合关系，即既有竞争也有合作的关系；中心点至右边之间表示竞抗关系，即既有竞争也有对抗，但更偏向对抗，竞争的目的就是对抗（见图 5 - 5）。

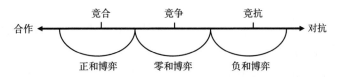

图 5 - 5　基于国际金融主导权的大国货币博弈强度的动态演变

从博弈双方的总收益角度分析，可以将博弈关系分为正和博弈、零和博弈和负和博弈。[①] 正和博弈是指双方的合作大于分歧，通过合作可以给双方都带来正的收益，总收益大于零。零和收益，双方既有竞争也有合作或对抗，总体上一方的收益定是另一方的损失，总收益等于零。负和博弈，博弈双方都没有得到收益，属于典型的损人不利己的博弈行为，双方总收益小于零。如果将博弈总收益与博弈关系区间对应分析（见图 5 - 5）可知，当博弈双方处于竞合博弈关系时，属于正和博弈；当博弈双方处于竞争关系时，属于零和博弈；当博弈双方处于竞抗关系时，属于负和博弈。

5.4.2　大国货币博弈强度的对应阶段

基于国际金融主导权的大国货币博弈关系强弱变化，与博弈双方博弈所处的阶段有很大关系。博弈大国间的博弈处在不同阶段，双方的博弈关系强度也不同（见图 5 - 6）。

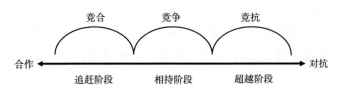

图 5 - 6　基于国际金融主导权的大国货币博弈强度的对应阶段

---

① 复旦大学谢识予教授将参加博弈的各方从博弈中所获得的利益总和始终为零或某一非零常数的博弈分别称为"零和博弈"和"常和博弈"，不具有这两个特征的博弈则相应称为"变和博弈"。为了更进一步明确博弈总收益的性质，其将博弈总收益等于零的称为零和博弈，博弈收益大于零的称为正和博弈，博弈总收益小于零的称为负和博弈。参见：谢识予. 经济博弈论（第三版）[M]. 上海：复旦大学出版社，2016：175 - 178。

当博弈双方实力差距比较大时，尤其是崛起大国实力还比较弱，与守成大国不能构成严重的利益冲突，更多是一种互补关系。也就是博弈双方的博弈关系还处在崛起大国对守成大国的追赶阶段时，博弈大国双方之间的合作大于竞争。这种博弈关系使得博弈双方都得到正的收益，博弈总收益也大于零，属于正和博弈。

当博弈双方实力比较接近时，崛起大国与守成大国之间构成一定的利益冲突。尤其是崛起大国积极推动本国货币国际化，会对守成大国货币形成一定的替代，对守成大国货币构成一定的威胁。这时守成大国会对崛起大国进行围堵和遏制，双方的竞争关系更加明显。这一时期崛起大国本国货币的国际地位以及国际金融主导权地位仍不及守成大国，双方之间的竞争十分激烈，不分伯仲，相持不下，一方博弈的收益往往是另一方博弈的损失，属于典型的零和博弈。

当博弈双方实力反超时，崛起大国要与守成大国全面争夺国际货币金融主导权地位，这时的博弈最为激烈，强度最高，甚至可能升级为全面对抗。博弈双方为了争夺和维护国际货币金融主导权在这一阶段会进行殊死较量与博弈，在一定程度上会造成两败俱伤，总收益小于零，属于负和博弈。

5.5　本章小结

本章在第 3 章、第 4 章基于国际金融主导权的大国货币博弈的三大实例与英美博弈的历史考察的典型案例分析基础上，总结归纳出基于国际金融主导权的大国货币博弈关系的一般特征事实。从事实与历史中考察基于国际金融主导权的大国货币博弈的基础、动因、过程和博弈强度几方面的规律性特征。

首先，要参与基于国际金融主导权的大国货币博弈的大国必然是世界强国，而且是当时世界最强大的两个国家或国家集团。无论是 20 世纪上半叶的英美，还是 80 年代的美日，无论是 20～21 世纪交接之际的美欧，还是当前的中美之间的货币博弈，这些大国都是同期世界第一大和第二大经济体，综合实力也是其他国家无法匹敌的，属于典型的守成大国与崛起大国之间的博弈。对于参与博弈的大国主体而言，强大的国家实力、坚定的国家意志和高效的国家能力是基于国际金融主导权的大国货币博弈的三大基础。

其次，大国货币博弈动因有很多，最主要的是三大动因。一是利益动因。大国积极推动本国货币国际化成为关键国际货币，进而争夺国际金融主导权，最直接也最重要的原因就是巨大的经济利益的吸引，尤其是低成本的国际铸币税收益。二是安全动因。维护金融安全也成为现代国家，以及国际金融治理最为重要的一件大事。一国货币成为关键国际货币，且该国掌握国际金融主导权，就掌握了维护国家金融安全和金融利益的最有力手段，这也是大国间尤其是崛起大国与守成大国基于国际金融主导权展开激烈的货币博弈的重要原因之一。三是权力动因。在世界无政府状态下，通常由世界强国供给国际金融公共产品、主导国际金融治理事务、维护国际金融秩序稳定，这是一种重要的世界权力象征，因而也成为世界强国尤其是霸权国家必然竞争与博弈的关键。

最后，大国货币博弈的过程是一个持久漫长的过程。自19世纪末至第二次世界大战结束，发生在这一时期的英国和美国两大新旧世界霸主之间以国际金融主导权为核心的世界权力大博弈堪称守成大国与崛起大国博弈的经典案例。它们在国家力量对比关系发生逆转的情况下，围绕维护与争夺以国际金融主导权为核心的世界霸权而展开了激烈的竞争和博弈，其间既有追随与合作，也有竞争与打压，甚至对抗，但是始终保持斗而不破，没有陷入修昔底德陷阱而且爆发直接战争，最终实现了包括货币权力在内的世界权力的和平转移。这一过程是经历了长达半个多世纪的持久过程。

第6章

博弈困境：基于国际金融主导权的大国货币博弈的囚徒困境

从本章起的三章（第 6 章、第 7 章、第 8 章），分别从囚徒困境、演化过程和量子均衡三个角度，重点探析基于国际金融主导权的大国货币博弈的机理。本章着眼于探析基于国际金融主导权的大国货币博弈为什么会陷入囚徒困境，以及如何陷入囚徒困境。由于参与国际金融主导权博弈的大国并非实力完全一样、地位完全平等，往往都是不一样的。本章重点考察的是国际金融主导权的守成大国与崛起大国之间的博弈，并通过改造斯塔克尔伯格（Stackelberg）主从博弈模型，分析其囚徒困境博弈机理。

6.1 基于国际金融主导权的 Stackelberg 大国货币博弈模型

6.1.1 博弈问题描述与基本假设

基于国际金融主导权竞争的大国货币博弈问题，本质上是大国间为竞争国际金融主导权而展开的以争夺国际货币市场份额为核心的一系列博弈问题，在守成大国与崛起大国间的博弈尤为激烈。在此博弈过程中，守成大国作为国际金融主导权的既定拥有者，在政策制定与实施、国际货币市场操作、对外货币金融交往方面享有先天的优势，处于领导者地位；而崛起大国则是在接受守成大国主导的国际金融规则下发展的，处于跟随者地位。两者之间的博弈是一种地位不一致的非对称博弈。本章在 Fourcans 和 Warin 的博弈分析框架基础之上，结合王婷婷和代高琪等从博弈参与方福利函数最大化的角度考察博弈行为的思路，构建守成大国和崛起大国基于国际金融主导权竞争的 Stackelberg 大国货币博弈模型，其博弈关系见图 6 – 1。

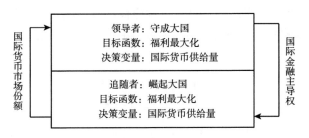

图 6 – 1 守成大国与崛起大国间的博弈关系描述

在该博弈模型中只讨论守成大国和崛起大国之间基于国际金融主导权的货币博弈问题，并且研究对象满足以下基本假设。

假设 6 – 1，全世界只有守成大国 A 和崛起大国 B 两个国家供给国际货币。守成大国 A 的国际货币供给量为 q_A，崛起大国 B 的国际货币供给量为 q_B，同期的国际货币总量为 M，且 $M = q_A + q_B$。

假设 6 – 2，守成大国 A 和崛起大国 B 都是理性经济人。各国以追求本国国际货币主导权福利函数最大化为决策目标，各国的国际货币供给量 q_i 为关键决策变量。

假设 6 – 3，这是一个完全信息动态博弈，博弈分为两个阶段进行。第一阶段，守成大国 A（领导者）先决定其国际货币供给量 q_A（$q_A > 0$）；第二阶段，崛起大国 B（追随者）观测到 q_A 后决定自己的国际货币供给量 q_B（$q_B > 0$）。①

---

① 在斯塔克尔伯格模型中，领头企业率先决策，跟随企业在观测到领导企业决策之后再进行决策。参见：张维迎. 博弈论与信息经济学 [M]. 上海：格致出版社，上海三联书店，上海人民出版社，2012：107 – 108。

6.1.2　国际金融主导权的福利函数

在世界无政府状态下，国际金融主导权拥有国享有世界中央银行独有的国际货币发行权、货币供给量调节权和货币通道控制权。国际金融主导权的国家福利大小取决于其在全球国际货币供给总量的份额，份额越大其拥有的权力和获得的收益也越大。国际金融主导权拥有国的福利来源于三个方面：国际货币发行收益、国际货币主导权地位附加收益和打压与竞争策略获得的超额收益。

（1）国际货币发行收益，主要是国际铸币税收入，包括两部分：一是直接的国际铸币税收入，即国际金融主导权拥有国发行流通在国外的货币数量。假定一国流通在国外的货币数量占国际货币总量的比率为b_i，那么该国的这部分铸币税收入 $S_i = b_i \times M$，其中$0 < b_i < 1$，$b_i = \dfrac{q_i}{M}$。二是国际金融主导权拥有国运用国外储备资产投资的收益与支付给国外储备资产所有者的回报之差，即进行金融运作获得净收益 $F_i = b_i \times M(r_L - r_S)$。其中 r_S 为国外储备资产回流购买该国国债或存款而支付的回报率，r_L 为该国运用这些回流资金进行投资获得的报酬率，且满足 $r_L > r_S$。

（2）国际金融主导权地位附加收益，主要是国际金融主导权拥有国凭借其在国际经济、贸易和金融方面绝对的优势地位所获得的间接收益。一国的国际金融主导权地位越高，其货币国际化程度越高，国际货币市场份额越大，那么其国际经济与贸易交易成本就越低，汇率风险降低，对外贸易和投资规模扩大，金融业务规模增加，金融投资收益不断提升。同时也要承担相应的成本，例如，本币升值，本国商品出口竞争力下降；资金回流，资产价格泡沫增大；面临货币供给量与货币清偿力矛盾的"特里芬难题"，金融稳定成本增加；随着国际货币权力的增加，相应的国际责任也不断增加。为此，在计算国际金融主导权地位带来的附加收益时，须考虑扣除在国际经济、贸易和金融方面的成本后的净收益，假定其为两国国际货币总量的二次凹函数 $A_i = c_1(q_i^2 + q_i q_j) + c_2 q_i + c_3$，其中 i，j 分别表示国家 i 和国家 j；$c_1$，$c_2$，$c_3$ 为常数，满足 $c_1 < 0$，$c_2 > 0$。

（3）打压与竞争策略获得的超额收益，即一国通过打压或竞争手段，向国际市场投放更多的国际货币，以提高自身的国际货币市场份额而获得超额收益 $T_i = t_iq_i - t_jq_j$，其中t_i和t_j为国家 i 和国家 j 对竞争对手的打压或竞争程度，满足 $t_i \geqslant 0$，$t_j \geqslant 0$。

因此，对于一国国际金融主导权的总福利函数W_i，可以表示为：

$$W_i = b_i[M + M(r_L - r_S)] + \lambda[c_1(q_i^2 + q_iq_j) + c_2q_i + c_3] + \beta T_i \quad (6-1)$$

其中，λ 为国际金融主导权地位附加收益在总福利中的权重，$\lambda > 0$；β 为打压与竞争策略获得的超额收益在总福利中的权重，$\beta > 0$。λ 和 β 的值越大，表示该国对国际金融主导权地位附加收益和打压与竞争策略获得的超额收益目标越重视。

于是有，国际金融主导权守成大国 A 的福利函数为：

$$W_A = q_A[1 + (r_L - r_S)] + \lambda[c_1(q_A^2 + q_Aq_B) + c_2q_A + c_3] + \beta T_A \quad (6-2)$$

式（6-2）可简化为：

$$W_A = \lambda c_1 q_A^2 + \lambda c_1 q_A q_B + (1 + r_L - r_S + \lambda c_2)q_A + \lambda c_3 + \beta T_A \quad (6-3)$$

国际金融主导权崛起大国 B 的福利函数为：

$$W_B = q_B[1 + (r_L - r_S)] + \lambda[c_1(q_B^2 + q_Aq_B) + c_2q_B + c_3] + \beta T_B \quad (6-4)$$

式（6-4）可简化为：

$$W_B = \lambda c_1 q_B^2 + \lambda c_1 q_A q_B + (1 + r_L - r_S + \lambda c_2)q_B + \lambda c_3 + \beta T_B \quad (6-5)$$

6.2 基于 Stackelberg 大国货币博弈的策略组合

假定博弈双方都有两种基本策略：竞争或打压策略（Hark）和合作策略（Dove）。竞争或打压策略，即博弈方采取积极竞争或打压遏制以提升或维护自身的国际货币市场份额的策略。对于崛起大国而言，采取积极竞争行为，以提升对守成大国的国际货币替代率；对于守成大国而言，则利用自身的国际金融主导权优势地位，打压遏制崛起大国的竞争行为，以维护自身的国际货币市场份额。合作策略，即博弈双方认同当前各自的国际金融主导权地位，愿意遵守共同的原则与协议，维护各自相对稳定的国际货币市场份额，对于对方的竞争或打压行为不予作为。

在完全信息下进行一次博弈分析，博弈双方都能充分了解对手的策略及相应的收益，则守成大国与崛起大国基于国际金融主导权竞争的斯塔克尔伯格（Stackelberg）博弈有四种策略组合情形。

6.2.1 博弈大国货币博弈（合作，合作）策略组合

第一种策略组合：守成大国和崛起大国都采取合作策略（D，D）。博弈双方都只保持自身福利最大化条件下的国际货币市场份额，无意采取措施挤压对方的国际货币市场空间。在这种情形下，博弈双方都不会因为竞争与打压获得超额收益，即 $\beta T_i = 0$。

于是有，守成大国 A 的国际金融主导权福利函数为：

$$W_A = \lambda c_1 q_A^2 + \lambda c_1 q_A q_B + (1 + r_L - r_S + \lambda c_2) q_A + \lambda c_3 \qquad (6-6)$$

崛起大国 B 的国际金融主导权福利函数为：

$$W_B = \lambda c_1 q_B^2 + \lambda c_1 q_A q_B + (1 + r_L - r_S + \lambda c_2) q_B + \lambda c_3 \qquad (6-7)$$

采用逆向归纳法求解这个博弈的子博弈精炼纳什均衡。先求解第二阶段，给定 q_A 的情况下崛起大国 B 的最优选择，即崛起大国 B 要实现：

$$\max_{q_A > 0} W_B = \lambda c_1 q_B^2 + \lambda c_1 q_A q_B + (1 + r_L - r_S + \lambda c_2) q_B + \lambda c_3 \qquad (6-8)$$

需满足一阶条件：$\dfrac{\partial W_B}{\partial q_B} = 2\lambda C_1 q_B + \lambda C_1 q_A + (1 + r_L - r_S + \lambda c_2) = 0$，得到崛起大国 B 最优国际货币供给量 q_B 对守成大国 A 国际货币供给量 q_A 的反应函数：

$$\overline{q_B}^{\frac{D}{D}} = s_B(q_A) = -\frac{1}{2}q_A - \frac{(1 + r_L - r_S + \lambda c_2)}{2\lambda C_1} \qquad (6-9)$$

将式（6-9）代入式（6-6），求解在博弈第一阶段，守成大国 A 的最优选择，即守成大国 A 要实现：

$$\max_{q_B > 0} W_A = \lambda c_1 q_A^2 + \lambda c_1 q_A q_B + (1 + r_L - r_S + \lambda c_2) q_A + \lambda c_3 \qquad (6-10)$$

一阶条件要满足：$\dfrac{\partial W_A}{\partial q_A} = \lambda C_1 q_A + \dfrac{(1 + r_L - r_S + \lambda c_2)}{2} = 0$，得到守成大国 A 的最优国际货币供给量为：

$$\overline{q_A}^{\frac{D}{D}} = -\dfrac{(1 + r_L - r_S + \lambda c_2)}{2\lambda C_1} \tag{6-11}$$

将式（6-11）代入式（6-9）可得到崛起大国 B 的最优国际货币供给量为：

$$\overline{q_B}^{\frac{D}{D}} = -\dfrac{(1 + r_L - r_S + \lambda c_2)}{4\lambda C_1} \tag{6-12}$$

将式（6-11）和式（6-12）分别代入式（6-6）和式（6-7）可得在（合作，合作）策略组合情形下两个国家的福利分别为：

$$\overline{W_A}^{\frac{D}{D}} = -\dfrac{(1 + r_L - r_S + \lambda c_2)^2}{8\lambda C_1} + \lambda c_3 \tag{6-13}$$

$$\overline{W_B}^{\frac{D}{D}} = -\dfrac{(1 + r_L - r_S + \lambda c_2)^2}{16\lambda C_1} + \lambda c_3 \tag{6-14}$$

6.2.2 博弈大国货币博弈（竞争，合作）策略组合

第二种策略组合：守成大国采取合作策略，崛起大国采取竞争策略（D，H）。在这种情形下，崛起大国为争取更多的国际货币市场份额而积极竞争，守成大国对于崛起大国的竞争策略不作为，默认其行为，那么崛起大国可以因竞争而获得超额收益 $T_B = t_B q_B$，守成大国则损失相应的福利。此种情形下，守成大国 A 的国际金融主导权福利函数为：

$$W_A = \lambda c_1 q_A^2 + \lambda c_1 q_A q_B + (1 + r_L - r_S + \lambda c_2) q_A + \lambda c_3 - \beta t_B q_B \tag{6-15}$$

相应地，崛起大国 B 的国际金融主导权福利函数为：

$$W_B = \lambda c_1 q_B^2 + \lambda c_1 q_A q_B + (1 + r_L - r_S + \lambda c_2) q_B + \lambda c_3 + \beta t_B q_B \tag{6-16}$$

通过求解第二阶段崛起大国 B 最优选择的一阶条件，即式（6-15）一阶导数等于零，可得崛起大国 B 最优国际货币供给量 q_B 对守成大国 A 国际货币供给量 q_A 的反应函数：

$$\overline{q_B^{\frac{D}{H}}} = s_B(q_A) = -\frac{1}{2}q_A - \frac{(1 + r_L - r_S + \lambda c_2 + \beta t_B)}{2\lambda C_1} \quad (6-17)$$

将式（6-17）代入式（6-15）求解第一阶段守成大国 A 最优选择的一阶条件，即式（6-15）一阶导数等于零，可得此种策略组合下守成大国 A 的最优国际货币供给量为：

$$\overline{q_A^{\frac{D}{H}}} = -\frac{(1 + r_L - r_S + \lambda c_2)}{2\lambda C_1} \quad (6-18)$$

将式（6-18）代入式（6-17），可得均衡状态下崛起大国 B 的国际货币供给量为：

$$\overline{q_B^{\frac{D}{H}}} = -\frac{(1 + r_L - r_S + \lambda c_2 + 2\beta t_B)}{4\lambda C_1} \quad (6-19)$$

把式（6-18）和式（6-19）分别代入式（6-15）和式（6-17），可得在此策略组合下两个国家的福利分别为：

$$\overline{W_A^{\frac{D}{H}}} = -\frac{(1 + r_L - r_S + \lambda c_2)^2}{4\lambda C_1} + \frac{(1 + r_L - r_S + \lambda c_2 + 2\beta t_B)^2}{8\lambda C_1} + \lambda c_3$$

$$(6-20)$$

$$\overline{W_B^{\frac{D}{H}}} = -\frac{(1 + r_L - r_S + \lambda c_2 + 2\beta t_B)^2}{16\lambda C_1} + \lambda c_3 \quad (6-21)$$

6.2.3 博弈大国货币博弈（打压，合作）策略组合

第三种策略组合：守成大国采取打压策略，崛起大国采取合作策略（H，D）。在这种情形下，守成大国先发制人打压崛起大国的国际货币市场地位，而崛起大国默认守成大国的打压策略不作为。那么守成大国可以因打压策略而获得超额收益 $T_A = t_A q_A$，崛起大国则损失相应的福利。此种情形下，守成大国 A 的国际金融主导权福利函数为：

$$W_A = \lambda c_1 q_A^2 + \lambda c_1 q_A q_B + (1 + r_L - r_S + \lambda c_2)q_A + \lambda c_3 + \beta t_A q_A \quad (6-22)$$

相应地，崛起大国 B 的国际金融主导权福利函数为：

$$W_B = \lambda c_1 q_B^2 + \lambda c_1 q_A q_B + (1 + r_L - r_S + \lambda c_2)q_B + \lambda c_3 - \beta t_A q_A \quad (6-23)$$

通过求解式（6-23）最大化的一阶条件等于零，可得此种策略组合下崛起大国 B 最优国际货币供给量 q_B 对守成大国 A 国际货币供给量 q_A 的反应函数：

$$\overline{q_B}^{\frac{H}{D}} = s_B(q_A) = -\frac{1}{2}q_A - \frac{(1 + r_L - r_S + \lambda c_2 - \beta t_A)}{2\lambda C_1} \qquad (6-24)$$

将式（6-24）代入式（6-22），可得此种策略组合下第二阶段守成大国 A 的最优国际货币供给量为：

$$\overline{q_A}^{\frac{H}{D}} = -\frac{(1 + r_L - r_S + \lambda c_2)}{2\lambda C_1} \qquad (6-25)$$

将此式代入式（6-25），可得均衡状态下崛起大国 B 的国际货币供给量为：

$$\overline{q_B}^{\frac{H}{D}} = -\frac{(1 + r_L - r_S + \lambda c_2 - 2\beta t_A)}{4\lambda C_1} \qquad (6-26)$$

由于崛起大国 B 在世界经济增长、国际贸易等方面快速增长的影响，守成大国 A 无法通过打压完全消除其不断提升的国际货币地位，即 $\overline{q_B}^{\frac{H}{D}} > 0$，$1 + r_L - r_S + \lambda c_2 - 2\beta t_A > 0$。把式（6-25）和式（6-26）代入式（6-22）和式（6-23），可得在此种策略组合下两个国家的均衡福利为：

$$\overline{W_A}^{\frac{H}{D}} = -\frac{(1 + r_L - r_S + \lambda c_2)^2}{4\lambda C_1} + \frac{(1 + r_L - r_S + \lambda c_2 - 2\beta t_A)^2}{8\lambda C_1} + \lambda c_3$$
$$(6-27)$$

$$\overline{W_B}^{\frac{H}{D}} = -\frac{(1 + r_L - r_S + \lambda c_2 - 2\beta t_A)^2}{16\lambda C_1} + \lambda c_3 \qquad (6-28)$$

6.2.4　博弈大国货币博弈（打压，竞争）策略组合

第四种策略组合：守成大国采取打压策略，崛起大国采取竞争策略（H，H）。在这种情形下，守成大国打压崛起大国的国际货币市场地位，而崛起大国也积极竞争以提升自身的国际货币市场地位，那么守成大国可以因打压策略而获得收益 T_A，同时承受因崛起大国竞争而带来的损失 T_B，最终因打压与竞争获得的超额收益为 $T_A - T_B$；相应地，崛起大国因竞争与打压获得

的超额收益为 $T_B - T_A$。此种情形下，守成大国 A 的国际金融主导权福利函数为：

$$W_A = \lambda c_1 q_A^2 + \lambda c_1 q_A q_B + (1 + r_L - r_S + \lambda c_2) q_A + \lambda c_3 + \beta (t_A q_A - t_B q_B)$$

$$(6-29)$$

相应地，崛起大国 B 的国际金融主导权福利函数为：

$$W_B = \lambda c_1 q_B^2 + \lambda c_1 q_A q_B + (1 + r_L - r_S + \lambda c_2) q_B + \lambda c_3 + \beta (t_B q_B - t_A q_A)$$

$$(6-30)$$

通过求解满足式（6-30）最大化的一阶条件，可得崛起大国 B 最优国际货币供给量 q_B 对守成大国 A 国际货币供给量 q_A 的反应函数：

$$\overline{q_B}^{\frac{H}{H}} = s_B(q_A) = -\frac{1}{2} q_A - \frac{1 + r_L - r_S + \lambda c_2 + \beta (t_B - t_A)}{2\lambda C_1} \quad (6-31)$$

将式（6-31）代入式（6-29），可得在此策略组合下第二阶段守成大国 A 的国际货币供给量均衡为：

$$\overline{q_A}^{\frac{H}{H}} = -\frac{(1 + r_L - r_S + \lambda c_2)}{2\lambda C_1} \quad (6-32)$$

将式（6-32）代入式（6-31），可得均衡状态下崛起大国 B 的国际货币供给量为：

$$\overline{q_B}^{\frac{H}{H}} = -\frac{1 + r_L - r_S + \lambda c_2 + 2\beta (t_B - t_A)}{4\lambda C_1} \quad (6-33)$$

将式（6-32）和式（6-33）分别代入式（6-29）和式（6-30），可得均衡状态下两个国家的福利为：

$$\overline{W_A}^{\frac{H}{H}} = -\frac{(1 + r_L - r_S + \lambda c_2)^2}{4\lambda C_1} + \frac{[1 + r_L - r_S + \lambda c_2 + 2\beta (t_B - t_A)]^2}{8\lambda C_1} + \lambda c_3$$

$$(6-34)$$

$$\overline{W_B}^{\frac{H}{H}} = -\frac{[1 + r_L - r_S + \lambda c_2 + 2\beta (t_B - t_A)]^2}{16\lambda C_1} + \lambda c_3 \quad (6-35)$$

总结上述四种策略组合，可得大国国际金融主导权的斯塔贝尔伯格（Stackelberg）大国博弈的支付矩阵（见表 6-1）。

表6-1　基于国际金融主导权的斯塔贝尔伯格（Stackelberg）大国货币博弈支付矩阵

		博弈方B	
		合作	竞争
博弈方A	合作	$q_A^{D/D} = -\dfrac{(1+r_L-r_S+\lambda c_2)}{2\lambda C_1};$ $q_B^{D/D} = -\dfrac{(1+r_L-r_S+\lambda c_2)}{4\lambda C_1};$ $W_A^{D/D} = \dfrac{(1+r_L-r_S+\lambda c_2)^2}{8\lambda C_1}+\lambda c_3;$ $W_B^{D/D} = \dfrac{(1+r_L-r_S+\lambda c_2)^2}{16\lambda C_1}+\lambda c_3$	$q_A^{D/H} = -\dfrac{(1+r_L-r_S+\lambda c_2)}{2\lambda C_1};$ $q_B^{D/H} = -\dfrac{(1+r_L-r_S+\lambda c_2+2\beta T_B)}{4\lambda C_1};$ $W_A^{D/H} = \dfrac{(1+r_L-r_S+\lambda c_2)^2}{4\lambda C_1}+\dfrac{(1+r_L-r_S+\lambda c_2+2\beta t_B)^2}{8\lambda C_1}+\lambda c_3;$ $W_B^{D/H} = \dfrac{(1+r_L-r_S+\lambda c_2+2\beta t_B)^2}{16\lambda C_1}+\lambda c_3$
	打压	$q_A^{H/D} = -\dfrac{(1+r_L-r_S+\lambda c_2)}{2\lambda C_1};$ $q_B^{H/D} = -\dfrac{(1+r_L-r_S+\lambda c_2-2\beta t_A)}{4\lambda C_1};$ $W_A^{H/D} = \dfrac{(1+r_L-r_S+\lambda c_2)^2}{4\lambda C_1}+\dfrac{(1+r_L-r_S+\lambda c_2-2\beta t_A)^2}{8\lambda C_1}+\lambda c_3;$ $W_B^{H/D} = \dfrac{(1+r_L-r_S+\lambda c_2-2\beta t_A)^2}{16\lambda C_1}+\lambda c_3$	$q_A^{H/H} = -\dfrac{(1+r_L-r_S+\lambda c_2)}{2\lambda C_1};$ $q_B^{H/H} = -\dfrac{1+r_L-r_S+\lambda c_2+2\beta(t_B-t_A)}{4\lambda C_1};$ $W_A^{H/H} = \dfrac{(1+r_L-r_S+\lambda c_2)^2}{4\lambda C_1}+\dfrac{[1+r_L-r_S+\lambda c_2+2\beta(t_B-t_A)]^2}{8\lambda C_1}+\lambda c_3;$ $W_B^{H/H} = \dfrac{[1+r_L-r_S+\lambda c_2+2\beta(t_B-t_A)]^2}{16\lambda C_1}+\lambda c_3$

6.3 基于 Stackelberg 大国货币博弈的 单次博弈囚徒困境

6.3.1 基于国际金融主导权大国货币博弈单次博弈占优策略

为了更加直观地反映守成大国与崛起大国之间不同博弈策略组合下的收益情况，本章通过笛卡尔坐标系（见图 6-2）来审视两国决策的推理过程。纵轴和横轴分别代表守成大国 A 和崛起大国 B 对打压（竞争）与合作的选择，四个象限分别代表该选择获得的收益。

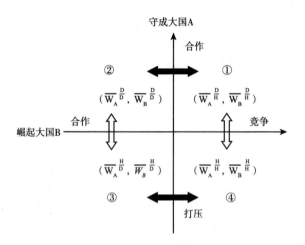

图 6-2 守成大国 A 与崛起大国 B 的博弈策略和福利横向与纵向比较

对于守成大国 A，如果崛起大国 B 采用合作策略，那么纵向比较第二、三象限的收益（$\overline{W_A}^{\frac{H}{D}}$，$\overline{W_A}^{\frac{D}{D}}$），比较过程如下：

$$\begin{cases} \overline{W_A}^{\frac{H}{D}} = -\dfrac{(1 + r_L - r_S + \lambda c_2)^2}{4\lambda C_1} + \dfrac{(1 + r_L - r_S + \lambda c_2 - 2\beta t_A)^2}{8\lambda C_1} + \lambda c_3 \\[4mm] \overline{W_A}^{\frac{D}{D}} = -\dfrac{(1 + r_L - r_S + \lambda c_2)^2}{8\lambda C_1} + \lambda c_3 \end{cases}$$

$$(6-36)$$

因为 $C_1 < 0$，$\beta > 0$，$t_A > 0$，则有 $-\dfrac{(1+r_L-r_S+\lambda c_2)^2}{4\lambda C_1} > -\dfrac{(1+r_L-r_S+\lambda c_2)^2}{8\lambda C_1} > 0$，$\dfrac{(1+r_L-r_S+\lambda c_2-2\beta t_A)^2}{8\lambda C_1} < 0$，$\beta t_A > 0$；

并且，

$$\overline{W}_A^{\frac{H}{D}} = -\frac{(1+r_L-r_S+\lambda c_2)^2}{4\lambda C_1} + \frac{(1+r_L-r_S+\lambda c_2-2\beta t_A)^2}{8\lambda C_1} + \lambda c_3$$

$$= -\frac{(1+r_L-r_S+\lambda c_2)^2}{8\lambda C_1} - \frac{(1+r_L-r_S+\lambda c_2)^2}{8\lambda C_1}$$
$$+ \frac{(1+r_L-r_S+\lambda c_2-2\beta t_A)^2}{8\lambda C_1} + \lambda c_3$$

$$= -\frac{(1+r_L-r_S+\lambda c_2)^2}{8\lambda C_1} + \lambda c_3 - \frac{(1+r_L-r_S+\lambda c_2)^2}{8\lambda C_1}$$
$$+ \frac{(1+r_L-r_S+\lambda c_2-2\beta t_A)^2}{8\lambda C_1}$$

$$= \overline{W}_A^{\frac{D}{D}} - \frac{(1+r_L-r_S+\lambda c_2)^2}{8\lambda C_1} + \frac{(1+r_L-r_S+\lambda c_2-2\beta t_A)^2}{8\lambda C_1}$$

$$(6-37)$$

又因为 $\beta t_A > 0$，那么 $(1+r_L-r_S+\lambda c_2)^2 > (1+r_L-r_S+\lambda c_2-2\beta t_A)^2$，于是有 $-\dfrac{(1+r_L-r_S+\lambda c_2)^2}{8\lambda C_1} + \dfrac{(1+r_L-r_S+\lambda c_2-2\beta t_A)^2}{8\lambda C_1} \geqslant 0$。

所以，$\overline{W}_A^{\frac{H}{D}} > \overline{W}_A^{\frac{D}{D}}$。

由此可知，如果崛起大国 B 采用合作策略，守成大国 A 应该选择打压策略；如果崛起大国 B 选择竞争策略，通过纵向比较第一、四象限的收益（$\overline{W}_A^{\frac{H}{H}} > \overline{W}_A^{\frac{D}{H}}$）可知，守成大国 A 也应该选择打压策略。可以看出，无论崛起大国 B 是选择合作策略还是竞争策略，对于守成大国 A 而言，其选择打压策略的收益都高于选择合作策略的收益，打压策略是其占优策略。

同理，对于崛起大国 B，如果守成大国 A 选择合作策略，那么通过横向比较第一、二象限的收益（$\overline{W}_B^{\frac{D}{H}} > \overline{W}_B^{\frac{D}{D}}$）可知，应该选择竞争策略；如果守成大国 A 选择打压策略，通过横向比较第三、四象限的收益（$\overline{W}_B^{\frac{H}{H}} >$

$\overline{W_B}^{\frac{H}{D}}$）可知，也应该选择竞争策略。无论守成大国 A 选择打压策略还是合作策略，竞争策略都是崛起大国 B 的占优策略。

6.3.2　基于国际金融主导权大国货币博弈单次博弈最优收益

在一次 Stackelberg 博弈中，无论是对于守成大国 A 还是对于崛起大国 B 来说，打压或竞争策略要优于合作策略，博弈的唯一均衡解就是（打压，竞争）策略组合，这是典型的"囚徒困境"博弈结果。这一博弈的子博弈精炼纳什均衡是每一过程博弈双方都不合作，但博弈双方如果都选择合作战略，斜向比较第二、四象限的收益（$\overline{W_A}^{\frac{D}{D}} > \overline{W_A}^{\frac{H}{H}}$，$\overline{W_B}^{\frac{D}{D}} > \overline{W_B}^{\frac{H}{H}}$）可知，（合作，合作）的福利水平高于（打压，竞争）的福利水平（见图 6 - 3）。

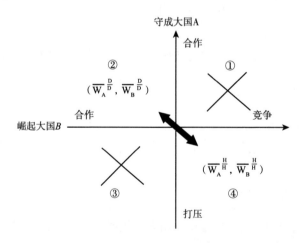

图 6 - 3　守成大国 A 与崛起大国 B 的博弈策略和福利斜向比较

但是，当一方选择合作策略时，另一方有动机选择打压或竞争策略，因为这时选择打压或竞争策略的一方的福利水平高于双方都选择合作策略的水平，而且选择合作策略的一方也十分清楚对方存在的这种动机，最终结果是双方都选择打压或竞争策略，即博弈双方个体的理性行为选择实现资源次优配置的策略，而不是实现福利最大化的帕累托最优策略。这也是个体理性与集体理性悖论的典型代表。

6.4 基于 Stackelberg 大国货币
博弈的重复博弈囚徒困境

单次博弈的囚徒困境可以通过反复博弈使博弈双方实现合作。美国密歇根大学政治学家罗伯特·阿克塞尔罗德（Robert Axelrod，2007）在其著作《合作的进化》中用实验证明，在重复博弈条件下，一次性囚徒困境下不合作的占优策略将会被有条件合作的占优策略代替。克雷普斯等（Kreps et al.，1982）指出，如果赋予博弈双方采取"以牙还牙"策略一定的预期概率，在足够长的有限时期里，双方一定存在合作的情形。南江霞等（2020）基于布兰登布格尔和斯塔特（Brandenburger & Stuart，2007）提出的非合作—合作两型博弈，用 CIS 值作为合作博弈阶段的解，证明了该类两型博弈合作解存在的条件。囚徒困境博弈重复进行能否促使博弈双方达成合作，从而使博弈结果走向（合作，合作），取决于博弈的次数，具体可以分为有限次重复博弈和无限次重复博弈来讨论这个问题。

6.4.1 大国货币博弈有限次重复囚徒困境

假定守成大国 A 与崛起大国 B 将单次囚徒困境博弈重复 n 次（n≥2），博弈双方在每次重复博弈中所掌握的信息、博弈规则和行动次序与单次博弈的完全一样。那么博弈双方有限次重复囚徒困境博弈的均衡解仍可采用逆向归纳法进行求解。在第 n 次博弈中，博弈双方都知道是最后一次博弈，自己的任何选择都不会对以后的博弈产生任何影响，博弈双方的选择跟单次囚徒困境博弈一样，选择打压或竞争策略是他们的占优策略，其策略组合为（打压，竞争），双方的收益为 $(\overline{W_A^H}, \overline{W_B^H})$。在第 n−1 次博弈中，因为已知第 n 次博弈彼此的策略选择，此次博弈不会对第 n 次博弈产生任何影响，双方同样都会选择打压或竞争策略，即策略组合仍为（打压，竞争）。以此类推，一直到第 1 次博弈，策略组合都是（打压，竞争），双方的收益为 $(\overline{W_A^H}, \overline{W_B^H})$。这是该博弈的唯一解，也是纳什均衡，同时不管从该重复博弈中取任何子博弈（从第 k 次到第 j 次，1≤k≤j≤n），其纳什均衡都是策略组合（打压，竞争）的重复。因此，重复 n 次策略组合（打压，竞争）是整个博弈的子博弈精炼纳什均衡。

6.4.2 大国货币博弈无限次重复囚徒困境

由于有限次重复博弈中，参与双方都很清楚哪一次博弈是最后一次，实际上每一次博弈策略选择都不会对下一次博弈结果产生任何影响。这样导致有限次重复博弈的每一次博弈都跟单次博弈一样，博弈双方选择各自的占优策略，集体选择次优策略而非实现帕累托最优，进而陷入囚徒困境。在现实中，守成大国 A 与崛起大国 B 无法知道重复博弈的哪一阶段是最后一次博弈，甚至就没有所谓的最后一次。所以可以将有限重复博弈次数改为无限次（n→∞），这样守成大国 A 与崛起大国 B 之间的重复博弈就是一个没有已知博弈结束点的无限次重复博弈。在这个博弈中，博弈双方都没有关于最后一次博弈的信息，也不清楚自己选择打压或竞争策略得到的短期收益跟选择合作策略得到的长期收益相比哪个更优。因此就得不到前面中的非合作纳什均衡，不能直接用逆向归纳法进行求解。在守成大国 A 与崛起大国 B 之间的单次博弈和有限次重复博弈中，博弈双方都清楚双方都选择合作策略才是彼此实现利益最大化的最优策略。

然而，结果双方都选择次优策略而保障自身的短期利益，博弈双方陷入囚徒困境。导致这一结果的主要原因是，缺乏在自己选择合作策略时促使对方也采用合作策略的保障机制。在无限次重复博弈中，由于博弈双方知道彼此将长期博弈，并且不知道或者根本就没有结束点，那么从心理上都倾向于争取长期利益。如果博弈双方要实现互利互惠的均衡，双方都应试图选择合作并且要惩罚对方的不合作（即打压或竞争）。如果自己选择合作策略，而对方选择不合作策略，那么自己在下一轮博弈中也会选择不合作策略，并且之后会一直选择不合作策略，通过这种方式来惩罚不合作者，这叫作冷酷策略（grim strategy），也称触发策略（trigger strategy）。在守成大国 A 与崛起大国 B 的无限次重复博弈中，冷酷策略是对冷酷策略的最优反应。

证明如下：假定守成大国 A 能够确定崛起大国 B 一开始就会采用冷酷策略，对于守成大国 A 而言每次博弈都有两种策略选择，其对应的收益分别为

$\overline{W}_A^{\frac{H}{D}}$ 和 $\overline{W}_A^{\frac{D}{D}}$。虽然 $\overline{W}_A^{\frac{D}{D}}$ 是最优收益，但一旦守成大国 A 选择打压策略，崛起大国 B 将从下一次博弈开始一直选择竞争策略，那么守成大国 A 的收益变成次劣收益 $\overline{W}_A^{\frac{H}{D}}$ 和最劣收益 $\overline{W}_A^{\frac{H}{H}}$。假设守成大国 A 在第 n 次博弈中选择打压策略，虽然这次可以获得一次超额收益，但是自第 n + 1 次博弈开始，崛起大国 B 都会选择竞争策略，并且一直持续下去不再改变。根据理性人假设，守成大国 A 也会选择打压策略，那自此以后每次博弈都会获得最劣收益 $\overline{W}_A^{\frac{H}{H}}$。这也说明，当守成大国 A 确定崛起大国 B 从一开始就采用冷酷策略，没有激励使其选择打压策略。因此，守成大国 A 对崛起大国 B 的最优反应是一直选择冷酷策略。这也证明了在无限次重复博弈中，可以促使守成大国 A 和崛起大国 B 由（打压，竞争）策略组合转向（合作，合作）策略组合。

6.4.3　破解囚徒困境博弈的奖惩机制

在无限次重复博弈中，博弈双方的冷酷策略促使双方进行合作，破除了单次博弈和有限次重复博弈的囚徒困境。可以看出，单次博弈和有限次重复博弈之所以陷入囚徒困境，重要的原因之一就是缺乏保障博弈双方都选择合作策略的奖惩机制，或者说缺乏一个具有约束力的盟约。在守成大国 A 与崛起大国 B 之间的博弈中，如果博弈双方设计一个奖惩机制，对于选择不合作策略的参与者给予事后惩罚，且惩罚带来的损失大于不合作所产生的超额利益，或者对于选择合作策略的参与者给予奖励，使该奖励带来的收益大于遭受背叛的损失，那么即使惩罚或奖励要在之后的博弈中才会兑现，参与者的理性会使其追求利益最大化，进而彼此都选择合作策略。这种奖惩机制可以是博弈双方签订的一个合约，也可以是博弈参与方单方面设计的机制，提前明确告知对方，并且确保这种奖惩的可信度。

6.5　基于 Stackelberg 大国货币
博弈囚徒困境的数值仿真

为了更好地理解守成大国 A 与崛起大国 B 之间基于国际货币主导权的博

弈行为，分析双方如何选择博弈策略，以及决策如何影响自身利益与对方收益及行为，本章在此基于章节 6.2 大国国际货币主导权博弈的 Stackelberg 博弈模型的四种策略组合进行数值仿真。有关参数赋值如下：$r_L = 0.1$，$r_s = 0.05$，$\lambda = 0.6$，$c_1 = -2.0$，$c_2 = 0.7$，$c_3 = 2$，$\beta = 0.5$，$t_A = 0.5$，$t_B = 0.3$，可得到四种策略组合的均衡解见表 6 - 2。

表 6 - 2   基于 Stackelberg 大国货币博弈数值仿真的均衡解

策略组合	q_A	q_B	W_A	W_B
(D, D)	0.6125	0.306250	1.425094	1.312547
(D, H)	0.6125	0.368750	1.323844	1.363172
(H, D)	0.6125	0.202083	1.552177	1.249005
(H, H)	0.6125	0.347917	1.359677	1.284000

6.5.1 大国货币博弈囚徒困境结果的证实

从表 6 - 2 仿真结果可以看出，$\overline{W_A^{\frac{H}{D}}} > \overline{W_A^{\frac{D}{D}}}$，$\overline{W_A^{\frac{H}{H}}} > \overline{W_A^{\frac{D}{H}}}$，对于守成大国 A 而言，无论崛起大国 B 选择合作策略还是竞争策略，守成大国 A 选择打压策略的福利水平都大于选择合作策略，打压策略是其占优策略；同理，$\overline{W_B^{\frac{D}{H}}} > \overline{W_B^{\frac{D}{D}}}$，$\overline{W_B^{\frac{H}{H}}} > \overline{W_B^{\frac{H}{D}}}$，对于崛起大国 B 而言，无论守成大国 A 选择合作策略还是打压策略，崛起大国 B 选择竞争策略的福利水平都大于选择合作策略，竞争策略是占优策略。这与前面的理论分析结果完全一致，属于典型的囚徒困境博弈结果。这论证了守成大国 A 与崛起大国 B 之间的合作难以持续，当一方选择合作策略时，另一方就有动机选择打压（或竞争）策略获得更高的风险收益。同时还可以看出，$\overline{W_A^{\frac{D}{D}}} > \overline{W_A^{\frac{H}{H}}}$，$\overline{W_B^{\frac{D}{D}}} > \overline{W_B^{\frac{H}{H}}}$，双方都选择合作策略的福利水平要大于双方都选择打压或竞争策略的福利水平，这也论证了守成大国 A 与崛起大国 B 在基于国际货币主导权的博弈过程中的个体理性与集体理性之间的悖论。

6.5.2 不同策略下博弈双方的国际货币市场份额与福利水平

图 6 - 4 显示，无论选择哪种策略组合，守成大国 A 的国际市场份额

$q_A = 0.6125$ 保持不变，这也意味着在单次博弈中，无论博弈双方采取合作策略还是竞争策略，都不能改变守成大国 A 国际货币市场份额，而改变的是它的福利水平。当崛起大国 B 采取合作策略而守成大国 A 采用打压策略时的福利水平最高；当崛起大国 B 采用竞争策略而守成大国 A 采用合作策略时的福利水平是最低的，所以对守成大国 A 而言采取打压策略是最有利可图的，这也正是守成大国 A 不惜一切代价打压崛起大国 B 争夺国际货币主导权的利益动因。

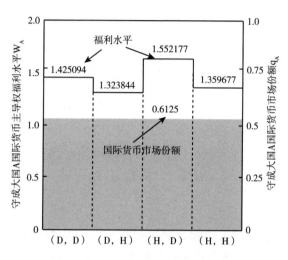

图 6 - 4　不同策略下守成大国 A 的国际货币市场份额与福利水平

图 6 - 5 显示，当守成大国 A 采用合作策略而崛起大国 B 采用竞争策略时，其国际货币市场份额最高，并且其福利水平也是最高的；当守成大国 A 采用打压策略，而崛起大国 B 采用合作策略时，其国际货币市场份额和福利水平是最低的。可见，对于崛起大国 B 而言，同样采用竞争策略是最有利可图的；另外，崛起大国 B 的国际市场份额与策略组合相关，并直接决定着其福利水平的高低，这与守成大国 A 的国际市场份额不变不同。这表明，对于崛起大国 B 而言要争夺国际金融主导权最首要的就是争夺国际货币市场份额。这也论证了图 6 - 1 中所示的大国国际金融主导权博弈的基本逻辑关系。

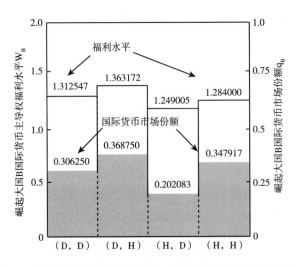

图 6-5　不同策略下崛起大国 B 的国际货币市场份额与福利水平

6.6　本章小结

本章首先构建了基于国际金融主导权的大国货币博弈的 Stackelberg 模型，能更切实际地诠释实力悬殊的崛起大国和守成大国之间基于国际金融主导权展开货币博弈的过程。其次把货币福利最大化作为大国争夺国际金融主导权的目标追求，对国际金融主导权地位附加收益的二次凹函数和超额收益的打压与竞争程度进行了精细刻画，更符合大国货币博弈的利益动机。最后证明了在长期重复博弈中冷酷策略是对冷酷策略的最优反应。

主要结论包括，在单次博弈和有限次重复博弈中，打压或竞争策略是博弈双方的占优策略，博弈双方陷入囚徒困境；在无限次重复博弈中，都会采取"以牙还牙"的冷酷策略，让合作成为彼此的最优选择，进而破解囚徒困境；要促使双方的博弈关系由竞争转向合作，必须设计合理的奖惩机制，奖励博弈对手的合作，惩罚其非合作的打压或竞争策略，并且惩罚造成的福利损失要远大于其因打压或竞争而获得的超额收益，进而使合作博弈成为可能。

数值仿真结果论证了大国主要通过争夺国际货币市场份额进而争夺国际金融主导权的大国博弈逻辑关系，进而论证了守成大国与崛起大国之间打压与竞争的攻防博弈是常态。

第7章

博弈演化：基于国际金融主导权的大国货币博弈的演化过程

第 6 章主要从静态的角度分析了基于国际金融主导权的大国货币博弈问题，并对其均衡策略和博弈困境进行了分析。在现实中，基于国际金融主导权的大国货币博弈不是静态的，而是一个动态演化的过程，而且博弈大国双方的策略选择也是一个动态演化的过程。静态博弈分析是建立在博弈参与主体完全理性的完美假设基础之上的，这与现实中博弈参与主体的有限理性甚至非理性的情况不符。演化博弈理论是建立在对博弈参与者有限理性的基础之上的，分析博弈者之间策略演化的动态过程，更符合基于国际金融主导权的大国货币博弈的实际情况。本章选用鹰鸽博弈模型作为分析基于国际金融主导权的大国货币博弈的动态演化过程的基础模型，并分别对博弈大国双方对称和非对称的鹰鸽演化博弈进行分析。

7.1 大国货币对称鹰鸽博弈的演化路径

7.1.1 基于国际金融主导权的大国货币对称鹰鸽博弈模型与均衡

为分析大国国际金融主导权对称博弈及其困境情况，在此构建基于国际金融主导权的大国对称鹰鸽博弈模型。假定该博弈模型满足以下条件。

（1）博弈大国 1 和博弈大国 2 实力对等；博弈双方都有两种策略可供选择，即"鸽"策略（合作策略，记为"D"）和"鹰"策略（冲突策略，记为"H"）；v 表示博弈大国采取鸽策略时的合作收益，c 表示博弈大国采取鹰策略时所付出的冲突成本。

（2）当博弈双方都采用鹰策略时，双方的收益均为 $\frac{v-c}{2}$；当博弈双方都采用鸽策略时，双方的收益均为 $\frac{v}{2}$；当博弈大国 1 采用鹰策略而博弈大国 2 采用鸽策略时，它们的收益分别为 v 和 0；当博弈大国 1 采用鸽策略而博弈大国 2 采用鹰策略时，它们的收益分别为 0 和 v.

（3）博弈大国选择鹰策略的概率为 x，选择鸽策略的概率为 1 - x。

由此可得基于国际金融主导权的大国货币对称博弈的收益矩阵（如表 7 - 1 所示，表中第一个收益为博弈大国 1 的收益，第二个收益为博弈大国 2 的收益）。

表 7 - 1　　　　基于国际金融主导权的大国货币对称鹰鸽博弈支付矩阵

博弈方与博弈策略		博弈大国 2	
		鹰策略	鸽策略
博弈大国 1	鹰策略	$\frac{v-c}{2}$, $\frac{v-c}{2}$	v, 0
	鸽策略	0, v	$\frac{v}{2}$, $\frac{v}{2}$

根据纳什均衡的定义与表 7 - 1 大国货币对称鹰鸽博弈的支付矩阵可知，基于国际金融主导权的大国货币对称鹰鸽博弈的经典均衡策略与合作收益 v 和冲突成本 c 的取值大小有关。

当 v > c 时，如果博弈大国 1 选择鹰策略，博弈大国 2 选择鹰策略的收益大于选择鸽策略的收益 $\left(\frac{v-c}{2}>0\right)$；如果博弈大国 1 选择鸽策略，博弈大国 2 选择鹰策略的收益大于选择鸽策略的收益 $\left(v>\frac{v}{2}\right)$。可见，鹰策略是博弈大国 2 的占优策略。同理，如果博弈大国 2 选择鹰策略，博弈大国 1 选择鹰策略的收益大于选择鸽策略的收益 $\left(\frac{v-c}{2}>0\right)$；如果博弈大国 2 选择鸽策略，博弈大国 1 选择鹰策略的收益大于选择鸽策略的收益 $\left(v>\frac{v}{2}\right)$。所以，此时该博弈系统的唯一的纳什均衡策略是（鹰，鹰）。

当 $v \leqslant c$ 时，如果博弈大国 1 选择鹰策略，博弈大国 2 选择鸽策略的收益大于等于选择鹰策略的收益 $\left(0 \geqslant \dfrac{v-c}{2}\right)$；如果博弈大国 1 选择鸽策略，博弈大国 2 选择鹰策略的收益大于选择鸽策略的收益 $\left(v > \dfrac{v}{2}\right)$。可见，（鹰，鸽）是该博弈系统的一个纳什均衡策略。同理，如果博弈大国 2 选择鹰策略，博弈大国 1 选择鸽策略的收益大于等于选择鹰策略的收益 $\left(0 \geqslant \dfrac{v-c}{2}\right)$；如果博弈大国 2 选择鸽策略，博弈大国 1 选择鹰策略的收益大于选择鸽策略的收益 $\left(v > \dfrac{v}{2}\right)$。所以，（鸽，鹰）也是该博弈系统的一个纳什均衡策略。此时，该博弈系统有两个纳什均衡策略（鹰，鸽）和（鸽，鹰）。

从以上对基于国际金融主导权的大国货币对称鹰鸽博弈的纳什均衡策略的分析，并对照表 7-1 的支付矩阵可知，博弈双方的最大收益总和为 $v\left[v = \dfrac{v}{2} + \dfrac{v}{2}\right.$，即当博弈大国双方选择（鸽，鸽）策略组合时的收益总和最大$\Big]$。当 $v > c$ 时，该博弈系统的纳什均衡策略组合（鹰，鹰）对应的收益总和为 $v - c\left(v - c = \dfrac{v-c}{2} + \dfrac{v-c}{2}\right)$，对博弈集体来说不是最优的，即 $v - c < v$。当 $v \leqslant c$ 时，虽然得到的纳什均衡组合的收益总和等于 $v\left(v = \dfrac{v}{2} + \dfrac{v}{2}\right)$，但是这时的纳什均衡策略不是唯一的，并且此时得到的纳什均衡策略还与 v 和 c 的大小有关系。

这也是由经典博弈理论构建的基于国际金融主导权的大国货币对称鹰鸽博弈所面临的困境问题，即纳什均衡策略不是帕累托最优策略。在基于国际金融主导权的大国货币博弈的现实中，不乏这种基于博弈大国个体理性作出的博弈决策导致集体不理性悖论的案例。

7.1.2 基于国际金融主导权的大国货币对称鹰鸽博弈演化分析

区别于传统博弈论对博弈方完全理性和完全信息的假设，演化博弈理论认为博弈方往往是有限理性的。有限理性意味着博弈方往往不会一开始就找到最优策略，会在博弈过程中学习博弈，通过试错寻找较好的策略；也意味着博弈方不会采用完全理性博弈的均衡策略，演化博弈的均衡是不断调整和改进而不是一次选择的结果（谢识予，2016）。在国际关系中，大国间非理性或有限理性的博弈行为比比皆是。在基于国际金融主导权的大国博弈中，博弈大国往往受到国际国内环境多重因素以及决策者自身能力的影响，很难做到完全理性地作出对国家利益最优的策略选择。博弈大国往往不是从一开始就找到博弈的最优策略，而是在博弈过程中反复试探、相互学习、不断调整策略逐渐达到均衡结果，是一种演化博弈。在此采用复制动态方程分析大国对称鹰鸽博弈的策略进化和稳定性。

根据表 7-1 基于国际金融主导权的大国货币对称鹰鸽博弈支付矩阵，可以得到博弈大国双方采用鹰鸽策略时的期望收益和平均期望收益。

$$\begin{cases} u_H = x\dfrac{v-c}{2} + (1-x)v \\[2mm] u_D = x0 + (1-x)\dfrac{v}{2} \end{cases} \qquad (7-1)$$

$$\begin{aligned} \bar{u} &= xu_H + (1-x)u_D \\ &= x\left[x\frac{v-c}{2} + (1-x)v \right] + (1-x)\left[x0 + (1-x)\frac{v}{2} \right] \\ &= x\left[x\frac{v-c}{2} + (1-x)v \right] + (1-x)^2\frac{v}{2} \qquad (7-2) \end{aligned}$$

根据式（7-1）、式（7-2）可得，博弈大国采取鹰策略比例的复制动态方程为：

$$\begin{aligned} \frac{dx}{dt} &= F(x) = x\left[u_H - \bar{u} \right] \\ &= x\left\{ x\frac{v-c}{2} + (1-x)v - \left[x\frac{v-c}{2} + (1-x)v \right] - (1-x)^2\frac{v}{2} \right\} \\ &= x(1-x)\left[\frac{x(v-c)}{2} + \frac{(1-x)v}{2} \right] \\ &= x(1-x)\left(x - \frac{v}{c} \right) \qquad (7-3) \end{aligned}$$

根据该复制动态方程，可以解出复制动态的三个稳定状态分别为 $x^* = 0$，

$x^* = 1$ 和 $x^* = \dfrac{v}{c}$。

因为，$F(0)' > 0$，$F(1)' > 0$，而 $F\left(\dfrac{v}{c}\right)' < 0$；所以，可以证明在这三个均衡点中，只有 $x^* = \dfrac{v}{c}$ 是博弈大国采用鹰策略的比例的进化稳定策略。于是可以画出相应复制动态方程的演化相位图（见图7-1）。

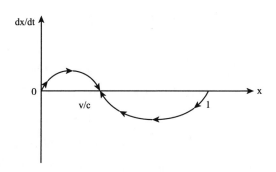

图7-1 博弈大国对称鹰鸽博弈的复制动态相位图

通过图7-1博弈大国对称鹰鸽博弈的复制动态相位图可知，在基于国际金融主导权的大国货币对称鹰鸽博弈的长期演化过程中，博弈大国采取冲突性的鹰策略的比例会最终稳定在 $\dfrac{v}{c}$ 的水平上。这也表明，最终采用鹰策略的比例还取决于采用鸽策略的合作收益 v 与采用鹰策略的冲突成本 c 的取值大小关系。当合作收益大于等于冲突成本即 $v \geq c$ 时，最终采用鹰策略的比例是100%；当冲突成本远大于合作收益时，也就是单位冲突成本获得的收益较小时，采用鹰策略的比例会大幅降低。

上述分析显示，在基于国际金融主导权的大国货币对称鹰鸽博弈的长期演化过程中，合作收益与冲突成本的大小是决定博弈双方稳定采用哪种策略的关键因素。对于实力对等的博弈大国而言，如果双方争夺和竞争国际金融主导权获得的利益远大于因此产生的竞争成本，那么博弈双方大概率会选择冲突型的鹰策略；而当冲突成本越大，获得的相对收益越少时，博弈双方采用冲突型的鹰策略的比例就会大概率降低，这也符合博弈主体的理性假设和大国基于国际金融主导权展开货币博弈的现实情况。

7.2 大国货币非对称鹰鸽静态博弈及均衡

7.2.1 基于国际金融主导权的大国货币博弈的非对称性阐释

非对称博弈是基于国际金融主导权的大国博弈的一个显著特征。参与国际金融主导权博弈的大国通常在贸易、金融、投资等各方面处在一种紧密的非对称相互依赖关系中，并形成非对称权力，这种非对称性主要表现在以下三个方面。从权力分布结构来看，国际金融主导权的分布从来就是非对称的。自国际金融体系形成以来，国际金融主导权历来由霸权国家所垄断。在国际金本位制下，由英国所掌握；在布雷顿森林体系下，由美国所掌握；在牙买加体系下，美国金融霸权不仅没有衰退反而有所加强。从博弈双方的实力来看，构成国际金融主导权博弈参与者的通常都是世界主要大国，尤其是守成大国与崛起大国之间，它们的实力也是非对称的。无论是20世纪的英美博弈、美日博弈、美欧博弈，还是现在的中美博弈，博弈双方的实力差距都是比较大的。从博弈双方的支付来看，基于国际金融主导权博弈大国实力的非对称现实，博弈双方的支付也是非对称的。传统对大国金融博弈的研究，主要建立在大国对称博弈的假设上，这实际上降低了对现实情况的解释力。

7.2.2 基于国际金融主导权的大国货币非对称鹰鸽博弈模型构建

本部分构建基于国际金融主导权的大国货币非对称鹰鸽博弈模型，据此分析实力不对等的大国之间基于国际金融主导权博弈的冲突与合作问题。这个模型比传统的鹰鸽博弈模型更符合基于国际金融主导权博弈的大国实力非对称性的现实。因为世界上同时存在实力对等的两个大国的情况是少见的，即使有也是短暂的，大多数情况都处于不对称状况。

假设该模型满足以下条件。

（1）博弈主体为：博弈大国1和博弈大国2，博弈双方既可以是单一大国，也可以是多个大国。

（2）博弈主体的策略空间为：博弈大国 1 和博弈大国 2 都有两种策略可供选择，即鹰策略（冲突策略，H）或鸽策略（合作策略，D）。

（3）博弈主体的非对称程度：用非对称因子表示，记为 $u = \dfrac{k}{1-k}$，k 代表博弈一方的实力，1 - k 代表另一方的实力，且满足 0 < k < 1。当 k = 0.5 时，即博弈双方实力对等，该模型变为传统的对称鹰鸽博弈。

（4）博弈主体策略选择的支付情况：博弈主体选择鸽策略的收益为 v，选择鹰策略的冲突成本为 c。通常情况下持续冲突的损失大于合作获得的收益，否则博弈主体选择持续冲突获得超额收益，则无合作可言，所以 v < c。博弈主体都采取鹰策略时，实力为 k 的博弈大国能获得的收益为 $\dfrac{v-c}{4k}$，实力为 1 - k 的博弈大国能获得的收益为 $\dfrac{v-c}{4(1-k)}$，其中之所以除以 4，是为了当 k = 0.5 时，能回归到传统的对称鹰鸽博弈模型。博弈主体都选择鸽策略时，实力为 k 的博弈大国能获得的收益为 kv，实力为 1 - k 的博弈大国能获得的收益为 (1 - k)v。当博弈双方采用不同策略时，采用鹰策略的博弈大国获得的收益为 v，采用鸽策略的博弈大国获得的收益为 0。

（5）博弈主体策略选择的概率情况：博弈大国 1 选择鸽策略的概率为 x，选择鹰策略的概率为 1 - x；博弈大国 2 选择鸽策略的概率为 y，选择鹰策略的概率为 1 - y。

根据以上假设可得非对称的博弈大国 1 和博弈大国 2 基于国际金融主导权博弈的不同鹰鸽博弈策略选择的支付矩阵（见表 7 - 2）。

表 7 - 2　　　　基于国际金融主导权的大国非对称鹰鸽博弈支付矩阵

博弈方与博弈策略		博弈大国 2	
		鹰策略（1 - y）	鸽策略（y）
博弈大国 1	鹰策略（1 - x）	$\dfrac{v-c}{4k}$，$\dfrac{v-c}{4(1-k)}$	v，0
	鸽策略（x）	0，v	kv，(1 - k)v

7.2.3　基于国际金融主导权的大国货币非对称鹰鸽博弈模型求解

根据纳什均衡的定义，博弈双方没有纯严格占优策略纳什均衡。要研究该博弈的均衡结果，只能研究其混合策略。

博弈大国 1 鹰策略、鸽策略的期望收益 u_{1e}、u_{1d} 和平均收益 $\bar{u}_1$ 分别为：

$$u_{1e} = (1-y)\frac{v-c}{4k} + yv \qquad (7-4)$$

$$u_{1d} = (1-y)0 + ykv \qquad (7-5)$$

$$\begin{aligned}
\bar{u}_1 &= (1-x)u_{1e} + xu_{1d} \\
&= (1-x)\left[(1-y)\frac{v-c}{4k} + yv\right] + x\left[(1-y)0 + ykv\right] \\
&= (1-x)(1-y)\frac{v-c}{4k} + (1-x)yv + xykv \qquad (7-6)
\end{aligned}$$

博弈大国 2 鹰策略、鸽策略的期望收益 u_{2e}、u_{2d} 和平均收益 $\bar{u}_2$ 分别为：

$$u_{2e} = (1-x)\frac{v-c}{4(1-k)} + xv \qquad (7-7)$$

$$u_{2d} = (1-x)0 + x(1-k)v \qquad (7-8)$$

$$\begin{aligned}
\bar{u}_2 &= (1-y)u_{2e} + yu_{2d} \\
&= (1-y)(1-x)\frac{v-c}{4(1-k)} + (1-y)xv + xy(1-k)v \qquad (7-9)
\end{aligned}$$

在给定博弈大国 2 的混合策略（y，1-y）条件下，博弈大国 1 的目标是寻求使得期望收益 $\bar{u}_1(x, y)$ 最大的 x 值，因此：

$$\frac{\partial \bar{u}_1(x,y)}{\partial x} = (1-y)\frac{c-v}{4k} - vy + kvy = 0 \qquad (7-10)$$

可得：

$$y_0 = \frac{c-v}{c-v+4kv-4k^2v}, \quad y_0 \in [0,1]$$

同理，对于博弈大国 2 的期望收益 $\bar{u}_2(x, y)$ 有：

$$\frac{\partial \bar{u}_2(x,y)}{\partial y} = (1-x)\frac{c-v}{4(1-k)} - vx + (1-k)vx = 0 \qquad (7-11)$$

可得：

$$x_0 = \frac{c - v}{c - v + 4(1 - k)v - 4(1 - k)^2 v}, x_0 \in [0, 1]$$

由此可知，$(x_0, y_0) = \left(\frac{c - v}{c - v + 4(1 - k)v - 4(1 - k)^2 v}, \frac{c - v}{c - v + 4kv - 4k^2 v} \right)$ 就是该博弈问题的一个混合纳什均衡解，其中x_0、y_0分别为博弈双方选择鸽策略（即合作策略）的概率。

7.2.4 对混合纳什均衡解的讨论

为了进一步分析混合纳什均衡解 $\left(\frac{c - v}{c - v + 4(1 - k)v - 4(1 - k)^2 v}, \frac{c - v}{c - v + 4kv - 4k^2 v} \right)$ 中各变量的性质，令$r = \frac{v}{c}$表示大国博弈双方冲突的单位成本收益，$u = \frac{k}{1 - k}$表示大国博弈双方的非对称因子。则有，

$$x_0 = y_0 = \frac{(1 - r) \cdot (1 + u)^2}{(1 + u)^2 - r(u - 1)^2} \qquad (7 - 12)$$

由假设$v < c$可知，$0 < r < 1$，由于$0 < k < 1$，所以$u > 0$；由式（7-12）可知，合作概率x_0的大小取决于参数r和u的大小，以下将分别讨论它们对x_0的影响。

（1）冲突的单位成本收益r对合作概率x_0的影响。

假定非对称因子u不变，则有：

$$\frac{\partial x_0(r, u)}{\partial r} = \frac{-4u(u + 1)^2}{[(1 + u)^2 - r(u - 1)^2]^2} < 0 \qquad (7 - 13)$$

可知，x_0是关于r的减函数。也就是说，这个博弈的混合纳什均衡解的合作概率x_0与冲突的单位成本收益r负相关，r值越大x_0值越小。在基于国际金融主导权的大国非对称博弈中，如果冲突的单位成本收益越大，就越会鼓励博弈大国选择冲突策略而获得更多收益，这时博弈双方合作的概率就越小（见图7-2）。这非常符合大国博弈的现实情况。

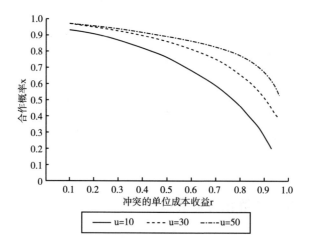

图 7-2　合作概率 x 随冲突的单位成本收益 r 的变化情况

（2）非对称因子 u 对合作概率 x_0 的影响。

假定冲突的单位成本收益 r 不变，则有：

$$\frac{\partial x_0(r,u)}{\partial r} = \frac{4r(1-r)(u^2-1)}{[(1+u)^2 - r(u-1)^2]^2} \tag{7-14}$$

可知，x_0 是关于 u 的凸函数。当 u = 1 时，$\dfrac{\partial x_0(r,u)}{\partial r} = \dfrac{4r(1-r)(u^2-1)}{[(1+u)^2 - r(u-1)^2]^2} = 0$；$x_0$ 值最小，u = 1 是 x_0 的驻点。当 0 < u < 1 时，$\dfrac{\partial x_0(r,u)}{\partial r} = \dfrac{4r(1-r)(u^2-1)}{[(1+u)^2 - r(u-1)^2]^2} < 0$，$x_0$ 是关于 u 的减函数；当 u > 1 时，$\dfrac{\partial x_0(r,u)}{\partial r} = \dfrac{4r(1-r)(u^2-1)}{[(1+u)^2 - r(u-1)^2]^2} > 0$，$x_0$ 是关于 u 的增函数。

这表明当 u = 1（即 k = 0.5），博弈大国双方实力对等时，博弈双方合作的概率 x_0 值最小，双方发生冲突的概率最大。因为实力对等，谁也不能压制谁，都想争夺国际金融主导权，所以互不相容，容易爆发冲突，合作不易。相反，当 u 值偏离 1 越远，博弈大国双方实力差距越大时，博弈双方合作的概率 x_0 值越大，而发生冲突的概率越小（见图 7-3）。因为双方的实力悬殊，实力弱的一方没有能力去挑战实力强的一方的国际金融主导权地位，往往追随和认可其国际金融主导权；对于实力强的一方而言，实力弱的一方对其不构成实质性威胁，也更愿意实力弱的一方"搭便车"，这正是其掌握国际金融主导权的一种表现。

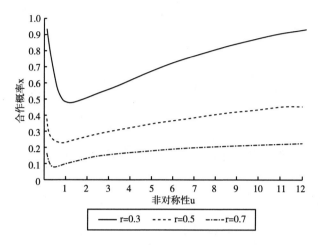

图 7 - 3　合作概率 x 随非对称性 u 的变化情况

7.3　大国货币非对称鹰鸽博弈的演化博弈及均衡

7.3.1　博弈大国双方的复制动态方程

根据式（7 - 4）~式（7 - 6）可得，博弈大国 1 鹰、鸽两类博弈策略比例的复制动态方程为：

$$\frac{dx}{dt} = x\left[u_{1e} - \bar{u}_1 \right]$$

$$= x\left[(1-y)\frac{v-c}{4k} + yv - (1-x)(1-y)\frac{v-c}{4k} - (1-x)yv - xykv \right]$$

$$= x(1-x)\left[kyv - (1-y)\frac{v-c}{4k} - yv \right] \qquad (7-15)$$

根据式（7 - 7）、式（7 - 8）、式（7 - 9）可得，博弈大国 2 鹰、鸽两类博弈策略比例的复制动态方程为：

$$\frac{dy}{dt} = y \left[u_{2e} - \bar{u}_2 \right]$$

$$= y \left[(1-x) \frac{v-c}{4(1-k)} + xv - (1-y)(1-x) \frac{v-c}{4(1-k)} \right.$$

$$\left. - (1-y)xv - xy(1-k)v \right]$$

$$= y(1-y) \left[(1-k)vx - (1-x) \frac{v-c}{4(1-k)} - vx \right] \qquad (7-16)$$

7.3.2 博弈大国 1 的 x 动态变化和稳定状态

通过分析博弈大国 1 的复制动态方程式 (7 - 15) 可知，当 $y = \frac{c-v}{c-v+4kv-4k^2v}$ 时，dx/dt 始终为 0，即所有 x 都是稳定状态；当 $y > \frac{c-v}{c-v+4kv-4k^2v}$ 时，$x^* = 0$ 和 $x^* = 1$ 是 x 的两个稳定状态，当 x 偏离这两个稳定状态时，会收敛于 $x^* = 1$；可见，$x^* = 1$ 是博弈大国 1 的一个进化稳定策略；当 $y < \frac{c-v}{c-v+4kv-4k^2v}$ 时，$x^* = 0$ 和 $x^* = 1$ 仍然是 x 的两个稳定状态，其中 $x^* = 0$ 是博弈大国 1 的一个进化稳定策略。即存在 $y \in (\pi_1, 1)$，使得 x = 1 为博弈大国 1 的进化稳定策略；存在 $y \in (0, \pi_1)$，使得 x = 0 为博弈大国 1 的进化稳定策略，$\pi_1 = \frac{c-v}{c-v+4kv-4k^2v}$。这意味着在其他参数不变的情况下，降低博弈大国 1 采用鹰策略的成本 c，提高其采用鸽策略的收益 v，可使 π_1 值减少；此时，博弈大国 2 采用鸽策略的比例超过 $\frac{c-v}{c-v+4kv-4k^2v}$ 的概率增大，则博弈大国 1 采用鸽策略的比例增大。

根据上述三种情况的 x 动态变化，可绘制博弈大国 1 的演化稳定相位图（见图 7 - 4）。在博弈大国 1 决策无差异情形下，当博弈大国 2 采用鸽策略的比例等于临界值 $\frac{c-v}{c-v+4kv-4k^2v}$ 时，博弈大国 1 采用鹰策略或鸽策略两种行为策略并无差异。在博弈大国 1 采用鸽策略情形下，当博弈大国 2 采用鸽策略的比例大于 $\frac{c-v}{c-v+4kv-4k^2v}$ 时，博弈大国 1 采用鸽策略的收益高于其平均收益。因此，博弈大国 1 逐渐向鸽策略方向演化。在博弈大国 1 采用鹰策略的情形下，当博弈大国 2 采用鸽策略的比例小于 $\dfrac{c-v}{c-v+4kv-4k^2v}$ 时，博弈大国 1 采用鸽策略的收益低于其平均收益。因此，博弈大国 1 不再选择鸽策略，会逐渐向鹰策略方向演化。

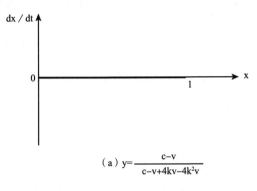

$$（a）y=\frac{c-v}{c-v+4kv-4k^2v}$$

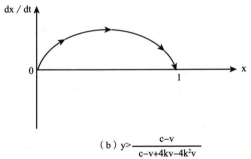

$$（b）y>\frac{c-v}{c-v+4kv-4k^2v}$$

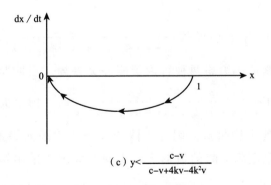

$$（c）y<\frac{c-v}{c-v+4kv-4k^2v}$$

图 7-4 博弈大国 1 的复制动态相位图

7.3.3　博弈大国 2 的 y 动态变化和稳定状态

同样地，通过分析博弈大国 2 的复制动态方程式（7 - 13）可知，当 $x = \dfrac{c-v}{c-v+4(1-k)v-4(1-k)^2v}$ 时，dx/dt 始终为 0，即所有 y 都是稳定状态；当 $x > \dfrac{c-v}{c-v+4(1-k)v-4(1-k)^2v}$ 时，$y^* = 0$ 和 $y^* = 1$ 是 y 的两个稳定状态，当 y 偏离这两个稳定状态时，会收敛于 $y^* = 1$，可见，$y^* = 1$ 是博弈大国 2 的一个进化稳定策略；当 $x < \dfrac{c-v}{c-v+4(1-k)v-4(1-k)^2v}$ 时，$y^* = 0$ 和 $y^* = 1$ 仍然是 y 的两个稳定状态，其中 $y^* = 0$ 是博弈大国 2 的一个进化稳定策略。即存在 $x \in (\pi_2, 1)$，使得 $y = 1$ 为博弈大国 2 的进化稳定策略；存在 $x \in (0, \pi_2)$，使得 $y = 0$ 为博弈大国 2 的进化稳定策略，$\pi_2 = \dfrac{c-v}{c-v+4(1-k)v-4(1-k)^2v}$。这意味着在其他参数不变的情况下，降低博弈大国 2 采用鹰策略的成本 c，提高其采用鸽策略的收益 v，可使 π_2 值减少；此时，博弈大国 1 采用鸽策略的比例超过 $\dfrac{c-v}{c-v+4(1-k)v-4(1-k)^2v}$ 的概率增大，则博弈大国 2 采用鸽策略的比例增大。

根据上述三种情况的 y 动态变化，可绘制博弈大国 2 的演化稳定相位图（见图 7 - 5）。在博弈大国 2 决策无差异情形下，当博弈大国 1 采用鸽策略的比例等于临界值 $\dfrac{c-v}{c-v+4(1-k)v-4(1-k)^2v}$ 时，博弈大国 2 采用鹰策略或鸽策略两种行为策略并无差异。当博弈大国 1 采用鸽策略的比例大于 $\dfrac{c-v}{c-v+4(1-k)v-4(1-k)^2v}$ 时，博弈大国 2 采用鸽策略的收益高于其平均收益。因此，博弈大国 2 逐渐向鸽策略方向演化。在博弈大国 2 采用鹰策略的情形下，当博弈大国 1 采用鸽策略的比例小于 $\dfrac{c-v}{c-v+4(1-k)v-4(1-k)^2v}$ 时，博弈大国 2 采用鸽策略的收益低于其平均收益。因此，博弈大国 2 不再选择鸽策略，会逐渐向鹰策略方向演化。

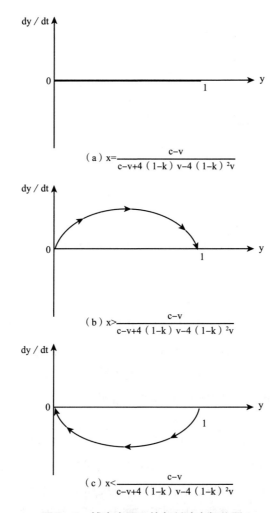

图7-5　博弈大国2的复制动态相位图

7.3.4　非对称鹰鸽博弈的进化稳定状态

将上述博弈双方两类博弈策略比例变化的复制动态关系用一个坐标平面图表示（见图7-6）。根据图7-6中箭头的方向可知，在基于国际金融主导权的大国非对称鹰鸽博弈中，（0，0）和（1，1）不是稳定点，（0，1）和（1，0）是演化稳定点，$\left(\dfrac{c-v}{c-v+4(1-k)v-4(1-k)^2v}, \dfrac{c-v}{c-v+4kv-4k^2v}\right)$是鞍点。

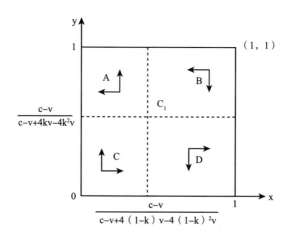

图7－6　博弈双方的博弈演化相位图

当 $x < \dfrac{c-v}{c-v+4(1-k)v-4(1-k)^2v}$、$y > \dfrac{c-v}{c-v+4kv-4k^2v}$ 时，初始点位于 A 区域，$x^* = 0$ 是博弈大国 1 的演化稳定策略，$y^* = 1$ 是博弈大国 2 的演化稳定策略。如图 7－6 中 A 中箭头所示，博弈系统向着组合策略（0，1）演化，说明博弈大国 1 选择鹰策略的比例不断变大，那么博弈大国 2 选择鹰策略的比例不断减小，进而演化到选择鸽策略。

当 $x > \dfrac{c-v}{c-v+4(1-k)v-4(1-k)^2v}$、$y < \dfrac{c-v}{c-v+4kv-4k^2v}$ 时，初始点位于 D 区域，$x^* = 1$ 是博弈大国 1 的演化稳定策略，$y^* = 0$ 是博弈大国 2 的演化稳定策略。如 D 中箭头所示，博弈系统向着组合策略（1，0）演化，说明博弈大国 1 选择鸽策略的比例不断变大，那么博弈大国 2 选择鸽策略的比例不断减小，进而演化到选择鹰策略。

当 $x > \dfrac{c-v}{c-v+4(1-k)v-4(1-k)^2v}$、$y > \dfrac{c-v}{c-v+4kv-4k^2v}$ 时，初始点位于 B 区域，此时博弈大国双方均采取鸽策略，由于采取鹰策略能获得更大的收益，因此在博弈演化过程中，博弈大国双方将逐渐改变原来的博弈策略，博弈系统将向（0，1）或（1，0）演化。

当 $x < \dfrac{c-v}{c-v+4(1-k)v-4(1-k)^2v}$、$y < \dfrac{c-v}{c-v+4kv-4k^2v}$ 时，初始点位于 C 区域，此时博弈大国双方均采取鹰策略，由于博弈大国双方获得的收

益是最小的，因此在博弈演化过程中，博弈大国双方将逐渐改变原来的博弈策略，博弈系统将向（0，1）或（1，0）演化。

演化博弈分析结果显示，在基于国际金融主导权的大国非对称博弈过程中，博弈双方不断试错和进行策略调整，当一国选取鸽策略的概率达到一定程度后，另一国会逐步稳定地选择鹰策略，（鸽，鹰）成为它们的进化稳定策略（ESS）。这也表明，有限理性的演化博弈结果与理性静态博弈的混合策略纳什均衡是一致的。也就是说，在基于国际金融主导权的大国货币非对称博弈中，即使参与大国是有限理性的，经过多次博弈之后，最终也会回归理性博弈的纳什均衡策略。

7.4 大国货币非对称合作博弈的 演化路径及均衡

7.4.1 基于国际金融主导权的大国货币合作的额外收益

参与国际金融主导权博弈的大国有着广泛的合作空间。随着超级全球化的深入发展，当今世界经济越来越相互依赖。在深度相互依赖的世界经济中，大国间也有着越来越广泛的共同利益。自20世纪80年代以来频繁爆发的金融危机，也越来越说明大国金融合作的必要性和紧迫性。实际上能够参与国际金融主导权博弈的大国间的利益合作空间要远大于利益分歧，但是在现有以美国金融霸权为特征的国际金融秩序中，美国零和博弈和自私自利的霸权思维与霸权行径成为大国金融合作的障碍。即使是作为超级大国的美国依然无法独自应对全球性金融治理问题，需要和世界各国尤其是有能力与其进行国际金融主导权博弈的大国合作，加强宏观经济金融政策协调与合作，才能有效解决国际金融治理混乱和应对全球性金融危机等问题。

参与国际金融主导权博弈的大国间的金融合作可使双方都能获得额外的合作收益。在国际货币方面，如果世界各国尤其是大国间竞相采取以邻为壑的竞争性货币政策，结果就会使世界经济陷入严重的通货膨胀和经济停滞乃至萧条，尤其是在金融危机时期更要加强金融合作。如20世纪30年代，正是因为世界各国缺乏合作，导致世界经济陷入长达10年之久的经济萧条。

货币政策协调与合作的额外收益，远高于对抗博弈获得的收益。20 世纪 80 年代，美国与日本、欧洲国家合作抑制美元价值高估，最终促进了西方经济的稳定发展。在国际金融市场方面，也需要加强金融合作，共同规范治理国际资本的流通。具有资本投机性的国际流动容易引发地区乃至全球性的金融危机爆发，加强对资本的国际流通的监管，有助于防范金融危机的发生，保持国际金融市场的稳定。金融危机具有巨大的传染性，并且传播速度极快，波及范围极广，损失程度极高。除此之外，在国际金融机构和国际金融规则制定方面都有着广泛的合作空间，并获得额外的合作利益。

7.4.2 基于国际金融主导权的大国货币非对称合作博弈模型构建

由前述可知，参与国际金融主导权博弈的大国的金融合作可以为博弈双方带来额外的收益。为简化分析，假设参与国际金融主导权的博弈大国 1 在国际金融合作中获得的额外收益为 e_1，博弈大国 2 获得的额外收益为 e_2。在非对称鹰鸽博弈模型的基础上，考虑额外收益的博弈双方支付矩阵如表 7-3 所示。

表 7-3　　　　考虑合作额外收益的大国非对称鹰鸽博弈支付矩阵

博弈方与博弈策略		博弈大国 2	
		鹰策略（1-y）	鸽策略（y）
博弈大国 1	鹰策略（1-x）	$\dfrac{v-c}{4k}$, $\dfrac{v-c}{4(1-k)}$	v, 0
	鸽策略（x）	0, v	$kv+e_1$, $(1-k)v+e_2$

与前面的大国非对称鹰鸽博弈模型一样，假设 $v < c$，接下来讨论考虑合作额外收益的博弈模型的纳什均衡，并对额外收益的大小进行讨论。

同理可知该博弈系统有 5 个均衡点：（0，0）、（0，1）、（1，0）、（1，1）和 $\left(\dfrac{c-v}{c-v+4(1-k)v-4(1-k)^2 e_1}, \dfrac{c-v}{c-v+4kv-4k^2 e_2}\right)$。通过分析可知该系统的雅克比矩阵为：

$$J' = \begin{bmatrix} (1-2x)\left[(kv+e_1)y - \dfrac{(1-y)(v-c)}{4k} - vy\right] & x(1-x)\left[kv+e_1 + \dfrac{v-c}{4k} - v\right] \\ y(1-y)\left[(1-k)v+e_2 + \dfrac{v-c}{4(1-k)} - v\right] & (1-2y)\left[(1-k)vx + e_2 x - \dfrac{(1-x)(v-c)}{1-k} - vx\right] \end{bmatrix}$$

7.4.3 基于国际金融主导权的大国货币非对称合作博弈演化路径

对于上面的矩阵，根据对各系数的不同取值，在 $v < c$ 的假设基础上，通过计算行列式的值 $Det(J)$ 和迹 $Tr(J)$，讨论均衡点的稳定情况。

情景 1：当 $e_1 + kv < v$，$e_2 + (1 - k)v > v$ 时，博弈系统存在四个均衡点，通过分析可知，$(0, 0)$ 是不稳定点，$(1, 0)$ 和 $(1, 1)$ 是鞍点，$(0, 1)$ 是进化稳定点。

情景 2：当 $e_1 + kv > v$，$e_2 + (1 - k)v < v$ 时，博弈系统存在四个均衡点，通过分析可知，$(0, 0)$ 是不稳定点，$(0, 1)$ 和 $(1, 1)$ 是鞍点，$(1, 0)$ 是进化稳定点。

情景 3：当 $e_1 + kv < v$，$e_2 + (1 - k)v < v$ 时，博弈系统存在五个均衡点，通过分析可知，$(0, 0)$ 和 $(1, 1)$ 是不稳定点，$\left(\dfrac{c - v}{c - v + 4(1 - k)v - 4(1 - k)^2 e_1} \right.$，$\left. \dfrac{c - v}{c - v + 4kv - 4k^2 e_2} \right)$ 是鞍点，$(0, 1)$ 和 $(1, 0)$ 是进化稳定点。博弈大国双方冲突和合作的演化博弈相位图如图 7 - 7 所示。

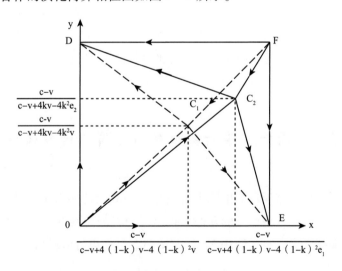

图 7 - 7 情景 3 下的博弈演化相位图

由图 7 - 7 可知，当存在合作额外收益时，鞍点由 C_1 上移至 C_2，这意味着合作额外收益的增加，将有利于促进大国金融博弈系统处于稳定与合作状态。大国金融合作的额外收益将成为大国之间开展合作的重要动力。当合作额外收益大到一定程度时，大国金融博弈系统将稳定于稳定状态。

情景4：当$e_1 + kv > v$、$e_2 + (1-k)v > v$时，博弈系统存在四个均衡点，通过分析可知，（0，0）是不稳定点，（0，1）和（1，0）是鞍点，（1，1）是进化稳定点。博弈大国双方冲突和合作的演化博弈相位图如图7-8所示。

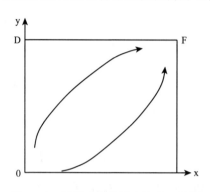

图7-8　情景4下的博弈演化相位图

在情景4下，与前三种情况相比，合作额外收益显著增加，当参与国际金融主导权博弈的大国双方额外收益之和大于系统收益时，在经过较长时期的博弈演化之后，鹰策略逐渐被双方淘汰，鸽策略成为双方的演化稳定策略，即整个博弈系统最终将演化为合作状态。由此可见，额外收益的增加，将有助于改变基于国际金融主导权博弈的大国之间"鹰鸽博弈"这一结构特征，能有效促进博弈大国之间合作的顺利开展。

7.5　大国货币非对称鹰鸽演化博弈的数值仿真

为了更直观地体现参与国际金融主导权博弈的博弈大国1和博弈大国2在各种情景下博弈策略选择的动态演化路径与最终达到的均衡状态，以及关键因素的影响情况，本节运用MATLAB2020b软件进行数值仿真。

7.5.1　稳定策略演化路径的数值仿真

根据上述对博弈大国双方的分析以及基于国际金融主导权的大国博弈的

现实情况，假设各参数初始值如下：$k = 0.6$，$v = 50$，$c = 100$，可得 $C_1 =$ $(x_0, y_0) = (0.5, 0.5)$。由此假定博弈大国1和博弈大国2采用鸽策略的初始比例都为0.5，在博弈大国1和博弈大国2策略选择的复制动态方程即式（7-15）和式（7-16）的基础上，进行 differential 主程序编写，最终得出博弈大国双方博弈策略选择的初始动态演化图（见图7-9）。其中，x-t 表示博弈大国1采用鸽策略的比例随时间的水平变化；y-t 表示博弈大国2采用鸽策略的比例随时间的水平变化。由图7-8可知，初始状态下，随着时间的推演，博弈大国1采取鸽策略的 x 比例逐渐降低，朝着0的方向演化并最终等于0；博弈大国2采取鸽策略的 y 比例逐渐增加，朝着1的方向演化并最终等于1。这验证了（鸽，鹰）是它们的进化稳定策略这一分析结论。

为了验证博弈大国1和博弈大国2策略选择的初始点分别位于图7-6中A、B、C、D不同区域时的演化路径及最后达到的稳定状况，假定博弈双方在A、B、C、D不同区域的初始比例分别为（0.3，0.6）、（0.6，0.6）、（0.3，0.3）和（0.6，0.3），博弈大国双方的策略演化过程如图7-9所示。

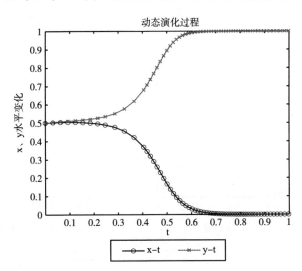

图7-9　博弈大国双方初始状态下的动态演化图

在图7-10（a）所示的初始点位于 A 区域的情景下，随着时间的推移，博弈大国1采取鸽策略的 x 比例快速降低，朝着0的方向演化并最终等于0；博弈大国2采取鸽策略的 y 比例快速增加，朝着1的方向演化并最终等于1。

在图 7 - 10（d）所示的初始点位于 D 区域的情景下，博弈双方选择鸽策略的演化情况刚好与图 7 - 10（a）所示情况相反。这验证了图 7 - 5 所示的分析结论，当博弈双方采取鸽策略的初始值一方大于鞍点值和另一方小于鞍点值时（即在 A、D 区域），初始值大于鞍点值的一方迅速向 1 的方向演化，初始值小于鞍点值的一方迅速向 0 的方向演化，即（鸽，鹰）是它们的进化稳定策略。

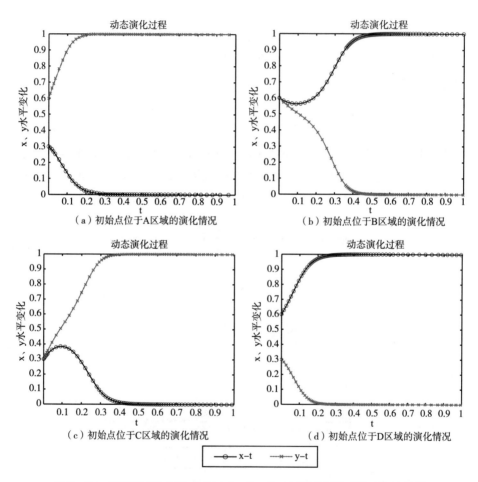

图 7 - 10　博弈双方在初始点位于 A、B、C、D 不同区域时的动态演化图

在图 7 - 10（b）所示的初始点位于 B 区域的情景下，随着时间的推移，博弈大国 1 采取鸽策略的 x 比例先逐渐减少，但很快掉头朝着 1 的方向演化并最终等于 1；博弈大国 2 采取鸽策略的 y 比例逐渐减少，朝着 0 的方向演

化并最终等于 0。在图 7 - 10 （c） 所示的初始点位于 C 区域的情景下，博弈双方选择鸽策略的演化情况刚好与图 7 - 9 （b） 所示情况相反。结合图 7 - 5 可知，当博弈双方采取鸽策略的初始值双方都大于鞍点值和双方都小于鞍点值时（即在 B、C 区域），刚开始时虽然都朝着 （0，0） 或 （1，1） 的方向演化，但很快就发生转变，朝着 （0，1） 或 （1，0） 的方向演化。这也验证了图 7 -6 所分析的 （鸽，鸽） 和 （鹰，鹰） 不是它们的进化稳定策略。

7.5.2　关键参数数值变化的仿真分析

在图 7 -9 所示的初始状态下，通过对比其他参数不变关键参数不同取值的演化情况，可以进一步分析关键因素对博弈双方策略选择演化过程的影响规律。

（1）提高冲突成本的影响。

在其他参数不变的情况下，将冲突成本 c = 100 提高到 c =150，博弈大国双方策略选择的演化过程见图 7 - 11。随着冲突成本的提高，博弈双方在一开始快速朝着 1 的方向演化，然后博弈大国 1 又快速掉头朝着 0 的方向演化并最终等于 0；而博弈大国 2 继续朝着 1 的方向演化并最终等于 1。这表明，随着冲突成本的提高，加快了博弈双方朝着 （鸽，鹰） 稳定策略演化的速度；博弈双方一开始都会增加采用鸽策略的比例，但很快实力强的一方转向朝着采用鹰策略演化。

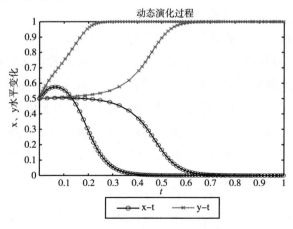

图 7 -11　冲突成本 c 由 100 提高到 150 时博弈双方的动态演化图

（2）增加合作收益的影响。

在其他参数不变的情况下，将合作收益 v = 50 提高到 v = 80，博弈大国双方策略选择的演化过程见图 7 – 12。随着合作收益的提高，博弈双方在一开始快速朝着 0 的方向演化，然后博弈大国 1 又快速掉头朝着 1 的方向演化并最终等于 1；而博弈大国 2 继续朝着 0 的方向演化并最终等于 0。这表明，随着合作收益的提高，加快了博弈双方朝着（鸽，鹰）稳定策略演化的速度；博弈双方一开始都会增加采用鹰策略的比例，但很快实力强的一方转向朝着采用鸽策略演化。

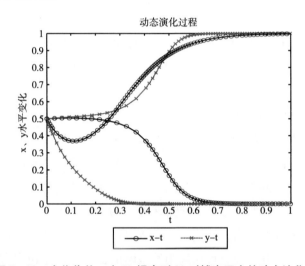

图 7 – 12 合作收益 v 由 50 提高到 80 时博弈双方的动态演化图

（3）提升非对称因子的影响。

在其他参数不变的情况下，将非对称因子 k = 0.6 提高到 k = 0.8，博弈大国双方策略选择的演化过程见图 7 – 13。随着非对称因子的提高，博弈双方在一开始快速朝着 1 的方向演化，然后博弈大国 1 又快速掉头朝着 0 的方向演化并最终等于 0；而博弈大国 2 继续朝着 1 的方向演化并最终等于 1。这表明，随着非对称因子的提高，加快了博弈双方朝着（鸽，鹰）稳定策略演化的速度；博弈双方一开始都会增加采用鸽策略的比例，但很快实力强的一方转向朝着采用鹰策略演化。

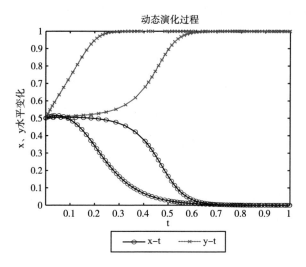

图7-13 非对称因子 v 由 0.6 提高到 0.8 时博弈双方的动态演化图

从上述对三个关键因素数值变化对博弈双方策略选择演化的分析可知，冲突成本的提高和非对称因子的提升，只是加快了博弈双方相对初始状态朝着（鸽，鹰）稳定策略演化的速度，不改变其初始状态下的策略选择方向。然而，合作收益的增加改变了博弈双方的策略选择方向，博弈大国 1 由初始状态下的鹰策略转向了鸽策略，博弈大国 2 由初始状态下的鸽策略转向了鹰策略（见图 7-12），但（鸽，鹰）仍是它们的进化稳定策略。这也充分表明合作收益的提高对于实力更强的一方改变博弈鹰策略选择鸽策略起着更为关键的作用。

7.6　本章小结

本章在梳理大国金融非对称演化博弈的相关文献基础上，引入非对称因子、大国合作收益、大国冲突成本等参数，构建基于国际金融主导权的大国非对称鹰鸽博弈模型，运用演化博弈理论，建立博弈双方的复制动态方程，推演博弈双方策略选择的演化均衡状态，并进一步利用 MATLAB2020b 软件进行数值仿真，以揭示基于国际金融主导权的大国非对称博弈演化的规律与机理。通过研究，可以得出如下结论。

（1）在基于国际金融主导权的大国非对称博弈过程中，博弈双方不断试错和进行策略调整，当一国选取鸽策略的比例达到一定程度后，另一国会逐步稳定地选择鹰策略，（鸽，鹰）成为它们的进化稳定策略。这表明，在基于国际金融主导权的大国非对称博弈中合作和对抗都很难持续，往往是合作与对抗交替出现。当合作一定时期后，总有一方有动机去选择冲突对抗谋求超额收益；而当对抗一定时期两败俱伤后，双方又有动机去选择缓和冲突扩大合作收益。

（2）在基于国际金融主导权的大国非对称演化博弈的三个关键影响因素中，冲突成本和非对称因子只会加速博弈双方朝着（鸽，鹰）进化稳定策略演化的进程，但不会改变博弈双方策略初始选择的演化方向。而合作收益的增加，不仅加速了博弈双方向进化稳定策略演化的速度，而且改变了博弈双方策略初始选择的演化方向。这里有一个非常重要的结论是，实力强的博弈大国改变原来选择对抗的策略方向，改为选择合作策略；相反，实力弱的一方由合作策略改为向对抗策略方向演化。这表明，只要合作收益显著增加，在基于国际金融主导权的大国博弈中，实力强的大国选择合作策略的动力更强。

第8章

破困新思：基于国际金融主导权的
大国货币博弈量子均衡

第 6 章和第 7 章对 Stackelberg 主从博弈和非对称鹰鸽演化博弈进行分析，得出了基于国际金融主导权的大国货币博弈各方的占优策略、均衡策略、演化路径及稳定状态。但是，这两章分析的结果显示，大国间国际货币金融主导权的博弈始终存在着博弈困局，即博弈双方容易陷入囚徒困境，无法破解个体理性和集团理性的悖论，博弈个体的占优策略不是集体帕累托最优。如何破这个局，由零和博弈走向正和博弈，实现共赢？这是本书亟须解决的现实问题。虽然，在前面章节的研究中也提出了通过增加合作收益来改变博弈双方博弈策略的选择，增加合作的概率，但是并没有改变（鹰，鸽）的均衡策略，实现（鸽，鸽）的合作共赢的策略组合。这个博弈困局在经典博弈的理论框架下是无法突破的，要解决这一问题只能另觅途径。正好由作为 20 世纪最伟大的科学成果之一的量子理论与经典博弈理论交叉融合形成的量子博弈理论为我们打开了一扇窗户。

8.1 量子博弈论的分析视角

8.1.1 量子博弈的产生及其背景

量子博弈是博弈论与量子理论相结合形成的交叉学科，是博弈论在量子领域的延伸，也是量子理论在博弈论中的应用。量子理论的产生与发展是量子博弈理论产生与发展的背景与前提，要理解量子博弈必须对量子理论有所了解。

量子理论是现代物理学的两大基石之一和第二次科技革命的核心理论，推动了原子论、核聚变、激光、计算机、互联网、智能手机等现代科技的快速发展，几乎涉及人们生活的方方面面，极大地提高了生产效率和人们的生活水平。直到现在量子理论仍然保持着强大的活力和对科技惊人的引领力，近年来量子通信、量子计算机、量子测量等前沿科技纷纷取得巨大成果，正引领人类走向量子时代，成为第四次技术革命的奠基者和经济发展的推进者。在科学史上，还没有一个理论像量子力学那样如此彻底地颠覆了我们对现实世界的认知与理解（成素梅，2022）。量子理论揭示了微观物质世界的基本结构与运行规律，为我们认识微观世界提供了基本理论和概念框架，同时为我们认识整个世界提供了新的表述方式和思考方法。

量子技术逐步展示出其颠覆性潜质和态势，引领新一轮科技革命和产业革命，成为国家科技竞争力和国防实力的重要基础支撑，世界主要大国加大量子科技项目的战略性支撑。欧盟在 2016 年发布了《量子宣言》，计划于 2018 年起投入 10 亿欧元用于量子技术项目。美国在 2018 年启动了为期十年的"国家量子计划"，计划投入超过 12 亿美元，美国的科技巨头也纷纷进行了量子计算、量子通信等领域的研发。法国在 2021 年启动量子技术国家战略。我国一直高度重视量子技术的发展，将其作为国家科技创新规划的重点支持项目。2016 年"墨子号"量子实验卫星成功发射，2017 年"墨子号"量子卫星首次星地量子密钥分发和地形量子隐形传态，2021 年成功实现跨越 4600 千米的星地量子密钥分发；2020 年中国成功构建量子计算机"九章"原型机，2021 年又构建了量子计算机"九章二号"原型机。我国的量子科学研究已经跻身世界前列。

我国量子科技的快速发展，也离不开国家和领导的高度重视，以及科学家们勇攀高峰、刻苦钻研的科研精神。在 2020 年 10 月 16 日中共中央政治局举办的第二十四次集体学习中，习近平总书记强调要充分认识推动量子科技发展的重要性和紧迫性，加强量子科技发展战略谋划和系统布局，充分调动各方面积极性、主动性、创造性，有力推动重大科技任务攻关，为抢占科技发展国际竞争制高点、构筑发展新优势提供有力支持。① 2021年3月发布的《中华人民共和国国民经济与社会发展第十四个五年规划和2035年远景目标纲要》明确提出将量子信息作为具有前瞻性、战略性的国家重大科技项目之一，加快布局量子计算、量子通信、神经芯片、DNA存储等前沿技术。②

量子理论的影响力不仅在自然科学领域发挥作用，在社会科学领域同样展现出其旺盛的生命力。③ 量子理论关于微观物质世界的认识论与方法论，同样对社会科学领域产生着革命性影响，它扩展了社会科学研究的方法和视野，架起了量子微观世界和社会宏观世界之间的桥梁，深化了人们对社会现象与社会问题的理解。④ 量子理论与社会科学的融合产生了"量子社会科学"交叉学科，形成了量子经济学、量子心理学、量子政治学、量子环境学和量子博弈论等一系列量子社会科学。量子理论不仅是一种物理理论与技术学科，它对客观存在及运动形式的思辨颠覆了人们对物质世界的传统认识，具有更为广泛的哲学内涵，为人们重新思考社会科学领域的复杂问题，提供了新的描述体系与研究思路。⑤ 量子博弈论正是在这种背景下产生的。

博弈论又称对策论，使用严谨的数学模型研究存在利害关系的两个及以上的主体如何在冲突对抗的现实条件下各自利用对方的策略变换自己的行动策略，从而达到对共享资源最大化占有的目的。博弈论广泛地应用在生物学、经济学、国际关系、计算机科学、政治学、军事战略等多个领域，成为研究人们在各种行为中如何分析和决定最好行为策略的工具。自1928年，冯·诺依曼论证了博弈论的基本原理，宣告博弈论诞生以来，博弈论进行了

---

① 习近平在中央政治局第二十四次集体学习时强调：深刻认识推进量子科技发展重大意义，加强量子科技发展战略谋划和系统布局 [N]. 人民日报，2020 - 10 - 18（01）.

② 中华人民共和国国民经济和社会发展第十四个五年规划和2035年远景目标纲要 [EB/OL]，中国政府网，2021年3月13日，中国政府网 http：//www. gov. cn/xinwen/2021 - 03/13/content_5592681. htm.

③ 艾琳. 法律科学与量子科学交叉研究的可能性探索 [J]. 社会科学家，2021（12）：119 - 124.

④ ALEXANDER WENDT. Quantum Mind and Social Science：Unifying Physical and Social Ontology [M]. Cambridge：Cam-bridge University Press，2015：1 - 5.

⑤ MALDONADO CARLOS E. Quantum Theory and the Social Science [J]. Momento-Revista De Fisca，2019（59E）：34 - 47. ALBERT MATHIAS. Quantum Mind and Social Science：Unifying Physical and Social Ontology [J]. International Affairs，2015，91（4）：872 - 874.

快速而辉煌的发展。从 1994 年 3 位博弈论的研究专家获得诺贝尔经济学奖开始，至 2014 年先后有 7 位博弈论学者获得该奖，也说明了博弈论领域取得了辉煌的研究成果。在博弈论的理论与应用取得辉煌成就的背后，依然存在着诸多困境，如囚徒困境问题、社会生活行为数据与经典的柯尔莫哥洛夫（Kolmogorovian）概率论预期之间的矛盾问题、非此即彼的策略选择问题、理论收益不等同于现实收益或比现实收益还低，还包括理性假设问题等。①尤其是完全理性的苛刻假设在现实中是很难满足的，博弈主体仅仅凭借自身的理性来对博弈策略进行判定，进而指导自身的博弈行为，博弈者彼此间缺乏信息的交流与沟通，这或许是经典博弈产生自身困境的重要原因。如果仅仅在经典博弈的思维里面找答案、"兜圈子"，这样的困境是难以解决的。②

8.1.2 量子博弈及其最新发展

届时，随着量子理论不断被验证与量子科技的快速发展，量子认识论与方法论得到了越来越多的关注与认可，这为破解经典博弈困境提供了新的思路。自梅耶（Meyer，1999）发表关于"PQ 翻硬币"游戏量子化操作的开创性论文以来，现代博弈进入了一个全新的领域。梅耶使其中一人采用量子策略另一人采用经典策略，结果使用量子策略的人可以获得更高收益，这是经典博弈中使用混合均衡策略无法实现的。J. 埃塞特等（J. Eisert et al.，1999）对经典博弈中著名的"囚徒困境"进行量子化操作，利用"两人两策略"的量子纠缠破解了经典模型中的两难困境，找到了一个不同于纳什均衡的量子均衡策略。鲍尔·菲利普（Ball Philip，1999）用量子策略使进行"石头—剪刀—布"游戏的两个玩家的选择纠缠起来，两个玩家的最佳策略不是合作或背叛，而是两种策略的某种奇怪串联（即量子叠加态），结果突破了经典博弈中你输我赢的零和博弈模式，实现双方共赢博弈。王向斌等（Xiang-Bin Wang et al.，2000）把 Meyer 的翻币游戏由一个量子硬币抛

---

① AERTS D., SOZZO S., TAPIA J., A Quantum Model for the Ellsberg and Machina Paradoxes [A]. J. Busemeyer. Lecture Notes in Computer Science, Quantum Interaction [C]. Berlin：Springer, 2012：48 –59.

② 鞠治安，潘平，周惠玲. 超越经典博弈思维形式之量子博弈的思维形式 [J]. 重庆理工大学学报（社会科学），2017（4）：14 –19.

掷状态拓展到了 N 个状态下的量子操作的策略选择和收益。S. C. 本杰明（S. C. Benjamin，2001）对动态量子博弈问题进行了研究，得出同样结果，采用量子策略的玩家优于经典玩家。尼尔·F. 约翰逊（Neil F. Johnson，2001）研究了相干量子效应问题，当游戏的量子比特源被噪声破坏时，游戏的最优选择从量子博弈退化为经典博弈。P. M. 海顿（P. M. Hayden，2001）研究了两个以上玩家的量子游戏，发现多个玩家之间共享量子纠缠可以使得不同类型的合作行为得以实现，量子纠缠相当于玩家之间的契约，阻止了玩家之间的相互背叛。这些研究展现出了量子博弈巨大的优势与威力，该领域不断涌现出新的研究成果。

随着量子理论与量子科技的蓬勃发展，量子博弈的相关研究依然热度不减，国内外经济学家、物理学家、数学家和计算工程等领域的学者们在经典博弈的量子化、量子博弈的应用、量子博弈的科学实验等方面做了非常深入的研究。

第一，对经典博弈的量子化研究。

卢长富和杨长富（Lo C. F. & Yeung C. F.，2022）用"最小"量化方法研究了经典 Stackelberg 寡头垄断的量化问题，发现可以用量子纠缠破坏 Stackelberg 博弈中的先动优势，这对每一个玩家到底是应该"先动还是不动"提出了挑战。池田和树和青木照人（Ikeda Kazuki & Aoki Shoto，2021）认为量子经济行为的研究将成为未来几十年经济学家关注的中心，量子博弈的一些新特性可以为量子时代的机制设计、拍卖和契约理论提供新的启示。村勇志和田裕贵（Mura Yushi & Wada Hiroki，2021）对著名的二十一点纸牌游戏进行了量子化，使用量子纠缠策略，与经典的博弈策略相比，使用量子策略的玩家期望增加；他们还设计了一个复制经典二十一点游戏的量子电路，有望将来可以实现。

董志远和吴爱国（Dong Zhiyuan & Wu AiGuo，2021）将囚徒困境的量子博弈理论推广到 N 个玩家的情形，推导了 N 个玩家囚徒困境的量子博弈理论的最终状态，论证了量子策略在博弈论中的优越性，发现了非唯一的纠缠参数，使得总收益最大化，而总收益是周期性振荡的。他们还证明了最优策略集依赖于初始状态的选择。戈什·英德拉尼尔（Ghosh Indranil，2021）在对量子博弈理论模型的工作流程及其计算机模拟综述的基础上，对分钱翻转博弈、囚徒困境、二人决斗三种博弈论模型进行量子化，并模拟仿真，分析经典博弈与量子博弈两种版本之间的行为差异。彼得亚雷·弗龙茨凯维奇（Piotr Frąckiewicz，2021）在 J. 埃塞特等（J. Eisert et al.，1999）介绍的量子 2×2 游戏模型的基础上，找出了量子方案的一些非经典特性。

瓦西里·N. 科洛科尔佐夫（Vassili N. Kolokoltsov，2021）通过将经典游戏转换为量子状态，说明基于量子的方法如何并行模拟所有可能的经典游戏历史。阿兰·C. 桑托斯（Alan C. Santos，2020）研究了囚徒困境中纠缠是否比相干对量子玩家更有用的问题，结果显示当给玩家提供纠缠态时，一个量子玩家对于最大纠缠态更偏好非最大纠缠态的情况；当提供一个非纠缠的初始状态时，经典玩家的收益相对于前面的情况增强了。桑梓·雷蒙（Ramón Alonso-Sanz，2019）研究了迭代集体量子博弈，其中每个玩家与四个伙伴进行交互，通过允许玩家采用他最好的付费伙伴策略，对四种两人游戏类型进行审查，特别注意可变程度的纠缠对公平博弈中纳什均衡策略对的影响。

第二，关于量子博弈的应用研究。

玛格达·玛德布丽·M 等（Madbouly Magda M. et al.，2021）提出基于量子博弈理论的恢复模型，应用量子博弈自适应算法来选择最有效的上下文感知计算恢复过程，解决移动设备计算环境对容错系统的开发与移动主机失效问题。黄定轩和克劳迪奥·德朗·O 等（Huang Dingxuan & Delang Claudio O. et al.，2021）将量子决策理论引入洛特卡－沃尔泰拉（Lotka-Volterra）模型中，研究在开放的社会系统中加入初始策略、博弈收益和互动策略的玩家种群动态；并真实地描述了竞争或合作共存情景下的种群动态特征。袁炳吉（Yuan Bingji，2020）以经典博弈论和量子博弈论为范式构建风险投资退出战略模型，探索风险投资家和风险企业家对外投资的战略选择，通过实验实现了纳什均衡和帕累托均衡的统一，为风险投资退出策略的选择提供了实践支持。O. G. 萨巴莱塔和 C. M. 阿里兹门迪（O. G. Zabaleta & C. M. Arizmendi，2017）利用量子游戏和量子决策的长处来设计使经典通信更加高效的协议，提出了一个量子媒体访问控制（QMAC），允许动态和公平的频谱分配，特别指出了 DSA 的两个主要功能，即频谱共享和频谱分配。

第三，对量子博弈的科学实验与验证。

帕索等（Passos et al.，2020）对量子游戏中的类相变行为对量子玩家预期收益突变的策略进行实验，在单量子比特博弈的第一个实验实现中类相变行为作为量子相干的直接后果而上升，理论预测与实验结果吻合得很好。普拉纳夫·凯龙等（Kairon Pranav et al.，2020）利用 IBMQExpert 提供的基于超导量子处理器的三人困境博弈的实验发现，实验保真度和误差被观察到不具有适当的反相关性，如果腐败程度高于 50%，经典策略总是会优于量子策略。迪曼·安贾利等（Anjali Dhiman et al.，2020）通过基于客户端—服务器模型和对等模型的方案在量子网络中实现分布式量子博弈，使用对等模型的警察和强盗博弈，以显示在量子电路中实现顺序游戏的可能性，分析了警察和强盗游戏的量子版本。

德得亚雷·弗龙茨凯维奇等（Piotr Frąckiewicz et al.，2019）研究了在量子古诺双寡头博弈中玩家在最大关联行动情况下的最优策略情况，玩家对博弈的感知的微小变化可能会极大地影响博弈的结果，并且在最大相关策略的情况下，可能会从经典古诺双寡头中的低效纳什均衡结果变为帕累托最优结果。索尔迈耶·尼尔等（Solmeyer Neal et al.，2018）在具有五个量子位的离子阱量子计算机上演示了贝叶斯量子游戏。玩家共享一对纠缠的量子比特，并在他们的量子比特上进行旋转作为策略选择。将纳什均衡的收益和从实验数据中获得的收益的不连续变化的位置与理论进行比较，并研究它如何随着纠缠量的变化而变化。

8.1.3　量子博弈的本质特征与思维形式

量子博弈是指用量子理论的方法描述经典博弈系统的运行状态（即量子化），量子态下博弈参与者的博弈策略具有量子纠缠或叠加的关联特性，量子博弈策略具有经典策略所不具有的优越性，能够破解经典博弈中的囚徒困境，得到实现纳什均衡和帕累托最优相统一的量子均衡策略，为实现真正的合作博弈提供了新思路。[①]

博弈论旨在对理性参与者如何参与策略交互进行规范性描述，信息、理性与策略被当作博弈论中的三个核心部分。[②] 量子博弈作为经典博弈在量子领域的延伸，既具有经典博弈的基本特征，又与经典博弈有着本质区别；也

[①]　Hong Guo, Juheng Zhang, Gary J. Koehler. A Survey of Quantum Games [J]. Decision Support Systems, 2008, 46 (1)：318 – 332.

[②]　［荷兰］彼得·阿德里安斯，［荷兰］约翰·范·本瑟姆. 爱思唯尔：信息哲学（下）[M]. 殷杰，原志宏，刘扬弃，译. 北京：北京师范大学出版社，2015：661.

就是说，量子博弈具有经典博弈所不具有的本质特征。国内学者兰立山和刘永谋（2018）归纳总结了量子博弈三个本质特征，即量子信息、量子纠缠和量子策略。

特征一，量子博弈中所使用的信息主要是量子信息。量子信息是指"以量子力学基本原理为基础，通过量子系统的各种相干特性，进行计算、编码和信息传输的全新信息方式。"① 在量子博弈中，量子信息是关键，经典信息依然重要；当博弈参与者进行博弈信息的交流与传输时，采用量子信息；当对共享资源、对手偏好等进行分析时仍以经典信息为基础。量子博弈信息既包括量子信息，也包括经典信息，而经典博弈只有经典信息，这是量子博弈与经典博弈的一个重要本质特征之一。

特征二，量子博弈中博弈参与者的理性程度可以用量子纠缠度来度量。量子纠缠是指曾经相互作用过的两个粒子，在彼此分离之后，对一个粒子的任何测量，都会影响到另一个粒子的存在状态。② 量子纠缠对量子博弈至关重要，量子信息的纠缠特征扩大了量子博弈中信息传输的能力。③ 博弈参与者可以通过量子信息纠缠的特征瞬间知道其他参与者的策略选择，进而更加理性地作出策略选择的决策。在量子博弈中，可以用量子纠缠度来衡量博弈参与者的理性程度，量子信息的纠缠度越高，博弈参与者的理性程度越高。当纠缠度达到最大值时，可以认为各博弈参与者是完全理性的。当纠缠度为零时，即量子非纠缠状态时，量子博弈退回到经典博弈，各博弈参与者的理性程度与经典状态相同。

特征三，量子博弈中的策略是非定域的量子策略。量子博弈的产生过程除具备经典博弈产生的条件外，关键在于量子纠缠的制备和量子策略的实现，如果量子博弈失去了这两个特征，量子博弈也即转化为经典博弈。④ 在量子博弈中，各个博弈参与者会在博弈前得到一个量子比特，在确定策略之后对量子比特作一个量子操作完成策略选择，即量子策略。量子博弈可以使采用量子策略的博弈参与者获得比采用经典博弈的参与者更高的收益，甚至博弈参与者都采用量子策略，可以得到优于经典博弈的纳什均衡

---

① 吴国林. 量子信息哲学 [M]. 北京：中国社会科学出版社，2011：28.
② 成素梅. 量子纠缠引发的哲学问题 [J]. 社会科学，2014（6）：111–118.
③ 李宏芳. 量子理论的观念之争和认识论发展 [M]. 北京：科学出版社，2013：153.
④ 潘平，兰立山，杨平. 量子博弈的深层本体论研究 [J]. 哲学动态，2014（11）：98–102.

的量子均衡策略。①

在思维形式方面，量子博弈与经典博弈也存在着不同。

思维是人类所具有的认识世界的高级活动，思维的目的是探索和发现事物的内部联系与本质规律。按照信息论的观点，思维是对新输入信息与脑内储存知识经验进行一系列复杂的心智操作过程。② 正如马克思所说，思维是人类对于世界的掌握方式。③ 人类所处的世界是多样的、复杂的、不确定的、浑浊的和动态的，如何认识这样一个外在世界，找出其确定的、不变的本质属性，这就需要通过思维活动去观察、分析、归纳和总结。不同的思维内容具有不同的思维形式，思维形式是具体思维所具有的一般性结构、普遍性形式，如概念、判断、推理、感性、理性、具象与抽象的结构关系。思维形式和思维内容是辩证统一的关系，既相互依存、相互作用、相互关联、相互影响，也彼此相互独立。思维内容是动态的、发展的，而思维形式一经形成就具有一定程度的稳定性。当思维形式适应思维内容发展时，就会促进思维内容的发展与进步；相反，当思维形式不能适应乃至阻碍思维内容发展时，就需要革新思维形式以适应新的思维内容的发展。

博弈思维形式是"理性"博弈参与者在竞争或对抗中进行策略选择以实现收益最大化目标的思维活动形式，即所谓的经典博弈思维形式。对于研究在经典博弈系统中博弈参与者是如何基于对手的策略信息作出自己的占优策略的决策过程，经典博弈思维形式为我们提供了一个通用的思维分析形式，这也是分析经典博弈问题的一般方法。但是，随着经典博弈的历史演进，由于经典博弈论对于博弈参与主体"理性"人的假设，其自身所产生的如囚徒困境及个体理性与集体理性的悖论这样难以解决的难题，迫使人们思考经典博弈思维形式本身存在的问题，去寻找更为先进科学的思维形式。

量子科技的迅猛发展、量子理论的逐渐完备和巨大潜能，以及量子理论与博弈论进行交互式、交叉式的结合而建构的量子博弈论，为我们提供了一种新的思维形式，即量子博弈思维形式。这也为我们反思经典思维形式的不

① Zhiming Huang, Daowen Qiu, Quantum Games under Decoherence［J］. International Journal of Theoretical Physics, 2016, 55（2）: 966-992.

② 刘颖，苏巧玲. 医学心理学［M］. 北京：中国华侨出版社，1997：27.

③ 马克思恩格斯全集（第46卷上）［M］. 中共中央马克思恩格斯列宁斯大林著作编译局编译，北京：人民出版社，2006：39.

足、破解经典思维的困境找到了新的出路。对于量子博弈思维形式，鞠治安、潘平和周惠玲（2017）进行了专门研究，相较于经典博弈思维形式，量子博弈思维形式具有两大特征。

第一，量子博弈思维形式的出发点和落脚点不再是以"我"为本位，而是转向集体主义。经典博弈思维以个体理性为基础，以自身收益最大化为目标，在整个博弈进程中都是以"我"为本位。量子博弈思维形式则以量子纠缠为资源，以量子信息作为中介，以量子策略替代经典均衡策略，在整个博弈进程中以实现集体共赢为目标进而转向"集体主义"。

第二，量子博弈思维形式超越局域性的、线性的、机械性的经典博弈思维形式，转向整体性的、关联的、复杂性的、非线性的思维形式。不确定性、概率性、非局域性和非线性是量子博弈思维形式的分析准绳。量子博弈思维立足整体性、复杂性思维，实现了对博弈的策略、收益的整体陈述。

8.1.4 量子博弈的基础框架

根据埃塞特（Eisert，1999），马里纳托和韦伯（Marinatto & Weber，2000）对经典的囚徒博弈和性别博弈所做的量子化开创性工作，建立了量子博弈理论的基础框架。本质上就是根据量子力学观测微观世界粒子的量子态的基本原理与步骤，研究博弈系统的量子运行状态下的策略选择、均衡情况与博弈收益。此后的量子博弈基本上是沿着这种思路展开的。基础框架主要由以下四部分组成。

第一部分，量子博弈系统运行状态的描述。

借用量子理论最基本的概念量子态对量子博弈系统运行状态进行描述，博弈参与者博弈策略的一切可能状态构成一个两维希尔伯特（Hilbert）空间 S_H，经典策略所对应的具体量子态为该空间的矢量，一般用笛拉克（Dirac）符号表示为右矢 $|\cdots\rangle$（其相应的共轭转置向量用左矢 $\langle\cdots|$ 表示）。如囚徒困境博弈中的经典策略 D 和 C 即可对应于希尔伯特空间 S_H 的两个基矢 $|D\rangle$ 和 $|C\rangle$，并且因为 D 和 C 是两个针锋相对的策略，所以 $|D\rangle$ 和 $|C\rangle$ 构成 S_H 的两个正交的规范基，则有 $S_H = \{x | x_1 |D\rangle + x_2 |C\rangle, x_1 = \langle x|D\rangle, x_2 = \langle x|C\rangle\}$，其中 $\langle x|i\rangle$ 表示为 x 与 i 的内积，i = D，C。

博弈参与者的纯量子态策略为经典纯策略的复系数线性组合 $|\Psi\rangle =$

$a|D\rangle + b|C\rangle$，其中 $a \in C$（C 为复数域），且 $|a|^2 + |b|^2 = 1$；$|a|^2$ 为第一个博弈参与者采用 D 策略的概率，$|b|^2$ 为第二个参与者采用 C 策略的概率。

对于任何时刻博弈的状态，可以用两个量子比特（即分别属于两个参与者的 qubit）的张量积空间的态表示。这个张量积空间的基矢为 $|DD\rangle$，$|DC\rangle$，$|CD\rangle$，$|CC\rangle$，其中第一项为第一个参与者的量子比特，第二项为第二个参与者的量子比特。

第二部分，量子博弈的运行过程。

其运行过程一般包括三或四个步骤，其中埃塞特关于囚徒困境的量化过程包括四个步骤，马里纳托和韦伯关于性别博弈的量子化过程包括三个步骤，其主要差别在第一步，其实没有本质区别。在此按四步骤进行阐述。

第一步，就是量子比特产生，赋予一个量子比特产生源让每个博弈参与者拥有一个量子比特，将此作为博弈系统参与者的自然初始状态。这个初始状态并不一定是经典博弈策略的基矢 $|D\rangle$ 和 $|C\rangle$。

第二步，就是量子态的转换，通过一个特殊的转换装置将系统的自然初始状态转换为系统可处理的初始状态。也就是将博弈参与者拥有的量子比特通过量子转换装置（即量子门 $\hat{J}$）转换为博弈的量子初态 $|\psi_0\rangle = \hat{J}|CC\rangle$（$\hat{J} = \exp\{i\gamma D \otimes D/2\}$，即为一个特殊的幺正变换，其中 γ 表示博弈的纠缠度，$\gamma \in [0, \pi/2]$）。MW 模型相当于直接进入第二步。

第三步，就是量子态的操作，博弈参与者通过一个特殊的操作装置对属于自己的那个量子比特的态进行一次局域幺正变换，这些操作对应于参与者采取的策略选择行为 U_1，U_2（U_1，U_2 属于策略空间 S_H）。在博弈参与者实施了各种策略行动（即具有幺正变换）之后，博弈的状态变为 $(U_1 \otimes U_2)\hat{J}|CC\rangle$。

第四步，就是量子态的测量，通过一个特殊的装置测量博弈参与者的量子比特的最终状态。这个测量装置包括一个可逆的多位量子门 $\hat{J}^+$ 和一组探测器，具体数量根据参与者数据确定，比如埃塞特量化的两人囚徒困境博弈的参与者为两人，则需要一个可逆的两位量子门及一对探测器。$\hat{J}^+$ 门将经过 $\hat{J}$ 门转换并被参与者进行操作后的量子比特的状态还原后，在未到达探测器测量之前的状态，即博弈的终态为 $|\psi_f\rangle = \hat{J}^+(U_1 \otimes U_2)\hat{J}|CC\rangle$，$\hat{J}^+$ 为 $\hat{J}$ 的共轭转置。通过测量两个比特的最终状态以决定每一位参与者的收益值。

博弈量子化运行过程的四步骤见图 8 - 1。

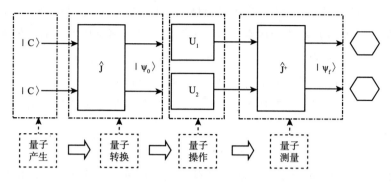

图 8-1　博弈量子化过程四步骤

第三部分，量子博弈的纳什均衡。

经过探测器返回给出的结果是经典博弈中的纯策略对 σ σ′，并且该结果的概率为 $P_{\sigma\sigma'} = |\langle \sigma \sigma' | \Psi_f \rangle|^2$。根据支付矩阵可以计算出参与者的预期支付。Esert 将博弈双方的幺正变换限制为策略空间 S 为 2×2 酉矩阵的一个两参数集合，即，

$$U(\theta,\varphi) = \begin{bmatrix} e^{i\varphi}\cos\dfrac{\theta}{2} & \sin\dfrac{\theta}{2} \\[2mm] -\sin\dfrac{\theta}{2} & -e^{i\varphi}\cos\dfrac{\theta}{2} \end{bmatrix}, 其中\ 0 \leqslant \theta \leqslant \pi\ , 0 \leqslant \varphi \leqslant \dfrac{\pi}{2} \quad (8-1)$$

当 γ=0，即博弈参与者的量子初态不存在纠缠时，量子博弈退回为经典博弈，博弈策略也为经典博弈策略。

当 γ=π/2，即博弈参与者的量子初态的纠缠度最大时，量子策略不存在经典对应策略，存在新的纳什均衡。双方都采取策略 $\hat{Q} = \hat{U}\left(0, \dfrac{\pi}{2}\right)$ 使得博弈的最终状态为 |CC⟩，最终支付对应双方都采取 C 策略的支付。该均衡破解了经典博弈中的囚徒困境，同时实现了帕累托最优和纳什均衡，任何偏离这个均衡的策略都将使得每个参与者的支付减少和集体总支付减少。

由此可见量子博弈的巨大威力和优势，只要增加博弈双方的量子纠缠度，就可以增加彼此合作共赢的概率，当双方呈现最大纠缠度，也就是完全纠缠时，博弈双方都采取量子策略，同时实现帕累托最优和纳什均衡。这也为破解基于国际金融主导权的大国货币博弈困境提供了思路。

下面分别对基于国际金融主导权的大国对称博弈和非对称博弈的量子化进行分析。

8.2 大国货币对称鹰鸽量子博弈及其均衡

本书在章节6.1中构建了基于国际金融主导权的大国货币对称鹰鸽博弈模型，并分析了其均衡情况和存在的困境，本节在此内容基础上，基于量子博弈的视角去分析破解存在的博弈困境。

8.2.1 基于国际金融主导权的大国货币对称鹰鸽博弈量子模型

基于 Eisert 对囚徒困境博弈量子化的物理模型，以此为基础框架对基于国际金融主导权的大国货币对称鹰鸽博弈进行量子化，构建量子模型（见图 8-1）。

首先，博弈大国量子比特的产生。赋予一个量子比特（qubit）产生源，博弈大国 1 和博弈大国 2 分别拥有一个量子比特，即为该系统博弈大国双方博弈开始时的自然初始状态。使用二维希尔伯特（Hilbert）空间中的基矢量 $|0\rangle$ 和 $|1\rangle$ 表示博弈大国双方的鸽策略和鹰策略，即 $\binom{0}{1} \leftrightarrow |1\rangle$，$\binom{1}{0} \leftrightarrow |0\rangle$。则在任意时刻，博弈大国博弈的状态都能够用这两个量子比特的张量空间来表示。这个张量空间的基矢量为 $|10\rangle$，$|00\rangle$，$|01\rangle$，$|11\rangle$，其中前一项表示博弈大国 1 的博弈状态，第二项表示博弈大国 2 的博弈状态。

其次，博弈大国量子比特的转换。通过一个特殊转换装置（即量子门 $\hat{J}$）将博弈大国 1 和博弈大国 2 博弈开始时的量子自然初始状态，转化为系统可处理的初始状态 $|\psi_0\rangle$，即量子博弈的初态，且 $|\psi_0\rangle = \hat{J}|00\rangle$。$\hat{J}$ 为博弈大国双方都知道的酉算符，是一个特定的幺正变换，由一个 Hadamard 门和一个 C-NOT 门组成，记 $\hat{J} = \exp\{i\gamma H \otimes H/2\} = \cos\frac{\gamma}{2}(D \otimes D) + i\sin\frac{\gamma}{2}(H \otimes H)$，这里的 γ 为实数，表示双方的纠缠度。

再次，博弈大国量子比特的操作。通过一个特殊操作装置，博弈大国各自操作属于自己的那一个量子比特，这些操作相当于博弈大国双方进行的策略选择行为。博弈大国 1 和博弈大国 2 的策略集分别为 U_1，U_2（U_1，U_2 属于策略空间 S_H）。经典策略包含在 S_H 空间内，鸽策略 D 可以表示为 D = U(0,

0) = $\begin{bmatrix} 1 & 0 \\ 0 & 1 \end{bmatrix}$，鹰策略 H 可以表示为 H = U(π, 0) = $\begin{bmatrix} 0 & 1 \\ -1 & 0 \end{bmatrix}$。

假设博弈大国 1 的初始状态为 $|0\rangle$（即鸽状态），当其采取鹰策略时，

U(π,0) $|0\rangle$ = $\begin{bmatrix} 0 & 1 \\ -1 & 0 \end{bmatrix}\begin{bmatrix} 1 \\ 0 \end{bmatrix}$ = $\begin{bmatrix} 0 \\ -1 \end{bmatrix}$ = $0|0\rangle - 1|1\rangle$ = $-|1\rangle$，即表示博弈大国 1 采取鹰策略后，以 $(-1)^2 = 1$ 的概率达到 $|1\rangle$（即鹰状态）。

由于博弈大国之间的策略选择行为相互独立，U_1 和 U_2 分别作用于各种的量子比特上，策略空间 S_H 相当于一个 2×2 酉群的某个子集。博弈大国双方在实施了自己的策略选择操作之后，该博弈系统的状态变为 $(U_1 \otimes U_2)\hat{J}|00\rangle$。

最后，博弈大国量子比特的测量。通过一个特殊的测量装置（包含一个可逆的两位量子门 $\hat{J}^+$ 和两个探测器）测量博弈大国各自的量子比特的最终状态。博弈大国双方的量子比特经过 $\hat{J}^+$ 门，相当于对博弈系统进行一次反变换，得到博弈的终态为 $|\psi_f\rangle = \hat{J}^+(U_1 \otimes U_2)\hat{J}|00\rangle$，$\hat{J}^+$ 为 $\hat{J}$ 的共轭转置，记 $\hat{J}^+ = \cos\frac{\gamma}{2}(D \otimes D) - i\sin\frac{\gamma}{2}(H \otimes H)$。通过测量两个比特的终态以决定博弈大国双方的收益值。

博弈大国的最终收益实际上是四种纯量子策略的期望收益，假设每种策略的概率为 p_{ij}，且 $p_{ij} = |\langle ij|\psi_f\rangle|^2$，i，j = 0，1。根据基于国际金融主导权的大国货币对称鹰鸽博弈的支付矩阵，可得博弈大国 1 和博弈大国 2 的收益表达式为：

$$ER_1 = \frac{v-c}{2}p_{11} + vp_{10} + 0p_{01} + \frac{v}{2}p_{00} \qquad (8-2)$$

$$ER_2 = \frac{v-c}{2}p_{11} + 0p_{10} + vp_{01} + \frac{v}{2}p_{00} \qquad (8-3)$$

8.2.2 基于国际金融主导权的大国货币对称鹰鸽量子博弈的收益情况

假设基于国际金融主导权的大国对称鹰鸽量子博弈系统的博弈双方采取

的量子策略组合为（Q_1，Q_2），博弈大国 1 和博弈大国 2 的策略矩阵设为：

$$Q_i = U_i(\theta_i, \varphi_i) = \begin{bmatrix} e^{i\varphi_i}\cos\dfrac{\theta_i}{2} & \sin\dfrac{\theta_i}{2} \\ -\sin\dfrac{\theta_i}{2} & e^{-i\varphi_i}\cos\dfrac{\theta_i}{2} \end{bmatrix}, (i = 1, 2) \qquad (8-4)$$

其中，$\theta_i \in [0, \pi]$，$\varphi_i \in \left[0, \dfrac{\pi}{2}\right]$。$\theta_i$ 表示博弈系统中某一博弈大国采用鹰策略（即冲突）的程度。当 $\theta_i = 0$ 时，表示该博弈大国完全采用鸽策略；当 $\theta_i = \pi$ 时，表示该博弈大国完全采用鹰策略。φ_i 表示博弈系统中博弈大国双方纠缠的程度。当 $\varphi_i = 0$ 时，表示博弈大国双方完全不纠缠，量子博弈退回到经典博弈状态；当 $\varphi_i = \dfrac{\pi}{2}$ 时，表示博弈大国双方完全纠缠。于是，$U_i(0, 0) = \begin{bmatrix} 1 & 0 \\ 0 & 1 \end{bmatrix}$，$U_i(\pi, 0) = \begin{bmatrix} 0 & 1 \\ -1 & 0 \end{bmatrix}$，分别表示博弈大国采用鸽策略和鹰策略的情形。

由前述内容可知，该博弈系统的量子初态为 $|\psi_0\rangle = \hat{J}|00\rangle$。当博弈大国 1 实施策略 Q_1 且博弈大国 2 实施策略 Q_2 操作后，可得该博弈系统的量子末态为：

$$|\psi_f\rangle = \hat{J}^+(Q_1 \otimes Q_2)\hat{J}|00\rangle$$

$$= \left\{\cos\dfrac{\gamma}{2}(D \otimes D) - i\sin\dfrac{\gamma}{2}(H \otimes H)\right\}$$

$$\left(\begin{bmatrix} e^{i\varphi_1}\cos\dfrac{\theta_1}{2} & \sin\dfrac{\theta_1}{2} \\ -\sin\dfrac{\theta_1}{2} & e^{-i\varphi_1}\cos\dfrac{\theta_1}{2} \end{bmatrix} \otimes \begin{bmatrix} e^{i\varphi_2}\cos\dfrac{\theta_2}{2} & \sin\dfrac{\theta_2}{2} \\ -\sin\dfrac{\theta_2}{2} & e^{-i\varphi_2}\cos\dfrac{\theta_2}{2} \end{bmatrix}\right)$$

$$\left\{\cos\dfrac{\gamma}{2}|00\rangle + i\sin\dfrac{\gamma}{2}\right\}|00\rangle$$

$$= \cos\dfrac{\theta_1}{2}\cos\dfrac{\theta_2}{2}\left(\cos^2\dfrac{\gamma}{2}e^{i\varphi_1+i\varphi_2} + \sin^2\dfrac{\gamma}{2}e^{-i\varphi_1-i\varphi_2}\right)|00\rangle$$

$$+ \left[\cos\dfrac{\theta_1}{2}\sin\dfrac{\theta_2}{2}\left(-\cos^2\dfrac{\gamma}{2}e^{i\varphi_1} - \sin^2\dfrac{\gamma}{2}e^{-i\varphi_1}\right)\right.$$

$$\left. + i\sin\dfrac{\gamma}{2}\cos\dfrac{\gamma}{2}\sin\dfrac{\theta_1}{2}\cos\dfrac{\theta_2}{2}(e^{-i\varphi_2} - e^{i\varphi_2})\right]|01\rangle$$

$$+ \left[\sin\frac{\theta_1}{2}\cos\frac{\theta_2}{2} \left(-\cos^2\frac{\gamma}{2}e^{i\varphi_2} - \sin^2\frac{\gamma}{2}e^{-i\varphi_2} \right) \right.$$

$$\left. + i\sin\frac{\gamma}{2}\cos\frac{\gamma}{2}\cos\frac{\theta_1}{2}\sin\frac{\theta_2}{2}(e^{-i\varphi_1} - e^{i\varphi_1}) \right] |10\rangle$$

$$+ \left[\sin\frac{\theta_1}{2}\sin\frac{\theta_2}{2} + i\sin\frac{\gamma}{2}\cos\frac{\gamma}{2}\cos\frac{\theta_1}{2} \right.$$

$$\left. \sin\frac{\theta_2}{2}(e^{-i\varphi_1 - i\varphi_2} - e^{i\varphi_1 + i\varphi_2}) \right] |11\rangle \tag{8-5}$$

由此可知，各量子态的概率分别为：

$$\begin{cases} P_{00} = \left(\cos\frac{\theta_1}{2}\cos\frac{\theta_2}{2}\cos(\varphi_1 + \varphi_2) \right)^2 \\ \qquad + \left(\cos\gamma\cos\frac{\theta_1}{2}\cos\frac{\theta_2}{2}\sin(\varphi_1 + \varphi_2) \right)^2 \\ P_{01} = \left(-\cos\varphi_1\cos\frac{\theta_1}{2}\sin\frac{\theta_2}{2} + \sin\gamma\sin\varphi_2\cos\frac{\theta_2}{2}\sin\frac{\theta_1}{2} \right)^2 \\ \qquad + \left(-\cos\frac{\theta_1}{2}\sin\frac{\theta_2}{2}\cos\gamma\sin\varphi_1 \right)^2 \\ P_{10} = \left(-\cos\varphi_2\sin\frac{\theta_1}{2}\cos\frac{\theta_2}{2} + \sin\gamma\sin\varphi_1\cos\frac{\theta_1}{2}\sin\frac{\theta_2}{2} \right)^2 \\ \qquad + \left(-\sin\frac{\theta_1}{2}\cos\frac{\theta_2}{2}\cos\gamma\sin\varphi_2 \right)^2 \\ P_{11} = \left(\sin\frac{\theta_1}{2}\sin\frac{\theta_2}{2} + \sin\gamma\cos\frac{\theta_1}{2}\cos\frac{\theta_2}{2}\sin(\varphi_1 + \varphi_2) \right)^2 \end{cases} \tag{8-6}$$

可验证，$P_{00} + P_{01} + P_{10} + P_{11} = 1$。因此，结合基于国际金融主导权的大国货币对称鹰鸽博弈支付矩阵和期望收益公式可得，博弈大国 1 和博弈大国 2 的期望收益分别为：

$$ER_1(Q_1, Q_2) = \frac{v-c}{2}p_{11} + v\,p_{10} + 0\,p_{01} + \frac{v}{2}p_{00}$$

$$= \frac{v-c}{2} \left(\sin\frac{\theta_1}{2}\sin\frac{\theta_2}{2} + \sin\gamma\cos\frac{\theta_1}{2}\cos\frac{\theta_2}{2}\sin(\varphi_1 + \varphi_2) \right)^2$$

$$+ v\left[\left(-\cos\varphi_2\sin\frac{\theta_1}{2}\cos\frac{\theta_2}{2} + \sin\gamma\sin\varphi_1\cos\frac{\theta_1}{2}\sin\frac{\theta_2}{2} \right)^2 \right.$$

$$+ \left(-\sin\frac{\theta_1}{2}\cos\frac{\theta_2}{2}\cos\gamma\sin\varphi_2 \right)^2 \Big]$$

$$+ \frac{v}{2}\Big[\left(\cos\frac{\theta_1}{2}\cos\frac{\theta_2}{2}\cos(\varphi_1+\varphi_2) \right)^2$$

$$+ \left(\cos\gamma\cos\frac{\theta_1}{2}\cos\frac{\theta_2}{2}\sin(\varphi_1+\varphi_2) \right)^2 \Big] \qquad (8-7)$$

$$ER_2(Q_1,Q_2) = \frac{v-c}{2}p_{11} + 0\,p_{10} + v\,p_{01} + \frac{v}{2}p_{00}$$

$$= \frac{v-c}{2}\left(\sin\frac{\theta_1}{2}\sin\frac{\theta_2}{2} + \sin\gamma\cos\frac{\theta_1}{2}\cos\frac{\theta_2}{2}\sin(\varphi_1+\varphi_2) \right)^2$$

$$+ v\Big[\left(-\cos\varphi_1\cos\frac{\theta_1}{2}\sin\frac{\theta_2}{2} + \sin\gamma\sin\varphi_2\cos\frac{\theta_2}{2}\sin\frac{\theta_1}{2} \right)^2$$

$$+ \left(-\cos\frac{\theta_1}{2}\sin\frac{\theta_2}{2}\cos\gamma\sin\varphi_1 \right)^2 \Big]$$

$$+ \frac{v}{2}\Big[\left(\cos\frac{\theta_1}{2}\cos\frac{\theta_2}{2}\cos(\varphi_1+\varphi_2) \right)^2$$

$$+ \left(\cos\gamma\cos\frac{\theta_1}{2}\cos\frac{\theta_2}{2}\sin(\varphi_1+\varphi_2) \right)^2 \Big] \qquad (8-8)$$

8.2.3　量子态的纠缠度最小时的纳什均衡

该博弈系统量子态的纠缠度最小，即纠缠度 $\gamma=0$，$\hat{J}^+ = \hat{J} = I$，于是有博弈系统的量子末态为：

$$|\psi_f\rangle = \hat{J}^+(Q_1 \otimes Q_2)\hat{J}\,|00\rangle$$

$$= \Big[\left(\cos\frac{\theta_1}{2}\cos\frac{\theta_2}{2}\cos(\varphi_1+\varphi_2) \right)^2 + \left(\cos\frac{\theta_1}{2}\cos\frac{\theta_2}{2}\sin(\varphi_1+\varphi_2) \right)^2 \Big]\,|00\rangle$$

$$+ \Big[\left(-\cos\varphi_1\cos\frac{\theta_1}{2}\sin\frac{\theta_2}{2} \right)^2 + \left(-\cos\frac{\theta_1}{2}\sin\frac{\theta_2}{2}\sin\varphi_1 \right)^2 \Big]\,|01\rangle$$

$$+ \Big[\left(-\cos\varphi_2\sin\frac{\theta_1}{2}\cos\frac{\theta_2}{2} \right)^2 + \left(-\cos\frac{\theta_1}{2}\sin\frac{\theta_2}{2}\sin\varphi_2 \right)^2 \Big]\,|10\rangle$$

$$+ \left(\sin\frac{\theta_1}{2}\sin\frac{\theta_2}{2} \right)^2\,|11\rangle \qquad (8-9)$$

此时，博弈大国 1 和博弈大国 2 的期望收益分别为：

$$ER_1(Q_1,Q_2) = \frac{v-c}{2}p_{11} + v\,p_{10} + 0\,p_{01} + \frac{v}{2}p_{00}$$

$$= \frac{v-c}{2}\left(\sin\frac{\theta_1}{2}\sin\frac{\theta_2}{2}\right)^2 + v\left[\left(-\cos\varphi_2\sin\frac{\theta_1}{2}\cos\frac{\theta_2}{2}\right)^2\right.$$

$$\left. + \left(-\cos\frac{\theta_1}{2}\sin\frac{\theta_2}{2}\sin\varphi_2\right)^2\right]$$

$$+ \frac{v}{2}\left[\left(\cos\frac{\theta_1}{2}\cos\frac{\theta_2}{2}\cos(\varphi_1+\varphi_2)\right)^2\right.$$

$$\left. + \left(\cos\frac{\theta_1}{2}\cos\frac{\theta_2}{2}\sin(\varphi_1+\varphi_2)\right)^2\right] \tag{8-10}$$

$$ER_2(Q_1,Q_2) = \frac{v-c}{2}p_{11} + 0\,p_{10} + v\,p_{01} + \frac{v}{2}p_{00}$$

$$= \frac{v-c}{2}\left(\sin\frac{\theta_1}{2}\sin\frac{\theta_2}{2}\right)^2 + v\left[\left(-\cos\varphi_1\cos\frac{\theta_1}{2}\sin\frac{\theta_2}{2}\right)^2\right.$$

$$\left. + \left(-\cos\frac{\theta_1}{2}\sin\frac{\theta_2}{2}\sin\varphi_1\right)^2\right]$$

$$+ \frac{v}{2}\left[\left(\cos\frac{\theta_1}{2}\cos\frac{\theta_2}{2}\cos(\varphi_1+\varphi_2)\right)^2\right.$$

$$\left. + \left(\cos\frac{\theta_1}{2}\cos\frac{\theta_2}{2}\sin(\varphi_1+\varphi_2)\right)^2\right] \tag{8-11}$$

由此可以得到当 c 取不同值时的纳什均衡策略。

命题 8 - 1：当合作收益大于冲突成本（即 v > c）时，该博弈系统存在纳什均衡策略 (Q_1, Q_2)，且 $(Q_1, Q_2) = (U_1(\pi, \varphi_1), U_2(\pi, \varphi_2))$，$0 \leq \varphi_1, \varphi_2 \leq \frac{\pi}{2}$。

证明：由命题 8 - 1 可知 $\theta_1 = \theta_2 = \pi$，从而可得 $Q_1 = U_1(\pi, \varphi_1) = \begin{bmatrix} 0 & 1 \\ -1 & 0 \end{bmatrix} = Q_2 = U_2(\pi, \varphi_2)$，其中 $0 \leq \varphi_1, \varphi_2 \leq \frac{\pi}{2}$。

博弈大国 1 和博弈大国 2 的期望收益满足 $ER_1(Q_1, Q_2) \geq ER_1(U, Q_2)$，$ER_2(Q_1, Q_2) \geq ER_2(Q_1, U)$，可证 (Q_1, Q_2) 为该博弈系统的一个量子纳什策略组合。此时，$ER_1(Q_1, Q_2) = ER_2(Q_1, Q_2) = \frac{v-c}{2}$，而且与经典纳

什均衡策略组合（鹰，鹰）的收益相同。

当 $\varphi_1 = \varphi_2 = 0$ 时，量子策略 $Q_1 = Q_2 = \begin{bmatrix} 0 & 1 \\ -1 & 0 \end{bmatrix} = H = U(\pi, 0) = \begin{bmatrix} 0 & 1 \\ -1 & 0 \end{bmatrix}$。也就是说，当 $\varphi_1 = \varphi_2 = 0$ 时，量子纳什均衡策略与经典纳什均衡策略是相同的。可见，经典纳什均衡策略组合包含在量子纳什均衡策略空间里，属于量子纳什均衡策略空间的一个特例。

命题 8 - 2： 当合作收益不大于冲突成本（$v \leqslant c$）时，该博弈系统存在纳什均衡策略组合（$U_1(0, \varphi_1)$，$U_1(\pi, \varphi_2)$）和（$U_1(\pi, \varphi_1)$，$U_2(0, \varphi_2)$），$0 \leqslant \varphi_1$，$\varphi_2 \leqslant \dfrac{\pi}{2}$。

证明：由该命题可知 $\theta_1 = 0$ 时 $\theta_2 = \pi$ 或 $\theta_1 = \pi$ 时 $\theta_2 = 0$，从而可得两组纳什均衡策略。其中第一组策略为：

$$Q_1 = U_1(0, \varphi_1) = \begin{bmatrix} e^{i\varphi_1} & 0 \\ 0 & e^{i\varphi_1} \end{bmatrix}_2, Q_2 = U_2(\pi, \varphi_2) = \begin{bmatrix} 0 & 1 \\ -1 & 0 \end{bmatrix}$$

此时，博弈大国 1 和博弈大国 2 的收益分别为 $ER_1(Q_1, Q_2) = 0$，$ER_2(Q_1, Q_2) = v$。第二组策略为 $Q_1 = U_1(\pi, \varphi_1)$，$Q_2 = U_2(0, \varphi_2)$，对应的博弈大国 1 和博弈大国 2 的收益分别为 $ER_1(Q_1, Q_2) = v$，$ER_2(Q_1, Q_2) = 0$。满足 $ER_1(Q_1, Q_2) \geqslant ER_1(U, Q_2)$，$ER_2(Q_1, Q_2) \geqslant ER_2(Q_1, U)$，可证 (Q_1, Q_2) 为该博弈系统的一个量子纳什策略组合。

当 $\varphi_1 = \varphi_2 = 0$ 时，该博弈系统的量子纳什均衡策略 (Q_1, Q_2) 与经典纳什均衡策略相同，都存在着两个纳什均衡策略，即（鹰，鸽）和（鸽，鹰）。这也表明经典纳什均衡策略包含在量子纳什均衡策略空间里。

8.2.4 量子态的纠缠度最大时的纳什均衡

当该博弈系统量子态的纠缠度最大$\left(\text{即 } \gamma = \dfrac{\pi}{2}\right)$时，该博弈系统的量子末态为：

$$|\psi_f\rangle = \hat{J}^+(Q_1 \otimes Q_2)\hat{J}|00\rangle$$

$$= \left(\cos\frac{\theta_1}{2}\cos\frac{\theta_2}{2}\cos(\varphi_1+\varphi_2)\right)^2|00\rangle$$

$$+ \left(-\cos\varphi_1\cos\frac{\theta_1}{2}\sin\frac{\theta_2}{2} + \sin\frac{\theta_1}{2}\cos\frac{\theta_2}{2}\sin\varphi_2\right)^2|01\rangle$$

$$+ \left(-\cos\varphi_2\sin\frac{\theta_1}{2}\cos\frac{\theta_2}{2} + \cos\frac{\theta_1}{2}\sin\frac{\theta_2}{2}\sin\varphi_1\right)^2|10\rangle$$

$$+ \left(\sin\frac{\theta_1}{2}\sin\frac{\theta_2}{2} + \sin(\varphi_1+\varphi_2)\cos\frac{\theta_1}{2}\cos\frac{\theta_2}{2}\right)^2|11\rangle \quad (8-12)$$

同样假设（Q_1，Q_2）纳什均衡策略，由式（8-7）和式（8-8）可得博弈大国 1 与博弈大国 2 的期望收益分别为：

$$ER_1(Q_1,Q_2) = \frac{v-c}{2}p_{11} + v\,p_{10} + 0\,p_{01} + \frac{v}{2}p_{00}$$

$$= \frac{v-c}{2}\left(\sin\frac{\theta_1}{2}\sin\frac{\theta_2}{2} + \sin(\varphi_1+\varphi_2)\cos\frac{\theta_1}{2}\cos\frac{\theta_2}{2}\right)^2$$

$$+ v\left(-\cos\varphi_2\sin\frac{\theta_1}{2}\cos\frac{\theta_2}{2} + \cos\frac{\theta_1}{2}\sin\frac{\theta_2}{2}\sin\varphi_1\right)^2$$

$$+ \frac{v}{2}\left(\cos\frac{\theta_1}{2}\cos\frac{\theta_2}{2}\cos(\varphi_1+\varphi_2)\right)^2 \quad (8-13)$$

$$ER_2(Q_1,Q_2) = \frac{v-c}{2}p_{11} + 0\,p_{10} + v\,p_{01} + \frac{v}{2}p_{00}$$

$$= \frac{v-c}{2}\left(\sin\frac{\theta_1}{2}\sin\frac{\theta_2}{2} + \sin(\varphi_1+\varphi_2)\cos\frac{\theta_1}{2}\cos\frac{\theta_2}{2}\right)^2$$

$$+ v\left(-\cos\varphi_1\cos\frac{\theta_1}{2}\sin\frac{\theta_2}{2} + \sin\frac{\theta_1}{2}\cos\frac{\theta_2}{2}\sin\varphi_2\right)^2$$

$$+ \frac{v}{2}\left(\cos\frac{\theta_1}{2}\cos\frac{\theta_2}{2}\cos(\varphi_1+\varphi_2)\right)^2 \quad (8-14)$$

命题 8-3：当该博弈系统的量子态的纠缠度最大（即 $\gamma = \dfrac{\pi}{2}$）时，（Q_1，Q_2）为该博弈系统的一个量子纳什均衡策略。

证明：由命题 8-3 可知，$\theta_1 = \theta_2 = 0$，$\varphi_1 = \varphi_2 = \dfrac{\pi}{2}$，得到 $Q_1 = Q_2 =$ $U\left(0, \dfrac{\pi}{2}\right)$，博弈大国 1 和博弈大国 2 对应的期望收益为 $ER_1(Q_1, Q_2) =$

$ER_2(Q_1, Q_2) = \dfrac{v}{2}$。根据式（8 - 13）和式（8 - 14），对于任意博弈大国，双方任意的策略（U_1，Q_2）和（Q_1，U_2）有：

$$ER_1(U_1, Q_2) = \frac{v-c}{2}\left(\sin\frac{\theta_1}{2}\sin\frac{\theta_2}{2} + \sin(\varphi_1+\varphi_2)\cos\frac{\theta_1}{2}\cos\frac{\theta_2}{2}\right)^2$$
$$+ v\left(-\cos\varphi_2\sin\frac{\theta_1}{2}\cos\frac{\theta_2}{2} + \cos\frac{\theta_1}{2}\sin\frac{\theta_2}{2}\sin\varphi_1\right)^2$$
$$+ \frac{v}{2}\left(\cos\frac{\theta_1}{2}\cos\frac{\theta_2}{2}\cos(\varphi_1+\varphi_2)\right)^2 \tag{8 - 15}$$

$$ER_2(Q_1, U_2) = \frac{v-c}{2}\left(\sin\frac{\theta_1}{2}\sin\frac{\theta_2}{2} + \sin(\varphi_1+\varphi_2)\cos\frac{\theta_1}{2}\cos\frac{\theta_2}{2}\right)^2$$
$$+ v\left(-\cos\varphi_1\cos\frac{\theta_1}{2}\sin\frac{\theta_2}{2} + \sin\frac{\theta_1}{2}\cos\frac{\theta_2}{2}\sin\varphi_2\right)^2$$
$$+ \frac{v}{2}\left(\cos\frac{\theta_1}{2}\cos\frac{\theta_2}{2}\cos(\varphi_1+\varphi_2)\right)^2 \tag{8 - 16}$$

无论 v 与 c 的大小关系如何，都存在以下不等式关系，即：

$$\begin{cases} ER_1(Q_1, Q_2) \geqslant ER_1(U_1, Q_2) \\ ER_2(Q_1, Q_2) \geqslant ER_2(Q_1, U_2) \end{cases} \tag{8 - 17}$$

所以命题 8 - 3 得到验证，（Q_1，Q_2）是该博弈系统的一个量子纳什均衡，双方的收益为 $\left(\dfrac{v}{2}, \dfrac{v}{2}\right)$，量子纳什均衡策略为（鸽，鸽）。这是经典纳什均衡所不存在的均衡策略，这也是量子博弈的最大优势。因此，通过量子博弈的思想，增加博弈大国双方的纠缠度，可以破解经典博弈中存在的博弈困境，同时实现纳什均衡和帕累托最优。

8.3 大国货币非对称鹰鸽量子博弈及其均衡

8.3.1 基于国际金融主导权的大国货币非对称鹰鸽博弈经典模型及困境

为分析大国国际金融主导权非对称博弈及其困境，在此构建基于国际金融主导权的大国货币非对称鹰鸽博弈模型，此模型不同于第 6 章的非对称鹰鸽博弈模型中，不考虑非对称因子对博弈均衡的影响。假设博弈大国 1 和博弈大国 2 的策略都为鹰策略（记为 H）和鸽策略（记为 D），博弈双方采用鸽策略的合作收益对于博弈大国 1 来讲为 v_1，博弈大国 2 为 v_2，并且 $v_1 > v_2 > 0$；博弈双方采用鹰策略的冲突成本均为 c。在该基于国际金融主导权的大国货币非对称鹰鸽博弈模型中，博弈大国双方的收益矩阵见表 8 - 1，表中每一种收益的第一个值是博弈大国 1 的，第二个值是博弈大国 2 的。

表 8 - 1　　　基于国际金融主动权的大国货币非对称鹰鸽博弈支付矩阵

博弈方与博弈策略		博弈大国 2	
		鹰策略	鸽策略
博弈大国 1	鹰策略	$\dfrac{v_1 - c}{2}$，$\dfrac{v_2 - c}{2}$	v_1，0
	鸽策略	0，v_2	$\dfrac{v_1}{2}$，$\dfrac{v_2}{2}$

从表 8 - 1 可知，当博弈大国 1 和博弈大国 2 都采取鹰策略时，它们的收益为 $\left(\dfrac{v_1 - c}{2}, \dfrac{v_2 - c}{2} \right)$；当博弈人国 1 采用鹰策略，博弈大国 2 采用鸽策略时，它们的收益为 (v_1，0)；相反，当博弈大国 1 采用鸽策略，博弈大国 2 采用鹰策略时，它们的收益为 (0，v_2)；当博弈大国双方都采用鸽策略时，它们的收益为 $\left(\dfrac{v_1}{2}, \dfrac{v_2}{2} \right)$。

根据纳什均衡的定义，当冲突成本 c 取不同值时，该博弈系统的经典纳什均衡策略如下：

当 $v_2 \geqslant c$ 时，$\dfrac{v_1 - c}{2} > \dfrac{v_2 - c}{2} > 0$，可知当博弈大国 1 选择鹰策略时，博弈大国 2 无论选择什么策略所获得的收益都不优于选择鹰策略；同样当博弈大国 2 选择鹰策略时，博弈大国 1 的占优策略也是鹰策略。所以，(鹰，鹰) 为该博弈系统的纳什均衡策略。当博弈大国 1 选择鸽策略时，博弈大国 2 的占优策略是鹰策略；当博弈大国 2 选择鹰策略时，博弈大国 1 的占优策略还是鹰策略。可见,(鸽,鹰)和(鹰,鸽)不是纳什均衡策略。所以,此时该博弈系统的纳什均衡策略组合为(鹰,鹰)。

当 $v_1 \geq c > v_2$ 时,$\dfrac{v_1-c}{2} \geq 0 > \dfrac{v_2-c}{2}$,可知当博弈大国 1 选择鹰策略时,博弈大国 2 选择鸽策略是占优策略;当博弈大国 2 选择鸽策略时,博弈大国 1 选择鹰策略是占优策略。其他策略都不是纳什均衡策略。所以,此时该博弈系统的纳什均衡策略为(鹰,鸽)。

当 $c > v_1$ 时,$0 > \dfrac{v_1-c}{2} > \dfrac{v_2-c}{2}$,可知当博弈大国 1 选择鹰策略时,博弈大国 2 选择鸽策略是占优策略,即(鹰,鸽)是纳什均衡策略;当博弈大国 2 选择鹰策略时,博弈大国 1 选择鸽策略是占优策略,即(鸽,鹰)是纳什均衡策略。其他策略均不是纳什均衡策略。所以,此时的纳什均衡策略为(鹰,鸽)和(鸽,鹰)。

由此可以看出,在该基于国际金融主导权的大国非对称鹰鸽博弈系统中,无论 v_1、v_2、c 的取值如何,经典博弈模型的均衡策略都不是该系统的帕累托最优,也就是同样存在着个体理性与集体理性的悖论。

8.3.2 基于国际金融主导权的大国货币非对称鹰鸽博弈量子模型及收益情况

该博弈系统的量子模型构建与章节 8.2.2 基于国际金融主导权的大国货币对称鹰鸽博弈量子模型是一样的。博弈大国 1 和博弈大国 2 的策略集仍为 U_1 和 U_2,$\hat{J}$ 和 $\hat{J}^+$ 分别表示量子态的转换装置和策略装置,$|\psi_0\rangle$ 和 $|\psi_f\rangle$ 分别表示该博弈系统量子比特的初态与末态,量子比特的初态 $|\psi_0\rangle = \hat{J}|00\rangle$,量子比特的末态 $|\psi_f\rangle = \hat{J}^+(U_1 \otimes U_2)\hat{J}|00\rangle$。$p_{ij} = |\langle ij|\psi_f\rangle|^2$($i, j = 0, 1$),表示测量量子态 $|ij\rangle$ 的概率。通过构建量子模型,可以得到博弈大国 1 和博弈大国 2 的收益为:

$$ER_1 = \frac{v_1-c}{2}p_{11} + v_1 p_{10} + 0p_{01} + \frac{v_1}{2}p_{00} \qquad (8-18)$$

$$ER_2 = \frac{v_2-c}{2}p_{11} + 0p_{10} + v_2 p_{01} + \frac{v_2}{2}p_{00} \qquad (8-19)$$

假设基于国际金融主导权的大国非对称鹰鸽量子博弈系统的博弈双方采取的量子策略组合为（S_1，S_2），其中博弈大国 1 和博弈大国 2 的策略矩阵设为：

$$S_i = U(\theta_i, \varphi_i) = \begin{bmatrix} e^{i\varphi_i}\cos\dfrac{\theta_i}{2} & \sin\dfrac{\theta_i}{2} \\ -\sin\dfrac{\theta_i}{2} & e^{-i\varphi_i}\cos\dfrac{\theta_i}{2} \end{bmatrix}, (i, j = 1, 2) \quad (8-20)$$

当博弈大国 1 采用量子策略 S_1 而博弈大国 2 采用量子策略 S_2 后，由初态为 $|\psi_0\rangle = \hat{J}|00\rangle$，得到末态为：

$$|\psi_f\rangle = \hat{J}^+ (S_1 \otimes S_2) \hat{J} |00\rangle$$

$$= \left\{ \cos\frac{\gamma}{2}(D \otimes D) - i\sin\frac{\gamma}{2}(H \otimes H) \right\}$$

$$\left(\begin{bmatrix} e^{i\varphi_1}\cos\dfrac{\theta_1}{2} & \sin\dfrac{\theta_1}{2} \\ -\sin\dfrac{\theta_1}{2} & e^{-i\varphi_1}\cos\dfrac{\theta_1}{2} \end{bmatrix} \otimes \begin{bmatrix} e^{i\varphi_2}\cos\dfrac{\theta_2}{2} & \sin\dfrac{\theta_2}{2} \\ -\sin\dfrac{\theta_2}{2} & e^{-i\varphi_2}\cos\dfrac{\theta_2}{2} \end{bmatrix} \right)$$

$$\left\{ \cos\frac{\gamma}{2}|00\rangle + i\sin\frac{\gamma}{2} \right\} |00\rangle$$

$$= \cos\frac{\theta_1}{2}\cos\frac{\theta_2}{2}\left(\cos^2\frac{\gamma}{2}e^{i\varphi_1+i\varphi_2} + \sin^2\frac{\gamma}{2}e^{-i\varphi_1-i\varphi_2} \right)|00\rangle$$

$$+ \left[\sin\frac{\theta_1}{2}\cos\frac{\theta_2}{2}\left(-\cos^2\frac{\gamma}{2}e^{i\varphi_2} - \sin^2\frac{\gamma}{2}e^{-i\varphi_2} \right) \right.$$

$$\left. + i\sin\frac{\gamma}{2}\cos\frac{\gamma}{2}\cos\frac{\theta_1}{2}\sin\frac{\theta_2}{2}(e^{-i\varphi_1} - e^{i\varphi_1}) \right]|10\rangle$$

$$+ \left[\cos\frac{\theta_1}{2}\sin\frac{\theta_2}{2}\left(-\cos^2\frac{\gamma}{2}e^{i\varphi_1} - \sin^2\frac{\gamma}{2}e^{-i\varphi_1} \right) \right.$$

$$\left. + i\sin\frac{\gamma}{2}\cos\frac{\gamma}{2}\sin\frac{\theta_1}{2}\cos\frac{\theta_2}{2}(e^{-i\varphi_2} - e^{i\varphi_2}) \right]|01\rangle + \left[\sin\frac{\theta_1}{2}\sin\frac{\theta_2}{2} \right.$$

$$\left. + i\sin\frac{\gamma}{2}\cos\frac{\gamma}{2}\cos\frac{\theta_1}{2}\cos\frac{\theta_2}{2}(e^{-i\varphi_1-i\varphi_2} - e^{i\varphi_1+i\varphi_2}) \right]|11\rangle \quad (8-21)$$

由此可知，各量子态的概率分别为：

$$
\begin{cases}
P_{00} = \left(\cos(\varphi_1 + \varphi_2) \cos \dfrac{\theta_1}{2} \cos \dfrac{\theta_2}{2} \right)^2 \\
\qquad + \left(\cos \dfrac{\theta_1}{2} \cos \dfrac{\theta_2}{2} \sin(\varphi_1 + \varphi_2) \cos\gamma \right)^2 \\
P_{01} = \left(\sin\gamma \sin \dfrac{\theta_1}{2} \cos \dfrac{\theta_2}{2} \sin \varphi_2 - \cos \varphi_1 \cos \dfrac{\theta_1}{2} \sin \dfrac{\theta_2}{2} \right)^2 \\
\qquad + \left(-\cos\gamma \sin \varphi_1 \cos \dfrac{\theta_1}{2} \sin \dfrac{\theta_2}{2} \right)^2 \\
P_{10} = \left(\sin\gamma \cos \dfrac{\theta_1}{2} \sin \dfrac{\theta_2}{2} \sin \varphi_1 - \cos \varphi_2 \sin \dfrac{\theta_1}{2} \cos \dfrac{\theta_2}{2} \right)^2 \\
\qquad + \left(-\cos\gamma \sin \varphi_2 \sin \dfrac{\theta_1}{2} \cos \dfrac{\theta_2}{2} \right)^2 \\
P_{11} = \left(\sin \dfrac{\theta_1}{2} \sin \dfrac{\theta_2}{2} + \sin\gamma \cos \dfrac{\theta_1}{2} \cos \dfrac{\theta_2}{2} \sin(\varphi_1 + \varphi_2) \right)^2
\end{cases}
\tag{8-22}
$$

根据博弈大国双方的收益公式即式（8-18）和式（8-19）以及各量子态的概率公式即式（8-22）可得，在博弈大国双方实施量子策略 S_1 和 S_2 后，双方的收益如下：

$$
\begin{aligned}
ER_1(S_1, S_2) &= \frac{v_1 - c}{2} p_{11} + v_1 p_{10} + 0\, p_{01} + \frac{v_1}{2} p_{00} \\
&= \frac{v_1 - c}{2} \left(\sin \frac{\theta_1}{2} \sin \frac{\theta_2}{2} + \sin\gamma \cos \frac{\theta_1}{2} \cos \frac{\theta_2}{2} \sin(\varphi_1 + \varphi_2) \right)^2 \\
&\quad + v_1 \left[\left(\sin\gamma \cos \frac{\theta_1}{2} \sin \frac{\theta_2}{2} \sin \varphi_1 - \cos \varphi_2 \sin \frac{\theta_1}{2} \cos \frac{\theta_2}{2} \right)^2 \right. \\
&\qquad \left. + \left(-\cos\gamma \sin \varphi_2 \sin \frac{\theta_1}{2} \cos \frac{\theta_2}{2} \right)^2 \right] \\
&\quad + \frac{v_1}{2} \left[\left(\cos(\varphi_1 + \varphi_2) \cos \frac{\theta_1}{2} \cos \frac{\theta_2}{2} \right)^2 \right. \\
&\qquad \left. + \left(\cos \frac{\theta_1}{2} \cos \frac{\theta_2}{2} \sin(\varphi_1 + \varphi_2) \cos\gamma \right)^2 \right]
\end{aligned}
\tag{8-23}
$$

$$\mathrm{ER}_2(S_1,S_2) = \frac{v_2 - c}{2}p_{11} + 0\,p_{10} + v_2 p_{01} + \frac{v_2}{2}p_{00}$$

$$= \frac{v_2 - c}{2}\left(\sin\frac{\theta_1}{2}\sin\frac{\theta_2}{2} + \sin\gamma\cos\frac{\theta_1}{2}\cos\frac{\theta_2}{2}\sin(\varphi_1 + \varphi_2)\right)^2$$

$$+ v_2\left[\left(\sin\gamma\sin\frac{\theta_1}{2}\cos\frac{\theta_2}{2}\sin\varphi_2 - \cos\varphi_1\cos\frac{\theta_1}{2}\sin\frac{\theta_2}{2}\right)^2\right.$$

$$+ \left.\left(-\cos\gamma\sin\varphi_1\cos\frac{\theta_1}{2}\sin\frac{\theta_2}{2}\right)^2\right]$$

$$+ \frac{v_2}{2}\left[\left(\cos(\varphi_1 + \varphi_2)\cos\frac{\theta_1}{2}\cos\frac{\theta_2}{2}\right)^2\right.$$

$$\left. + \left(\cos\frac{\theta_1}{2}\cos\frac{\theta_2}{2}\sin(\varphi_1 + \varphi_2)\cos\gamma\right)^2\right] \qquad (8-24)$$

8.3.3 量子态的纠缠度最大时的纳什均衡

该博弈系统的量子态的纠缠度最大$\left(\gamma = \frac{\pi}{2}\right)$时，有$\hat{J} = \exp\left\{i\,\frac{\pi}{2}H \otimes H/2\right\} = \frac{1}{\sqrt{2}}(D \otimes D + iH \otimes H)$，于是$\hat{J}^+ = \frac{1}{\sqrt{2}}(D \otimes D - iH \otimes H)$，所以就有$\hat{J}\,|\,00\rangle = \frac{1}{\sqrt{2}}(\,|\,00\rangle + i\,|\,11\rangle)$。

命题 8-4：当纠缠度$\gamma = \frac{\pi}{2}$时，该基于国际金融主导权的大国货币非对称鹰鸽量子博弈存在纳什均衡策略（Q_1，Q_2）。

证明：根据章节8.2.5可知，当纠缠度$\gamma = \frac{\pi}{2}$时，基于国际金融主导权的大国货币对称鹰鸽博弈的纳什均衡策略为$Q_1 = Q_2 = U\left(0, \frac{\pi}{2}\right)$。将$Q_1 = S_1 = U\left(0, \frac{\pi}{2}\right)$，$Q_2 = S_2 = U\left(0, \frac{\pi}{2}\right)$代入式（7-22）和式（7-23），可得此时博弈大国1和博弈大国2的收益，$\mathrm{ER}_1(Q_1, Q_2) = \frac{v_1}{2}$；$\mathrm{ER}_2(Q_1, Q_2) = \frac{v_2}{2}$。

对于任意策略 U(θ，φ)，博弈大国双方的收益为：

$$\begin{cases} ER_1(U,S_2) = \dfrac{v_1 - c}{2}\left(\cos\varphi\cos\dfrac{\theta}{2}\right)^2 + \dfrac{v_1}{2}\left(\sin\varphi\cos\dfrac{\theta}{2}\right)^2 \\[3mm] ER_2(S_1,U) = \dfrac{v_2 - c}{2}\left(\cos\varphi\cos\dfrac{\theta}{2}\right)^2 + \dfrac{v_2}{2}\left(\sin\varphi\cos\dfrac{\theta}{2}\right)^2 \end{cases} \quad (8-25)$$

并且满足以下不等式关系：

$$\begin{cases} ER_1(U,S_2) \leqslant ER_1(Q_1,Q_2) = \dfrac{v_1}{2} \\[3mm] ER_2(S_1,U) \leqslant ER_2(Q_1,Q_2) = \dfrac{v_2}{2} \end{cases} \quad (8-26)$$

所以（Q_1，Q_2）满足纳什均衡策略的定义，即当该博弈系统量子态的纠缠度最大$\left(\gamma = \dfrac{\pi}{2}\right)$时，量子策略组合（$Q_1$，$Q_2$）$= \left[U\left(0, \dfrac{\pi}{2}\right), U\left(0, \dfrac{\pi}{2}\right)\right]$是该博弈系统的纳什均衡策略，并且纳什均衡策略与采用鹰策略的冲突成本 c 的取值无关。此时，相当于得到了经典博弈所无法得到纳什均衡策略（鸽，鸽）。

8.3.4 量子态的纠缠度最小时的纳什均衡

当该博弈系统的量子态的纠缠度最小（$\gamma = 0$）时，$\hat{J}|00\rangle = (D \otimes D)|00\rangle = D|0\rangle \otimes D|0\rangle = |00\rangle$，现假设（$Q_1$，$Q_2$）为此时的纳什均衡策略，于是将 $\gamma = 0$ 代入式（8-23）与式（8-24）可得博弈大国双方采用纳什均衡策略时的收益为：

$$\begin{aligned} ER_1(Q_1,Q_2) = &\frac{v_1 - c}{2}\left(\sin\frac{\theta_1}{2}\sin\frac{\theta_2}{2}\right)^2 \\ &+ v_1\left[\left(-\cos\varphi_2\sin\frac{\theta_1}{2}\cos\frac{\theta_2}{2}\right)^2 + \left(\sin\varphi_2\sin\frac{\theta_1}{2}\cos\frac{\theta_2}{2}\right)^2\right] \\ &+ \frac{v_1}{2}\left[\left(\cos(\varphi_1 + \varphi_2)\cos\frac{\theta_1}{2}\cos\frac{\theta_2}{2}\right)^2 \right.\\ &\left. + \left(\sin(\varphi_1 + \varphi_2)\cos\frac{\theta_1}{2}\cos\frac{\theta_2}{2}\right)^2\right] \end{aligned} \quad (8-27)$$

$$ER_2(Q_1, Q_2) = \frac{v_2 - c}{2}\left(\sin\frac{\theta_1}{2}\sin\frac{\theta_2}{2}\right)^2$$

$$+ v_2\left[\left(-\cos\varphi_1\sin\frac{\theta_1}{2}\cos\frac{\theta_2}{2}\right)^2 + \left(-\sin\varphi_1\cos\frac{\theta_1}{2}\sin\frac{\theta_2}{2}\right)^2\right]$$

$$+ \frac{v_2}{2}\left[\left(\cos(\varphi_1 + \varphi_2)\text{scos}\frac{\theta_1}{2}\cos\frac{\theta_2}{2}\right)^2\right.$$

$$\left. + \left(\sin(\varphi_1 + \varphi_2)\cos\frac{\theta_1}{2}\cos\frac{\theta_2}{2}\right)^2\right] \qquad (8-28)$$

对于一方采用纳什均衡策略，另一方采用任意量子策略，博弈大国双方的收益分别为：

$$ER_1(U, Q_2) = \frac{v_1 - c}{2}\left(\sin\frac{\theta}{2}\sin\frac{\theta_2}{2}\right)^2$$

$$+ v_1\left[\left(-\cos\varphi_2\sin\frac{\theta}{2}\cos\frac{\theta_2}{2}\right)^2 + \left(\sin\varphi_2\sin\frac{\theta}{2}\cos\frac{\theta_2}{2}\right)^2\right]$$

$$+ \frac{v_1}{2}\left[\left(\cos(\varphi_1 + \varphi_2)\cos\frac{\theta}{2}\cos\frac{\theta_2}{2}\right)^2\right.$$

$$\left. + \left(\sin(\varphi_1 + \varphi_2)\cos\frac{\theta}{2}\cos\frac{\theta_2}{2}\right)^2\right] \qquad (8-29)$$

$$ER_2(Q_1, U) = \frac{v_2 - c}{2}\left(\sin\frac{\theta_1}{2}\sin\frac{\theta}{2}\right)^2$$

$$+ v_2\left[\left(-\cos\varphi_1\sin\frac{\theta_1}{2}\cos\frac{\theta}{2}\right)^2 + \left(-\sin\varphi_1\cos\frac{\theta_1}{2}\sin\frac{\theta}{2}\right)^2\right]$$

$$+ \frac{v_2}{2}\left[\left(\cos(\varphi_1 + \varphi_2)\cos\frac{\theta_1}{2}\cos\frac{\theta}{2}\right)^2\right.$$

$$\left. + \left(\sin(\varphi_1 + \varphi_2)\cos\frac{\theta_1}{2}\cos\frac{\theta}{2}\right)^2\right] \qquad (8-30)$$

当博弈大国采用鹰策略的冲突成本 c 取不同值时，该博弈系统有不同的纳什均衡策略。

命题 8 - 5： 当博弈大国 2 的合作收益大于等于冲突成本（即 $v_2 \geq c$）时，该博弈系统存在量子纳什均衡策略（$U(\pi, \varphi_1)$，$U(\pi, \varphi_2)$）。

证明：由命题 8 - 5 可得 $\theta_1 = \theta_2 = \pi$，且 $Q_1 = Q_2 = \begin{bmatrix} 0 & 1 \\ -1 & 0 \end{bmatrix}$，代入式（8 - 27）、

式 (8-28)、式 (8-29) 与式 (8-30)，满足以下不等式关系：

$$\begin{cases} ER_1(Q_1,Q_2) \geq ER_1(U,Q_2) \\ ER_2(Q_1,Q_2) \geq ER_2(Q_1,U) \end{cases}$$

(8-31)

此时该博弈系统的量子纳什均衡策略为 $(U(\pi, \varphi_1), U(\pi, \varphi_2))$，$\varphi_1$，$\varphi_2 \in \left[0, \dfrac{\pi}{2}\right]$。当 $\varphi_1 = \varphi_2 = 0$ 时，得到的纳什均衡就是（鹰，鹰），这时同经典纳什均衡策略相同。

命题 8-6： 当博弈大国 1 的合作收益大于冲突成本而博弈大国 2 的合作收益不大于冲突成本（即 $v_1 > c \geq v_2$）时，该博弈系统存在量子纳什均衡策略 $(U(\pi, \varphi_1), U(0, \varphi_2))$。

证明：由命题 8-6 可得 $\theta_1 = \pi$，$\theta_2 = 0$，$Q_1 = \begin{bmatrix} 0 & 1 \\ -1 & 0 \end{bmatrix}$，$Q_2 = U(0, \varphi) = \begin{bmatrix} e^{i\varphi} & 0 \\ 0 & e^{-i\varphi} \end{bmatrix}$，$\varphi \in \left[0, \dfrac{\pi}{2}\right]$，代入式 (7-26)、式 (7-27)、式 (7-28) 与式 (7-29)，满足以下不等式关系：

$$\begin{cases} ER_1(Q_1,Q_2) \geq ER_1(U,Q_2) \\ ER_2(Q_1,Q_2) \geq ER_2(Q_1,U) \end{cases}$$

(8-32)

此时该博弈系统的量子纳什均衡策略为 $(U(\pi, \varphi_1), U(0, \varphi_2))$，$\varphi_1$，$\varphi_2 \in \left[0, \dfrac{\pi}{2}\right]$。当 $\varphi_1 = \varphi_2 = 0$ 时，得到的纳什均衡就是（鹰，鸽），这时同经典纳什均衡策略相同。

命题 8-7： 当博弈大国 1 的合作收益小于冲突成本（即 $v_1 < c$）时，存在两个纳什均衡策略组合。当 $\theta_1 = \pi$，$\theta_2 = 0$ 时，纳什均衡策略为 $(U(\pi, \varphi_1), U(0, \varphi_2))$，$\varphi_1$，$\varphi_2 \in \left[0, \dfrac{\pi}{2}\right]$；当 $\theta_1 = 0$，$\theta_2 = \pi$ 时，纳什均衡策略为 $(U(0, \varphi_1), U(\pi, \varphi_2))$，$\varphi_1$，$\varphi_2 \in \left[0, \dfrac{\pi}{2}\right]$。

证明过程省略，与前面的命题证明原理相同。当 $\varphi_1 = \varphi_2 = 0$ 时，则纳什均衡策略就是（鹰，鸽）和（鸽，鹰），这两个特殊的纳什均衡策略与经典纳什均衡策略相同。

8.4 大国货币非对称鹰鸽量子博弈的数值仿真

为了更直观地考察博弈大国在是否考虑纠缠的不同情形下的收益随其采用鹰策略的程度（θ_1）变化而变化的情况，本节运用 MATLAB2020b 软件进行数值仿真。

8.4.1 不考虑纠缠的数值仿真

根据上节对不考虑纠缠的情况的研究，对于采用鹰策略的收益（即冲突成本）c 的不同取值会有不同的均衡策略。

（1）考察命题 8-1（即 $v_2 \geq c$）的情形。假设各参数初始值如下：$v_1 = 100$，$v_2 = 80$，$c = 60$，且 $\varphi_1 = \varphi_2 = 0$，将其代入式（8-27），可得博弈大国 1 的收益为关于博弈双方采用鹰策略的程度 θ_1 和 θ_2 的函数，为：

$$\mathrm{ER}_1(\theta_1, \theta_2) = 20\left(\sin\frac{\theta_1}{2}\sin\frac{\theta_2}{2}\right)^2 + 100\left(-\sin\frac{\theta_1}{2}\cos\frac{\theta_2}{2}\right)^2 + 40\left(\cos\frac{\theta_1}{2}\cos\frac{\theta_2}{2}\right)^2$$

$$= 20\left(\sin\frac{\theta_1}{2}\right)^2 + 30\left(\sin\frac{\theta_1}{2}\cos\frac{\theta_2}{2}\right)^2 + 50\left(\cos\frac{\theta_2}{2}\right)^2 \qquad (8-33)$$

其中，$\mathrm{ER}_1(\theta_1, \theta_2) \in [0, 100]$，$(\theta_1, \theta_2) \in [0, \pi]$。此时博弈大国 1 的收益，对 θ_1 和 θ_2 的三维图像见图 8-2。

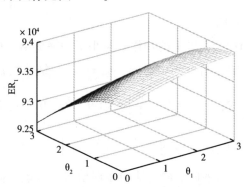

图 8-2 不考虑纠缠且 $v_2 \geq c$ 时博弈大国 1 的收益对

双方采用鹰策略程度的三维图像

进一步分析 $\theta_2 = \dfrac{\pi}{4}$ 时，博弈大国 1 的收益随 θ_1 的变化而变化的情况，此时，其收益为：

$$ER_1\left(\theta_1, \frac{\pi}{4}\right) = 20\left(\sin\frac{\theta_1}{2}\right)^2 + 30\left(\frac{2+\sqrt{2}}{4}\right)\left(\sin\frac{\theta_1}{2}\right)^2 + 50\left(\frac{2+\sqrt{2}}{4}\right)$$

$$= \left(25 + \frac{25\sqrt{2}}{2}\right) + \left(35 + \frac{15\sqrt{2}}{2}\right)\left(\sin\frac{\theta_1}{2}\right)^2 \qquad (8-34)$$

此时博弈大国 1 的收益，对 θ_1 的函数图像见图 8 − 3。

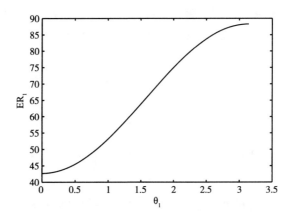

图 8 − 3 $\theta_2 = \dfrac{\pi}{4}$ 且 $v_2 \geqslant c$ 时博弈大国 1 的收益对其

采用鹰策略程度的函数图像

（2）考察命题 8 − 2（即 $v_1 > c \geqslant v_2$）的情形。假设各参数初始值如下：$v_1 = 100$，$v_2 = 60$，$c = 80$，且 $\varphi_1 = \varphi_2 = 0$，将其代入式（8 − 27），可得博弈大国 1 的收益为关于博弈双方采用鹰策略的程度 θ_1 和 θ_2 的函数，为：

$$ER_1(\theta_1, \theta_2) = 10\left(\sin\frac{\theta_1}{2}\sin\frac{\theta_2}{2}\right)^2 + 100\left(-\sin\frac{\theta_1}{2}\cos\frac{\theta_2}{2}\right)^2 + 50\left(\cos\frac{\theta_1}{2}\cos\frac{\theta_2}{2}\right)^2$$

$$= 10\left(\sin\frac{\theta_1}{2}\right)^2 + 40\left(\sin\frac{\theta_1}{2}\cos\frac{\theta_2}{2}\right)^2 + 50\left(\cos\frac{\theta_2}{2}\right)^2 \qquad (8-35)$$

其中，$ER_1(\theta_1, \theta_2) \in [0, 100]$，$(\theta_1, \theta_2) \in [0, \pi]$。此时博弈大国 1 的收益，对 θ_1 和 θ_2 的三维图像见图 8 − 4。

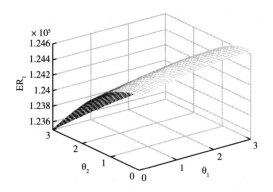

图 8 - 4　不考虑纠缠且$v_1 > c \geqslant v_2$时博弈大国 1 的收益对

双方采用鹰策略程度的三维图像

进一步分析 $\theta_2 = \dfrac{\pi}{4}$ 时，博弈大国 1 的收益随 θ_1 的变化而变化的情况，此时，其收益为：

$$ER_1\left(\theta_1, \frac{\pi}{4}\right) = 10\left(\sin\frac{\theta_1}{2}\right)^2 + 10(2+\sqrt{2})\left(\sin\frac{\theta_1}{2}\right)^2 + 50\left(\frac{2+\sqrt{2}}{4}\right)$$

$$= \left(25 + \frac{25\sqrt{2}}{2}\right) + \left(30 + 10\sqrt{2}\right)\left(\sin\frac{\theta_1}{2}\right)^2 \qquad (8-36)$$

此时博弈大国 1 的收益，对 θ_1 的函数图像见图 8 - 5。

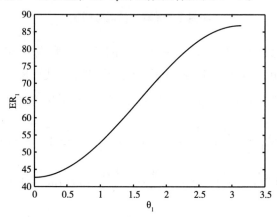

图 8 - 5　$\theta_2 = \dfrac{\pi}{4}$ 且 $v_1 > c \geqslant v_2$ 时博弈大国 1 的收益

对其采用鹰策略程度的函数图像

（3）考察命题 8 – 3（即 $v_1 < c$）的情形。假设各参数初始值如下：$v_1 = 80$，$v_2 = 60$，$c = 100$，且 $\varphi_1 = \varphi_2 = 0$，将其代入式（8 – 27），可得博弈大国 1 的收益为关于博弈双方采用鹰策略的程度 θ_1 和 θ_2 的函数，为：

$$
\begin{aligned}
ER_1(\theta_1, \theta_2) &= -10\left(\sin\frac{\theta_1}{2}\sin\frac{\theta_2}{2}\right)^2 + 80\left(-\sin\frac{\theta_1}{2}\cos\frac{\theta_2}{2}\right)^2 + 40\left(\cos\frac{\theta_1}{2}\cos\frac{\theta_2}{2}\right)^2 \\
&= -10\left(\sin\frac{\theta_1}{2}\right)^2 + 50\left(\sin\frac{\theta_1}{2}\cos\frac{\theta_2}{2}\right)^2 + 40\left(\cos\frac{\theta_2}{2}\right)^2 \qquad (8-37)
\end{aligned}
$$

其中，$ER_1(\theta_1, \theta_2) \in [0, 100]$，$(\theta_1, \theta_2) \in [0, \pi]$。此时博弈大国 1 的收益，对 θ_1 和 θ_2 的三维图像见图 8 – 6。

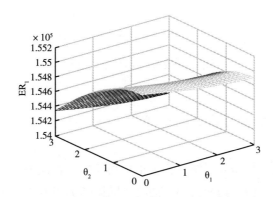

**图 8 – 6　不考虑纠缠且 $v_1 < c$ 时博弈大国 1 的收益对双方
采用鹰策略程度的三维图像**

进一步分析 $\theta_2 = \dfrac{\pi}{4}$ 时，博弈大国 1 的收益随 θ_1 的变化而变化的情况，此时，其收益为：

$$
\begin{aligned}
ER_1\left(\theta_1, \frac{\pi}{4}\right) &= -10\left(\sin\frac{\theta_1}{2}\right)^2 + \left(25 + \frac{25\sqrt{2}}{2}\right)\left(\sin\frac{\theta_1}{2}\right)^2 + 10(2 + \sqrt{2}) \\
&= 10(2 + \sqrt{2}) + \left(15 + \frac{25\sqrt{2}}{2}\right)\left(\sin\frac{\theta_1}{2}\right)^2 \qquad (8-38)
\end{aligned}
$$

此时博弈大国 1 的收益，对 θ_1 的函数图像见图 8 – 7。

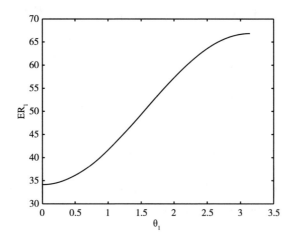

$$图 8-7 \quad \theta_2 = \frac{\pi}{4} 且 v_1 < c 时博弈大国 1 的收益对其$$

采用鹰策略程度的函数图像

8.4.2 考虑纠缠的数值仿真

考虑纠缠后，该博弈系统存在量子均衡策略，在此考察博弈大国双方都采用完全量子策略时，博弈大国 1 的收益随博弈大国双方采用鹰策略的程度 θ_1 和 θ_2 的变化而变化的情况。假设各参数初始值如下：$v_1 = 100$，$v_2 = 80$，$c = 60$，且 $\varphi_1 = \varphi_2 = \frac{\pi}{2}$，将其代入式（8-25），可得博弈大国 1 的收益 ER_1 关于 θ_1 和 θ_2 的函数为：

$$
\begin{aligned}
ER_1(\theta_1, \theta_2) &= 20\left(\sin\frac{\theta_1}{2}\sin\frac{\theta_2}{2}\right)^2 + 100\left(\cos\frac{\theta_1}{2}\sin\frac{\theta_2}{2}\right)^2 + 50\left(-\cos\frac{\theta_1}{2}\cos\frac{\theta_2}{2}\right)^2 \\
&= 20\left(\sin\frac{\theta_2}{2}\right)^2 + 30\left(\cos\frac{\theta_1}{2}\sin\frac{\theta_2}{2}\right)^2 + 50\left(\cos\frac{\theta_1}{2}\right)^2 \quad (8-39)
\end{aligned}
$$

其中，$ER_1(\theta_1, \theta_2) \in [0, 100]$，$(\theta_1, \theta_2) \in [0, \pi]$。此时博弈大国 1 的收益，对 θ_1 和 θ_2 的三维图像见图 8-8。

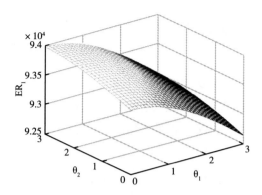

图 8 - 8　考虑纠缠时博弈大国 1 的收益对双方

采用鹰策略程度的三维图像

进一步分析 $\theta_2 = \dfrac{\pi}{4}$ 时，博弈大国 1 的收益随 θ_1 的变化而变化的情况，此时，其收益为：

$$\mathrm{ER}_1\left(\theta_1, \frac{\pi}{4}\right) = 20\left(\sin\frac{\theta_2}{2}\right)^2 + 30\left(\cos\frac{\theta_1}{2}\sin\frac{\theta_2}{2}\right)^2 + 50\left(\cos\frac{\theta_1}{2}\right)^2$$

$$= 5\left(2 + \sqrt{2}\right) + \left(65 + \frac{15\sqrt{2}}{2}\right)\left(\cos\frac{\theta_1}{2}\right)^2 \quad (8-40)$$

此时博弈大国 1 的收益，对 θ_1 的函数图像见图 8 - 9。

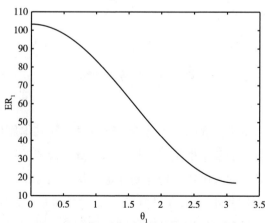

图 8 - 9　$\theta_2 = \dfrac{\pi}{4}$ 时考虑纠缠后博弈大国 1 的收益对其

采用鹰策略的函数图像

8.4.3　数值仿真的结果分析

从不考虑纠缠的数值仿真结果的图 8 - 2、图 8 - 4、图 8 - 6 可以看出，无论博弈大国双方采用鹰策略的收益 v_1 和 v_2 及其成本 c 的取值如何，在不考虑纠缠的情况下，博弈大国 1 的收益 ER_1 与其自身采用鹰策略的程度 θ_1 成正比关系，而与其竞争对手博弈大国 2 采用鹰策略的程度 θ_2 成反比关系。并且这一结论从当 θ_2 取固定值时的数字仿真结果图 8 - 3、图 8 - 5、图 8 - 7 可以进一步得到论证，即当 $\theta_2 = \dfrac{\pi}{4}$ 时，ER_1 与 θ_1 呈现明显正相关关系。这一仿真结果论证了在不考虑博弈双方策略量子态纠缠的情况下，也就是在传统的博弈框架里，博弈大国双方都有采用鹰策略的内在动力机制，促使其采取鹰策略，这也是博弈双方容易陷入囚徒困境的根本原因。

从考虑纠缠的数值仿真结果的图 8 - 8 可以看出，博弈大国 1 的收益 ER_1 与其自身采用鹰策略的程度 θ_1 成反比关系，而与其竞争对手博弈大国 2 采用鹰策略的程度 θ_2 成正比关系。并且从图 8 - 9 可以看出，当 θ_2 取固定值时，ER_1 与 θ_1 呈明显负相关关系。这一仿真结果论证了在考虑博弈策略的量子态纠缠的情况下，也就是在量子博弈框架里，博弈大国双方存在采用鸽策略的内在动力机制，促使双方都采取鸽策略，这也为破解传统博弈框架下博弈双方的囚徒困境提供了思路。

8.5　本章小结

本章先介绍了量子博弈的产生背景、形成过程与基本原理，在此基础上归纳出量子博弈分析的基本框架。然后，利用量子博弈的这一分析框架，对基于国际金融主导权的大国货币博弈问题进行量子化分析，分别构建基于国际金融主导权的大国货币对称鹰鸽博弈量子模型和非对称鹰鸽博弈量子模型，并讨论它们的经典纳什均衡和量子纳什均衡策略情况。通过这些分析结果可以得出以下结论。

第一，对于基于国际金融主导权的大国货币博弈问题，无论是对称鹰鸽博弈还是非对称鹰鸽博弈的量子分析，都可以得到量子纳什均衡策略。当博弈大国 1 和博弈大国 2 之间量子策略的纠缠度最大$\left(\gamma = \dfrac{\pi}{2}\right)$时，对称鹰鸽博弈和非对称鹰鸽博弈都可以得到唯一的纳什均衡策略，并且与博弈双方都采取鹰策略时所付出的冲突成本 c 的取值无关。当博弈大国双方的博弈策略的量子态的纠缠度最小（$\gamma = 0$，完全无纠缠）时，量子纳什均衡策略的一种特殊情况与经典纳什均衡策略一样。或者说经典纳什均衡策略是量子纳什均衡策略的一个特殊均衡策略。

第二，对于基于国际金融主导权的大国货币博弈问题，通过量子博弈理论分析可以破解经典博弈理论分析存在的博弈困境问题。也就是说，当博弈大国的一方或双方，不是简单地采用鹰策略或鸽策略，而是鹰策略和鸽策略的量子态的纠缠，即采用量子策略，那么博弈双方可以实现共赢，破解了经典博弈中个体最佳策略选择不是集体最佳选择的悖论。当博弈大国双方博弈策略的量子态的纠缠度最大$\left(\gamma = \dfrac{\pi}{2}，完全纠缠\right)$时，得到了经典博弈无法实现的唯一量子纳什均衡策略（鸽，鸽）。此时实现了纳什均衡策略与帕累托最优的完美统一。

第三，这为分析基于国际金融主导权的大国货币博弈问题提供了全新的分析方法，即量子博弈分析法；也为破解基于国际金融主导权的大国货币博弈的囚徒困境提供了可行思路。在现实中，大国间在基于国际金融主导权展开货币博弈过程中，往往不是简单地采用鹰策略或鸽策略，而是处于两种策略的叠加和纠缠状态，博弈的任何一方可能既有鹰策略也有鸽策略。所以用量子博弈理论分析该问题更能切合大国基于国际金融主导权展开货币博弈的实务。同时，要破解大国间基于国际金融主导权展开货币博弈存在的囚徒困境，有效的方法就是增加博弈大国双方策略的纠缠度。博弈大国双方的货币金融相互渗透相互依存的程度越高，相互影响相互作用的程度也会越高。此时，博弈大国双方采用鹰鸽策略的纠缠度也会越高。那么，博弈大国双方都采用鸽策略进行合作博弈获取更高的共同收益实现共赢的可能性也就越大。

第9章

机制设计：破解基于国际金融
主导权的大国货币博弈
囚徒困境的机制

第6章~第8章分别从囚徒博弈、演化博弈和量子博弈三个角度分析了基于国际金融主导权的大国货币博弈的策略选择与均衡问题。从经典博弈理论角度来看，无论是从完全理性假设还是从有限理性假设出发，博弈大国双方都会陷入囚徒困境，存在个体理性和集体非理性的悖论，无法同时实现纳什均衡策略和帕累托最优，不能达到博弈双方合作共赢的目标。从量子博弈理论角度来看，博弈大国双方博弈策略的量子态处于一种纠缠状态，只要增加彼此的纠缠度，就可以增加彼此合作的概率，当纠缠度达到最大（即完全纠缠）时，双方可以完全实现合作共赢。这就打破了经典博弈理论博弈双方陷入囚徒困境的博弈困境，这也为破解基于国际金融主导权的大国货币博弈困境提供了思路。本章基于提高冲突成本、增加额外收益和增强纠缠度的思路，从倡导建立全球金融利益共同体的合作机制、多层次多元化的国际金融治理机制和国际金融主导权的多元共享机制三个方面设计破解大国博弈困境的机制。

9.1 破解博弈困境机制设计的基本思路

9.1.1 增加冲突成本降低博弈大国采用冲突策略的概率

作为理性行为体，博弈大国在基于国际金融主导权展开的货币博弈过程中都会选择对自己最有利的博弈策略。在单次博弈中，当一方选择合作策略时，另一方有动机选择冲突策略，因为这时选择冲突策略的一方的福利水平高于双方都选择合作策略时的水平，而且选择合作策略的一方也十分清楚对方存在的这种动机，最终结果是双方都选择冲突策略，陷入囚徒困境。对于有限次重复博弈而言，由于参与双方都很清楚那一次博弈是最后一次，实际上每一次博弈策略的选择都不会对下一次博弈结果产生任何影响。这样导致有限次重复博弈的每一次博弈都跟单次博弈一样，博弈双方选择各自的占优策略，而集体选择次优策略而非实现帕累托最优，同样陷入囚徒困境。对于无限次重复博弈而言，由于博弈双方都无法知道重复博弈的哪一阶段是最后一次博弈，或者根本没有所谓的最后一次，这样博弈双方也就不清楚自己选择冲突策略得到的短期收益跟选择合作策略得到的长期收益相比哪个更优。而在单次博弈和有限次重复博弈中，博弈双方都清楚双方都选择合作策略才是彼此实现利益最大化的最优策略。而结果是双方都选择次优策略来保障自身的短期利益，博弈双方陷入囚徒困境。

导致这一结果的主要原因是，缺乏博弈大国任意一方在自己选择合作策略时促使对方也采用合作策略的保障机制。在无限次重复博弈中，从认知上双方都知道选择合作策略是最有利的，从心理上也倾向于争取长期利益。但是因为缺乏保障双方都实施合作策略的机制，只要其中任意一方选择不合作，那么最终就会陷入囚徒困境。如果博弈双方要实现互利互惠的均衡，双方都应选择合作并且要惩罚对方的不合作（冲突策略），并建立这种保障机制。这种保障机制通常有两种形式，一种是双方签订的有约束力的合约，保证双方的合作，明确规定任意一方选择不合作，也就是选择冲突策略，就要赔偿巨额违约金。另一种就是单方面实施的冷酷策略，即如果自己选择合作策略，而对方选择不合作策略，那么自己在下一轮博弈中也会选择不合作策略，并且之后会一直选择不合作策略，通过这种方式来惩罚不合作者，提高对方选择冲突策略的成本。

在现实中，美国频频挥动金融制裁大棒正是基于这一原因。美国通过金融制裁惩罚那些在其看来不合作不配合的国家或其他行为体。在以美国和美元为主导的国际金融体系中，美国作为当今世界唯一的超级大国，拥有超级国际金融主导权和对其他国家或组织实施霸凌制裁的非对称权力优势，肆意实施金融霸权行径。美国是当今世界最主要的金融制裁发起国。自从1991

年苏联解体，美国正式成为唯一的超级大国，经济全球化和经济金融化加速发展，这为美国实施金融制裁提供了肥沃的土壤和先天优势。美国利用金融制裁手段往往能够在一定程度上帮助其达成对外目标，在全球制裁数据库中1990~2019 年，美国发起和参与了 177 起金融制裁，占到总金融制裁数量的44.25%；并且其中有一半的金融制裁达到了（或部分达到了）其目标。①特别是"9.11"事件以后，美国创新了金融制裁手段，新型金融制裁对目标国更有威慑力，比如切断目标国与全球的金融业务往来，把目标国从 SWIFT系统中剔除；美国曾经用这种手段对朝鲜和伊朗进行制裁，如今俄乌冲突中美国同样用将俄罗斯剔除 SWIFT 系统的手段对其进行制裁。美国的新型金融制裁具有针对性强、实施成本低、难以发现与防范、影响大、见效快等巨大优势。②

在基于国际金融主导权的大国货币非对称博弈中，守成大国（往往也是在位霸权国家）拥有先发制人的在位优势，处于主导和主动地位。对于崛起大国而言，往往处于被动地位。也就是说，无论是选择合作策略还是冲突策略，守成大国拥有主导权，可以通过制裁等措施提高崛起大国选择冲突策略的成本。那么，对于崛起大国而言如何能够提高守成大国采用冲突策略的成本，促成其选择合作策略，往往是一个极具考验的事情。这需要崛起大国充分挖掘其存在的不对称优势，虽然守成大国拥有诸多优势，但是崛起大国也会拥有一些守成大国不具备的成长优势。崛起大国可以发挥这些优势，提高守成大国采用冲突策略的成本，促使其在一定程度上采用合作策略。

9.1.2 增加额外收益提高博弈大国采用合作策略的概率

增加合作的额外收益，也是促使博弈大国采用合作策略的重要思路，额外收益越大，博弈大国采用合作策略的概率也越高。博弈大国作为理性行为体，在经典博弈理论框架下都会选择对自己最有利的博弈策略，而不是选择

---

① Kirilakha A, Felbermayr G, Syropoulos C, et al. The global sanctions data base：an update that includes theyears of the trump presidency [R]. LeBow college of business, Drexel University, 2021.

② 黄亚光，许坤，董艳. 美国金融制裁：演化逻辑与应对策略 [J]. 经济学家，2021（7）：110 – 119.

对双方和集体都有利的博弈策略实现集体收益最大化，进而陷入囚徒困境。由于博弈大国博弈的出发点和落脚点都是国家利益，因此要改变这种博弈困局，只有改变博弈大国选择博弈策略的收益结构，进而改变其博弈策略的选择。那么，增加合作的额外收益，可以提高博弈大国选择合作策略的吸引力，逐步改变博弈大国双方博弈策略的动态演化路径和稳定均衡状况，最终实现合作共赢。

　　第7章对基于国际金融主导权的大国货币博弈的策略选择动态演化机理的研究显示，假设博弈大国只是有限理性的博弈参与者，博弈大国并非从一开始就选择了对自己有利的占优策略。但是，在经历一定期限的动态博弈之后，它们各自的博弈策略选择会逐步演化并回归到理性博弈的均衡策略。在对称鹰鸽博弈视角下大国基于国际金融主导权展开货币博弈的动态演化过程中，博弈大国采取冲突策略的比例与合作收益和冲突成本的大小比例关系相关。当双方争夺和竞争国际金融主导权获得的利益远大于因此产生的竞争成本时，博弈双方大概率会选择冲突型的鹰策略；而当冲突成本越大，获得的相对收益越小时，博弈双方采用冲突型的鹰策略的比例就会大概率减少。这表明，对于实力相当的博弈大国在为争夺国际金融主导权而展开货币博弈的动态演化过程中，增加合作的额外收益会改变合作收益与冲突成本的比例关系$\left(\dfrac{v}{c}\right)$，当其等于或大于 1 的时候，博弈大国会越来越稳定地倾向选择冲突策略。在这种情况下，只有通过增加冲突成本，减少获得的相对收益，进而降低其采用竞争型策略的概率，而且冲突成本越高，合作收益与冲突成本的比例关系$\left(\dfrac{v}{c}\right)$越趋近于 0 时，博弈大国越倾向于选择合作策略。在现实中，实力相当的博弈大国为了争夺国际金融主导权而展开货币博弈，往往在乎的是获得权力本身，而不在乎其合作收益，让其考虑选择合作策略与冲突策略的主要因素在于冲突成本。在这种情况下，增加冲突成本是促进合作的关键因素。

　　同样地，在非对称鹰鸽博弈模型视角下大国基于国际金融主导权而展开货币博弈的动态演化过程中，博弈双方不断试错和进行策略调整，当一国选取鸽策略的概率达到一定程度后，另一国会逐步稳定地选择鹰策略，（鸽，鹰）成为它们的进化稳定策略。这也表明，有限理性的演化博弈结果与理性静态博弈的混合策略纳什均衡是一致的。也就是说，在基于国际金融主导权的大国货币非对称博弈中，即使参与大国是有限理性的，经过多次博弈之后，最终会回归到理性博弈的纳什均衡策略。

但是，对于非对称鹰鸽博弈视角下大国基于国际金融主导权而展开货币博弈的动态演化过程汇总，增加额外的合作收益可以改变博弈大国博弈策略选择的演化路径和均衡状态。在第 7 章非对称合作博弈视角下国际金融主导权的大国货币博弈模型中，当合作额外收益显著增加，且参与国际金融主导权博弈的大国双方额外收益之和大于系统收益时，在经过较长时期的博弈演化之后，冲突策略逐渐被双方淘汰，合作策略成为双方的演化稳定策略，即整个博弈系统最终将演化为合作状态。由此可见，额外收益的增加将有助于改变基于国际金融主导权博弈的大国之间"鹰鸽博弈"这一结构特征，能有效促进博弈大国之间合作的顺利开展。而且基于此的数值仿真结果表明，对于实力非对称的博弈大国，双方基于国际金融主导权展开货币博弈，随着合作收益的提高，加快了博弈双方朝着（鸽，鹰）稳定策略演化的速度；博弈双方一开始都会增加采用鹰策略的比例，但很快实力强的一方朝着采用鸽策略转化。

9.1.3　增加纠缠度提高博弈大国双方实现合作共赢的概率

在量子博弈理论中，博弈策略的量子纠缠度是一个重要概念。基于量子博弈理论的分析，对于大国为争夺国际金融主导权而展开货币博弈的问题，无论是对称鹰鸽博弈还是非对称鹰鸽博弈，都可以得到量子纳什均衡策略。当博弈大国双方的博弈策略量子纠缠度达到最大时，也就是处于一种完全纠缠的状态，对称鹰鸽博弈和非对称鹰鸽博弈都可以得到唯一的纳什均衡策略（鸽，鸽），并且与博弈双方都采取鹰策略时所付出的冲突成本的取值无关。

在量子博弈理论框架下，得出的量子均衡策略为破解经典博弈理论分析中存在的博弈困境问题提供了思路。在量子博弈系统中，博弈大国的一方或双方，不是简单地采用鹰策略或鸽策略，而是鹰策略和鸽策略的量子态的纠缠，即采用量子策略。通过量子博弈，随着双方博弈策略的量子纠缠度不断提高，双方采用鸽策略的概率也不断提高；当纠缠度达到最大时，得到了经典博弈无法实现的唯一量子纳什均衡策略（鸽，鸽），博弈双方可以实现共赢，实现了纳什均衡策略与帕累托最优的完美统一，破解了经典博弈中个体最佳策略选择不是集体最佳选择的悖论。

要实现博弈大国博弈策略的量子均衡，就要实现博弈策略的量子纠缠；要实现量子纠缠，就要实现博弈大国之间的利益纠缠或利益捆绑。这就是量子博弈分析为我们破解博弈大国面临的囚徒困境提供的可行思路。在现实中，博弈大国之间经济金融的相互渗透、相互依赖和相互依存关系越大，相互之间爆发冲突的可能就越小，即使爆发冲突，冲突的烈度与广度也相对有限；或者爆发了冲突之后，相互调和与和解的可能性越大，和解的难度越低。英美在 20 世纪三四十年代的国际金融主导权大博弈中，虽然在 30 年代陷入了短期的囚徒困境，但是很快就调整了。它们始终保持着斗而不破的博弈格局，其中非常重要的原因就是英美之间有着太多的共同利益。它们在经济金融利益、战略利益、国家安全利益等诸多方面存在着利益纠缠，特别是在反法西斯的战略上是利益捆绑的。同时，它们相互之间也存在着深度相互依赖和相互依存。当然，它们之间是一种非对称的相互依赖和利益纠缠，其中英国对美国有着更多的依赖。

在经济全球化程度如此之高的今天，各国之间尤其是大国之间的经济金融利益更是相互依赖与相互依存的。大国之间爆发完全切割式的冲突，或者完全无冲突或竞争的合作都是很难的，往往是一种纠缠关系。但是如果博弈大国之间的共同利益较少，利益纠缠或利益捆绑不深，那么一旦爆发冲突，双方可以毫无顾忌地提升冲突的烈度与广度。比如当今俄乌危机背后的美俄之间的大国博弈，由于它们之间经济金融利益相互依存度低，美国就使出了将俄罗斯剔除环球同业银行电信协同 SWIFT 系统的金融核弹。

9.2 基于全球金融利益共同体的合作机制

9.2.1 倡导树立全球金融利益共同体的理念

全球金融利益共同体是人类命运共同体的重要内容。推动构建人类命运共同体是中国针对"建设一个什么样的世界、如何建设这个世界"这一世界之问、时代之问给出的"中国智慧"和"中国方案"。当前世界正处于百年未有之大变局，一方面，逆全球化成风，国际形势风云变幻，大国博弈加剧，世界经济前景不明，国际格局加速演进；另一方面，气候变化、恐怖主义、网络安全、生态环境、金融危机等全球性问题越来越突出和紧迫。要应对这些全球性问题，就需要全人类抛弃霸权主义、强权政治、冷战思维、零和博弈观念，用合作共赢取代"零和博弈"，通过人类的"普遍交往"促成人类共同利益与价值认同，倡导"和平、发展、公平、正义、民主、自由"的共同价值，秉承"和合"智慧，构建利益相通、休戚与共的人类命运共同体，建设一个持久和平、普遍安全、共同繁荣、开放包容、清洁美丽的世界。①

利益共同体是人类命运共同体的本质特征和基本要求，它是现代生产力与经济全球化发展的结果。利益是人类活动的基本动力，人们奋斗所争取的一切，都同他们的利益有关，各种各样的共同体说到底都是利益共同体。②冷战结束之后，合作与发展成为国际关系的主流。随着市场经济的扩容、经济全球化的深化和科技进步的提升，国家间的交往与互动愈加频繁，合作与相互依存愈加紧密，时空上互动和联系的障碍被突破。任何国家都再难以追求自身绝对的国家利益，国家之间存在着越来越多的共同利益，在某种程度上共同利益就是国家利益。国家间金融、贸易和投资交往越来越频繁，国家间的各种经济利益也越来越相互依存和交融，"你中有我、我中有你""一荣俱荣，一损俱损"，本国利益之中存在着他国利益，国家利益之中包含着共同利益。国家之间，无论发展中国家还是发达国家，正日益形成利益交融、安危与共的利益共同体和命运共同体。③

金融利益共同体是对全球金融治理的最好诠释，也是践行人类命运共同体理念在金融领域的具体表现。全球金融治理是全球治理的重要组成部分，通过国家之间的协商与合作达成国际金融治理的共识和规则，制定国际金融治理的政策与条约，形成合力解决全球性金融问题的体制机制。由于各国金

---

① 陈东英，刘忠权. 人类命运共同体的哲学基础 [J]. 社会主义核心价值观研究，2021，7（3）：94 – 100.

② 黄瑾. 利益共同体与人类命运共同体 [J]. 学习与探索，2019（10）：94 – 101 + 192，2.

③ 刘雪莲，夏海洋. 以共同利益推进人类命运共同体的构建 [J]. 吉林大学社会科学学报，2022，62（1）：30 – 39，234.

融的发展水平、开放程度、治理能力的差异，面临的金融问题程度不同，金融治理理念存在差异，要以共同利益为纽带凝聚合力共治金融问题。在金融霸权横行和金融危机频发的当今世界，金融稳定和健康发展是各国人民的共同愿望与需求，金融危机的快速扩散和无国界特征，使得各国必须联合起来共同开展金融治理合作。构建全球金融利益共同体就是实现全球金融利益共享、风险共治、责任共担的一致行动。

9.2.2 扩大全球金融利益共同体的国家集体认同

要建立全球金融利益共同体，就要扩大对全球金融利益共同体的国家集体认同。只有足够多的国家广泛认同全球金融利益共同体，才能建立真正全球意义的金融利益共同体。从哲学角度上看，认同与共同体之间存在着天然联系且共享着核心内涵。从本质上看，都是关注的人与群体的关系，共同体是人尝试回答认同问题的实践产物，认同则是维系人与共同体之间关系的纽带。古希腊哲学家亚里士多德在研究城邦时认为，所有城邦在某种程度上就是共同体，人为追求某种善而建立城邦，人不能脱离作为共同体的城邦而单独存在。同样地，马克思也认为人的根本属性就是社会人，社会就是一个共同体，任何人都无法脱离共同体而独自生存。① 共同体为个人提供一种安全感和归属感，个人归属某个共同体就会获得一种社会认同。认同与共同体共享的一个重要内涵就是同一性，这是产生认同的基础，也是共同体生产与发展的重要条件。作为同一性的补充，独特性也是认同与共同体的核心内涵。独特性划定了认同与不认同的边界，保持个体的独特性也是个体认同产生与发展的重要前提。

国家作为构成全球金融利益共同体的最主要行为体，在保持国家独特性的基础上，对全球金融利益共同体的同一性的集体认同，是全球金融利益共同体产生与发展的重要条件。首先，每个国家的历史文化、经济金融发展水平、国家的发展道路与根本制度、国家治理体系与治理能力、金融风险大小与诉求等各个方面都存在着巨大差异。要建立全球金融利益共同体，就要承

---

① 李孝天. 国家集体认同与人类命运共同体的发展阶段 ［J］. 社会主义研究，2020（3）：133－142.

认各国的独特性，以及各国之间的差异性。在尊重各国独特性的基础上寻找同一性。在差异中寻找共同利益和共同诉求。只有遵循求同存异的原则才能构建真正的全球金融利益共同体。其次，要尽可能地找到和扩大各国之间的共同利益，也就是同一性。在经济全球化、经济金融化程度越来越高的情况下，已经形成了全球金融利益一体化的格局，你中有我，我中有你，利益相互依赖相互捆绑。同时，各国面临的全球性金融问题也越来越多，金融危机频发、金融市场动荡、金融犯罪严重，这些问题是任何一个国家都无法单独解决和独善其身的。只有求同存异、相互尊重、合作共赢才是正道。全球性金融问题成为各国的共同利益，而且各国国内的金融问题也存在着巨大的相同之处，这些就构成了全球金融利益共同体产生与发展的重要条件，即全球金融利益的同一性问题。

对于全球金融利益相互依存，全球金融问题需要协作共治已经越来越成为国际社会的共识，但是对于构建全球金融利益共同体还鲜有提及，不过人类命运共同体的理念已经得到国际社会的广泛认同，并被写入了联合国决议。而且在实践层面已经构建了各种利益共同体和命运共同体，这为倡议建立全球金融利益共同体打下了坚实的认识与实践基础。现在需要做的就是要广泛宣传全球金融利益共同体理念，并在面对全球金融问题时，秉承全球金融利益共同体的理念，践行利益共享、责任共担、互利共赢的原则，让各国真正体会到全球金融利益共同体的好处，扩大国际社会对全球金融利益共同体的集体认同。只有大家接受和认同了这个理念，才有利于构建全球金融利益共同体，共享全球金融利益，共担全球金融风险，共治全球金融问题。

9.2.3 构建全球金融利益共同体的实现机制

要构建全球金融利益共同体，主要包括四个方面的实现机制，即全球金融利益的生成机制、全球金融利益的传导机制、全球金融利益的共享机制和全球金融利益的反馈机制。

一是全球金融利益的生成机制。全球金融利益的生成源于在经济全球化、金融自由化发展的背景下，全球金融公共产品的充分供给、全球金融秩序稳定、全球金融治理有效而构成的全球金融生态环境的改善与提升。各国在加强金融生态环境建设与治理的同时，树立全球金融利益共同体的系统整体观，加强金融治理的交流合作。构建全球金融风险防范和治理的支撑体系，有效识别全球金融系统的敏感区和脆弱区，合理布局多层次的全球性和区域性的金融合作项目；搭建全球政府、企业、学界等多渠道多领域沟通对话、信息支撑、技术合作平台，共同推动金融风险防范、识别与治理信息共享；合理利用金融资源能力，促进金融资源的全球合理配置和结构优化，反对金融霸权和"薅羊毛"行为。全球金融共同利益生成是一个全球金融体系改革和结构调整的过程，取决于各国的价值取向与行动选择。必须认识到，全球金融共同利益是客观存在的，但是要形成真正的全球金融利益共同体需要一个长期努力的过程。

二是全球金融利益的传导机制。从硬件方面来看，全球金融利益的传导，需要全球各大金融中心、大中型金融机构、基础金融设施建设的互联互通，要推动金融生态体系服务与支持的一体化建设，推动货币市场、资本市场、大宗商品交易、国际贸易的支付与结算等多个领域的服务智能化和一体化。从软件方面来看，应形成全球统一的金融利益的综合管理和协调机构，破除金融霸权的藩篱，实施全球统一的金融发展与风险防控的规划和部署。特别是在价值链、产业链、资金链的上下游国家，在货币金融政策调整、金融治理等方面要开展协调一致的行动。破除国家个体理性的零和博弈思维，充分发挥金融利益共同体合作机制的作用，充分释放全球金融公共产品的正向外部性效应。

三是全球金融利益的共享机制。全球金融利益共同体最根本的目的就是要使各个国家平等共享全球金融发展、金融稳定和金融治理改善的红利。坚持平等包容的原则，实现发展战略对接、资源优化配置，金融发展优势互补。合理分担金融治理和金融基础设施建设的成本，发达国家和大型经济体应该主动承担更多的全球金融公共产品供给的责任与当担，容许发展中国家和欠发达地区"搭便车"。对一些发展中国家和欠发达地区提供资金与技术上的支持，帮助它们改善金融基础设施，提升金融发展水平，为它们提供更多的发展机会，使各国能在一个更加平衡的全球金融生态环境基础上进行合作。

四是全球金融利益的反馈机制。全球金融利益共享机制会对全球金融利益的生成机制形成反馈效应。一方面，全球金融利益共享会进一步增强各国和地区加强金融合作和金融治理的信心，激发各国各地区在促进金融合作方面的积极性和创新性，使全球金融利益的规模不断扩大，对于全球金融利益共同体的认知与接受度也会不断提高。另一方面，全球金融利益共享也会暴露出全球金融合作体制机制设计方面存在的不合理之处。完善防范全球金融风险乃至金融危机的体制机制和预防措施，加强国际资本流动的监管，促使金融机构和跨国公司等市场主体主动承担防范金融风险的社会责任，为全球金融利益的生成提供更加灵活的国际环境。

9.3　多层次多元化的国际金融治理机制

9.3.1　多极化的全球经济网络结构

根据鞠建东、彭婉和余心玎（2020）基于全球贸易、消费和生产格局翔实数据的分析，客观上全球已经初步形成了以美国、德国和中国为中心的"北美—欧洲—亚洲"三足鼎立的经济结构。

从全球贸易网络来看，在欧洲形成以德国为中心的贸易网络，德国是欧洲主要国家的最大贸易伙伴；在亚洲形成以中国为中心的贸易网络，中国是亚洲主要国家的贸易伙伴；在北美，美国是加拿大和墨西哥的最大贸易伙伴。同时，中国越来越成为世界贸易中心，根据2021年3月18日联合国贸易和发展会议发布的《2020贸易和发展报告》更新版，中国成为美国、欧盟、日本、印度等120多个国家和地区最大贸易伙伴。① 以2021年的数据为依据，中国是欧盟的最大贸易伙伴，东盟是中国的第二大贸易伙伴；中国自2016年起连续六年成为德国的最大贸易伙伴国。同时，中国的贸易伙伴前五名分别为东盟、欧盟、美国、日本和韩国。

从全球消费网络来看，其与贸易网络相差无几，美国、中国和德国分别构成北美、亚洲和欧洲的消费市场的中心节点位置。从全球消费市场排名来看，美国始终是全球最大的消费市场，中国成为继美国之后的第二大消费市场，日本是第三大消费市场，德国是第四大消费市场，这个排名基本上与

---

① 中国成120多个国家地区最大贸易伙伴 持续吸引全球投资者［EB/OL］.（2022 - 04 - 01）. https：//www.chinanews.com.cn/gn/2021/03 - 19/9435646.shtml.

GDP 规模排名相一致，美国、中国和德国也是所在地区 GDP 规模最大的经济体。① 虽然，随着中美间经济规模的消长，未来中国超过美国成为第一大经济体基本是确定的，但是短期内各自保持在各自区域最大经济规模实体的格局不会变。从相互关系来看，中国和美国互为最大消费伙伴，同时中国还是德国的最大消费伙伴。随着中国中产阶级规模的不断扩大，中国超大消费市场规模优势将会显现，中国超越美国成为全球最大的消费市场指日可待。

从全球生产网络或产业链来看，北美、亚洲和欧洲依然呈现出区域性的生产网络特征，美国、中国和德国是各自区域生产网络的中心国家。中国是世界制造中心，总体上中国也是全球生产网络的中心，中国制造业生产总值是美国、日本、德国三国的总和。但是，这并不改变三国分别在各自区域的生产网络中心节点位置的特征。近年来，全球化成为大国博弈的武器，逆全球化行径更加肆无忌惮，全球产业链受到巨大冲击。各国基于安全考虑，全球产业链区域化和本土化趋势更加明显。尤其是俄乌危机以来，欧美国家对俄罗斯推出的涉及金融、贸易、能源、科技、外交等一系列极限制裁的组合，正在加速分裂全球经济版图。

9.3.2　多层化的国际金融治理平台

多层化的国际金融治理平台包括以 G7 和 G20 为主的全球性平台、以欧洲中央银行为核心的欧元区国家合作平台、以金砖国家新开发银行和稳定基金为主的金砖国家金融治理与合作平台、以丝路基金和亚洲基础设施投资银行为核心的"一带一路"金融合作与治理平台，还包括拉美和非洲的金融治理与合作平台等。

1944 年布雷顿森林体系形成以后，全球金融治理形成以美国为主导，以国际货币基金组织（IMF）和世界银行两大国际金融机构为主体的"一体两翼"格局。在权力分布结构上，美欧日等发达经济体在国际金融治理中起到一定的主导作用，其中美国处于核心领导地位，G7 国家成为国际金融治理的平台，总体上欧美日等发达经济体处于国际金融治理权力体系的中心位

---

① 相关排名根据 2023 年主要国家社会消费总额计算比较得到，数据来源于 Wind 全球宏观数据库。

置，大量发展中国家处于国际金融治理权力体系的外围，形成"中心—外围"的国际金融治理秩序。美元作为国际货币，一直持续至今，美联储充当着世界银行的角色，在没有世界中央政府的状态下，尤其在布雷顿森林体系崩溃以后，美元的发行不再受到黄金约束，美联储完全根据美国需要决定国际货币美元的发行数量和货币利率与汇率，享受毫无世界制约的嚣张特权。美国人一直把持世界银行行长的位置，欧洲人把持国际货币基金组织总裁的位置，美国人还对国际货币基金组织享有否定权，日本人把持亚洲开发银行行长的位置。

随着 2008 年国际金融危机的爆发，以 G7 为核心的国际金融治理平台被更具广泛性的 G20 替代，成为新的国际经济合作与金融治理的首要平台。美国主导的国际金融治理体系演变成为美国实施金融霸权的合法平台，美国并没有变成霸权稳定论的忠实拥护者眼中的国际金融秩序的稳定者，反而演变成为国际金融秩序的破坏者角色，美国金融霸权已经成为当今国际金融稳定的重要根源。随着以中国、印度、巴西、南非等金砖国家为核心的发展中国家的群体性崛起，由于 G7 的排他性论坛、政治精英垄断及全球性条约等显著特征，其远不能适应全球经济结构发展的需要。① 当起源于美国的次贷危机发展成全球性的金融危机时，缺乏中国等发展中国家的 G7 集团再也不能代表全球各国协调和治理全球性金融问题。自 2008 年以后，G20 在应对国际金融危机、推动国际金融机构改革、协调全球货币政策、加强国际金融监管等方面发挥了重要作用。

亚洲金融合作与治理机制和平台逐渐成形。在经历 1998 年金融危机之后，亚洲各国开始反思亚洲经济合作，加强政策协调与风险防控，在金融治理方面最重要的就是建立了清迈机制。2000 年 5 月 4 日，在泰国清迈举行的第九届东盟与中日韩 "10 + 3" 财长会议上通过了建立区域性货币互换网络的协议，即《清迈协议》（Chiang Mai Initiative）。《清迈协议》是亚洲货币金融合作最重要的制度性成果，为防范金融危机和推动进一步货币金融合作提供指引。根据《清迈协议》2008 年 5 月建立了 800 亿美元的 "共同外汇储备基金"，当成员国面临外汇资金短缺时，其他国家可以帮助其缓解危机。

---

① 徐凡，陈晶. 新型大国协调模式下提升中国全球金融治理能力的思考——基于 G20 与 G7 的比较视角 [J]. 国际贸易，2021（2）：89 - 96.

2009年2月22日，东盟与中日韩"10＋3"特别财长会议公布了《亚洲经济金融稳定行动计划》；2015年开始建立亚洲金融安全网；2021年3月，《清迈协议》增加了出资条款，并将与IMF贷款的脱钩比例由30%提升到40%。① 在亚洲金融危机爆发后的20多年时间里，亚洲金融合作和金融产品的互联互通得到长足发展，亚洲区域性的金融治理机制和平台基本成型。

欧洲在经历了2010年的欧债危机之后，于2012年建立了永久性欧洲稳定机制（ESM）。在2009年底希腊陷入债务危机，引爆了以葡萄牙、西班牙、意大利、爱尔兰为主的欧洲债务危机。为了应对危机，对危机国实施援助，避免危机扩散，在危机初期欧洲成立了欧洲金融稳定机制（EFSM）和欧洲金融稳定基金（EFSF）。虽然这些方案对当时的危机国纾困资金、缓解危机、防止扩散起到了一定作用。但是，这只是一个临时性方案，不能从根本上解决欧债危机问题，以及防止未来出现新的危机。2011年3月，欧盟理事会通过了一揽子解决欧债危机的应对方案，包括建立欧洲稳定机制（ESM）、通过《欧元附加公约》、修改《稳定与增长公约》、建立新的经济失衡监管体系。这一揽子方案，也成为欧洲债务危机应对与金融治理的长效机制。②

9.3.3 多元化的国际金融治理主体

国际金融治理是一种行为，而实施这种行为的主体，就是国际金融治理主体，或叫作国际金融治理行为主体。不同时期参与国际金融治理的主体不同，这些主体主要可以归纳为（政府间或非政府间）国际组织、（主要或边缘）国家和地区，以及非国家行为体（如个人、公民社会组织、企业等），其中，前两类是主要的行为主体。③ 根据张发林对全球金融治理体系演进的分析，自第二次世界大战以来全球金融治理体系可以分为三个阶段。而且在不同阶段这些参与国际金融治理的主体在整个国际金融治理体系中的地位与作用也是不同的。

---

① 张威. 全球金融一体化增强，亚洲本币合作进程提速［C］//博鳌亚洲论坛2021年年会会刊，2021：71－76.

② 谢世清，郑雨薇. 欧洲稳定机制（ESM）的运作及其评价［J］. 宏观经济研究，2015（1）：152－159.

③ 张发林. 全球金融治理体系的演进：美国霸权与中国方案［J］. 国际政治研究，2018，39（4）：9－36，3.

第一阶段，从 1944 年布雷顿森林体系的建立至 1971 年美元兑换黄金的窗口关闭。在这一时期，美国在国际金融治理体系中占据绝对位置，属于国际金融治理体系的组织核心，拥有独一无二的霸权地位。在这一阶段，由于全球金融化程度比较低，银行业在金融机构中占据统治地位，国际资本流通的规模与频率都不高；而且整个世界经济分为资本主义经济和社会主义经济两大阵营，不是一个统一的全球经济，金融运行与监管的制度、规则和体制存在巨大差异。这时的国际金融治理体系尚处于萌芽状态，主要依靠美国国家行为体、国际货币基金组织和世界银行等国际金融机构作为国际金融治理的主体发挥作用。

第二阶段，从 1972 年布雷顿森林体系崩溃至 2008 年国际金融危机的爆发。20 世纪 70 年代初，布雷顿森林体系中存在着制度性缺陷"特里芬困境"，加之为筹集朝鲜战争和越南战争的巨额军费开支，而毫无节制地大量发行美元，导致布雷顿森林体系最终崩溃。同时，中东战争再次爆发，引发了石油危机，导致整个国际金融市场陷入动荡，西方资本主义国家经济陷入滞涨。这时的问题主要由美国引发，美国已经无力独自处理相应的金融经济问题。起初，为了应对布雷顿森林体系崩溃带来的美元大幅贬值，以及由其造成的金融动荡，美国、法国、联邦德国、英国和日本建立了五国财长会议机制，成功推动国际货币体系从"固定汇率"向"浮动汇率"的平稳转轨。但是，面对石油危机，五国集团已经无力解决，分歧巨大，在美国的坚持下，建立了国际能源紧急共享机制，并成立了国际能源机构。为应对汇率动荡、能源危机和经济滞涨等多重危机，避免出现 1929～1933 年由各自为政和以邻为壑导致的经济大萧条，1975 年 11 月在法国的倡议下，美国、法国、联邦德国、英国、日本和意大利六大工业强国成立了六国集团，第二年加拿大加入，"七国集团"正式成立。[①] 此后，一直到 2008 年国际金融危机的爆发，七国集团一直是国际金融经济治理的重要平台。而且这七个强国也是国际金融治理的重要主体。这期间国际货币基金组织（IMF）也是国际金融治理的重要主体，特别是在 20 世纪 80 年代的拉美金融危机，以及 1998 年的亚洲金融危机中发挥着重要作用。

---

① 周国荣. 国际体系危机、关注点趋同与国际领导权的共享——基于七国集团与二十国集团的比较分析 [J]. 复旦国际关系评论, 2020（2）：140–167.

第三阶段，2008 年金融危机至今。此次由美国次贷危机引爆的国际金融危机，波及范围更广，影响更深，原有的治理机制与治理平台已经远远不能适应新的要求。早在 1999 年亚洲金融危机后期，为防止危机进一步向全球扩散，由西方富国俱乐部"七国集团"提议，建立二十国集团会议机制，就国际经济、货币金融政策进行非正式对话，促进国际货币金融体系的稳定，并于当年 12 月在德国柏林召开二十国集团成立大会和第一次会议。此后，每年都召开一次大会，但是真正发挥二十国集团的作用是在 2008 年国际金融危机的爆发后，2009 年召开的二十国集团会议开始。此后，参与国际金融治理的国家主体，包括了中国在内的广大发展中国家。但是，此次危机使得参与国际金融治理的主体出现了一位新成员，那就是美联储。美联储通过与其他国家央行的货币互换，为处于美元外汇储备不足的流通性危机国家提供美元，这实质上让美联储充当了世界中央银行全球"最后贷款人"的角色。①2020 年新冠疫情暴发后，美联储再次彰显了其作为全球"最后贷款人"的角色，通过央行货币互换额度，向海外央行提供美元贷款。

9.4 国际金融主导权的多元共享机制

9.4.1 国际金融主导权的再分配再平衡

自布雷顿森林体系建立以来，形成的以美国为主导、美元为核心的国际金融霸权体系性质至今仍未改变。虽然自布雷顿森林体系崩溃以后，先后形成了 G7 集团、G20 集团，以及各区域性的国际金融治理机制与平台，在某种程度上以美国为核心的欧美发达国家适当对外分散和分享了一定权力，但是这种权力主要是以应对各种金融危机时需要承担各种责任与义务为前提的。而处于国际金融主导权核心位置的国际货币主导权、国际金融机构主导权、国际金融市场主导权和国际金融规则主导权，仍然被牢牢掌握在美国或以美国为首的西方发达国家手中。这种以美国金融霸权为核心

---

① 徐以升. 危机中美联储有选择地成为全球最后贷款人 [J]. 金融博览，2015（7）：30 - 31.

的国际金融体系，不仅不能适应现在全球经济多极化发展的需要，而且成为现在国际金融市场动荡以及发展不平衡的重要原因，国际金融主导权必须再分配再平衡。

首先，美国承担国际金融主导权相应责任与义务的意愿下降。美国只愿意享受金融霸权式的国际金融主动权为其带来的霸权利益，而不愿意承担维护国际金融稳定、促进国际金融经济发展和加强国际金融治理的国际责任与义务。美国在第二次世界大战后期积极推动建立布雷顿森林体系，掌握了独一无二的国际金融主导权，对维护战后稳定的国际金融市场，特别是各国间稳定的汇率关系，尤其是"马歇尔计划"对推动战后经济重建，都起到了极大的积极作用。美国一方面通过为欧洲国家和日本等提供贷款为世界经济供给美元，另一方面也开放美国市场，为欧日国家制造业提供消费市场，形成了完整的世界经济循环链。而且不断地将世界上如沙特等资源型国家、中国与日本等制造型国家，以及欧美消费型国家，纳入全球经济一体化进程中。推动了分工体系、产业体系、价值体系的全球化，提高了全球生产效率，促进了全球经济增长，增加了全球人类的福祉。但是，随着美国享受着金融霸权带来的巨大红利，将华盛顿共识向全球推广，导致美国制造业空心化，金融等服务业不断膨胀，美国经济越来越金融化、虚拟化，这样就越来越依赖金融霸权，形成在全球进行资本殖民的金融帝国。金融霸权成为美国谋求霸权利益的工具，其不愿意承担维护金融稳定、供给国际金融公共产品的责任，反而通过制造危机，甚至供给国际金融有害产品，摄取超额利润。

其次，美国领导维护国际金融市场稳定、供给国际金融公共产品、加强国际金融治理的能力明显不足。根据金德尔伯格的霸权稳定论思想，霸权国家要真正起到国际金融经济的稳定者作用，霸权国家需要在危机时为其他国家的剩余产品提供一个市场，为陷入流动性枯竭的金融机构提供贷款充当全球"最后贷款人"角色。美联储在危机时充当全球"最后贷款人"角色表现得不错，尤其是在2008年金融危机和2020年新冠疫情发生后，通过央行互换额度为其他国家央行提供美元流动性。但是，在为危机中的国家提供剩余产品的销售市场方面，美国现在做不到了。不仅不能为剩余产品提供市场，反而在危机时通过加征关税等贸易保护措施，将其他国家的剩余产品拒之国内市场之外。这使得美国已经不具备国际金融市场稳定者的能力与作用了。

最后，发展中国家的群体性崛起，也使得以美国金融霸权为核心的国际金融权力体系不可持续，美国霸权式的国际金融主导权必须再分配再平衡。其中仅中国 GDP 在 2012～2021 年，占全球经济的比重从 2012 年的 11.4% 上升到 2021 年的 18% 以上。① 新兴市场国家和发展中国家对全球经济发展的贡献极大。像日本、德国、英国等发达国家在 2012～2021 年经济规模总体上增幅不大，甚至日本还陷入衰退。即便是美国，虽然仍然是世界第一大经济体，但是占世界经济的比重相较于第二次世界大战后也大大降低。随着世界经济力量结构的大幅调整，于 1944 年前确定的国际金融主导权结构已经远远不能适应现在全球经济发展的需要，必须进行权力的再分配与再平衡。

9.4.2 国际金融主导权的三足鼎立格局

自布雷顿森林体系形成以来，国际金融体系一直是以美国为主导、美元为核心的美国金融霸权模式，即美国独霸国际金融主导权。自 1999 年欧元产生以来，其发展至今成为世界第二大国际货币。环球银行金融电信协会（SWIFT）公开的数据显示，2020 年 10 月欧元首次超过美元，成为国际支付市场中使用最多的国际货币。国际货币基金组织（IMF）官网的数据显示，截至 2021 年第四季度，在国际储备货币市场中美元占比为 58.81%，欧元占比为 20.64%。随着中国和亚洲经济实力的不断增长，人民币在国际货币市场上的地位也会不断提升，以亚洲基础设施投资银行（以下简称亚投行）、丝路基金等区域性的国际金融公共产品供给的增加和区域金融治理机制与平台的形成，尤其是"欧洲—北美—亚洲"三足鼎立的全球经济格局的形成，有助于未来形成"欧洲—北美—亚洲"三足鼎立的国际金融主导权共享机制与格局。

对发达国家与新兴市场和发展中国家进行比较，未来经济增长的潜力主要在新兴市场与发展中国家，世界经济力量与潜力东升西降的格局已经非常明显了。根据国际货币基金组织 2022 年 4 月 19 日发布的《世界经济展望》数据分析可知，在未来五年内，世界经济将呈现稳定增长态势；新兴市场和

---

① 中国是世界经济增长最大引擎［EB/OL］.（2022－05－13）. http：//www.gov.cn/xinwen/2022－05/13/content_5690093.htm.

发展中国家经济的增长要明显快于发达国家，同时新兴市场和发展中国家的GDP规模与发达国家之间的差距不断缩小（见图9-1）。由此可以看出，未来五年经济增长的潜力主要在新兴市场和发展中国家。

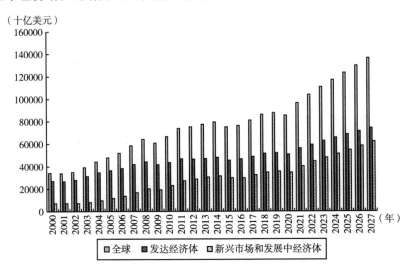

图9-1 世界、发达经济体与新兴市场和发展中国家
GDP 未来走势（2000～2027 年）

资料来源：根据 IMF2022 年 4 月世界经济展望数据资料制作（https：//www.imf.org/en/Publica-tions/WEO/weo-database/2022/April/download-entire-database）。

从区域特征来看，全球经济中心经历了从欧洲中心向美洲中心的转变，现在正经历从美洲中心向亚洲中心转变的进程。亚洲地区将成为未来全球经济增长的中心，就目前而言，亚洲国家主要是新兴市场与发展中经济体，除了日本、新加坡、韩国以及中国台湾与香港等国家与地区经济发达外，其他都属于发展中经济体。而且人口过亿的大型经济体有七个，根据世界银行的数据，截至 2020 年底，中国 14.109 亿人、印度 13.800 亿人、印度尼西亚 2.735 亿人、巴基斯坦 2.208 亿人、孟加拉国 1.646 亿人、日本 1.258 亿人、菲律宾 1.095 亿人。世界经济逐渐呈现出"欧洲—北美—亚洲"三足鼎立的经济格局，而且未来世界经济增长的动力主要来源于亚洲。根据国际货币基金组织 2022 年 4 月 19 日发布的《世界经济展望》数据分析可知，自 2010 年以来，亚洲新兴市场与发展中经济体一直领涨世界经济，也远高于其他地区新兴市场与发展中经济体，而且未来五年这种趋势依然保持不变（见图9-2）。

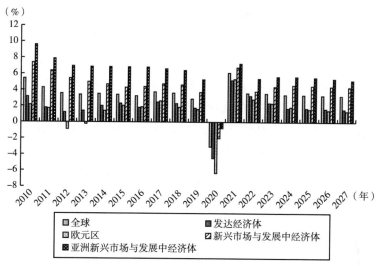

图 9 - 2　世界主要地区经济增长率走势（2010～2027 年）

资料来源：根据 IMF2022 年 4 月世界经济展望数据资料制作（https://www.imf.org/en/Publications/WEO/weo-database/2022/April/download-entire-database）。

9.4.3　国际金融主导权的多边合作机制

要实现构建国际金融主导权的多元共享体系，必须破解当前国际金融体系中的垄断性权力和仅仅为少数国家谋利的制度性安排，建立有利于推动多边合作和权力共享的体制机制。

继续推动国际金融体系改革，构建以国际货币基金组织为核心的国际金融多边合作机制。自布雷顿森林体系形成以来，虽然体系几经演变，与最初的方案已经有了巨大的不同，但是以美国为核心以欧美发达国家为主导的国际金融体系格局仍然没有从根本上改变，远远不能适应全球经济和力量均衡化与多极化发展的需要。首先，加强金融机构改革，提升新兴市场与发展中经济体在国际货币基金组织（IMF）的份额和投票权。根据 G20 确定的国际金融机构改革的重点就是提高中国等新兴市场与发展中经济体在 IMF 的投票权，其中中国在 IMF 的份额从 4% 上升到 6.39%，投票权从 3.81% 上升到 6.07%，成为 IMF 第三大份额持有国。印度、俄罗斯和巴西的份额也进入前十。[1] 改革方

---

① 宋国友. 国际金融治理的当前困境、改革取向与中国政策 [J]. 天津社会科学，2019（3）：100－105，112.

案获得通过生效后，新兴市场与发展中经济体在 IMF 的代表性和发言权显著提高，同时国际货币基金组织的合法性也将得到明显改善。这也成为国际金融主导权共享的最大多边合作平台，涉及范围最广、最为权威的多边金融合作机制之一。其次，加强国际货币体系改革，改革 SDR 的一揽子货币组成，根据 G20 确定的原则"SDR 组成应体现各种货币在全球交易和金融系统中所扮演的角色"[①]，经过多方博弈后，2015 年 11 月人民币正式加入 SDR 货币篮子，权重为 10.92%，2016 年 10 月 1 日正式生效。[②] 这有助于破解美元霸权格局，推动形成"美元—欧元—人民币"等国际货币多元化发展，构成一个国际货币主导权多元共享的多边合作机制。

增加国际金融治理供给，构建国际金融治理主导权的不同区域不同主体多边合作机制。以 IMF 和世界银行为核心的国际金融治理体系中存在的很明显的问题就是治理能力不足，存在着严重治理赤字。这些年各种区域性的金融机构和治理平台的成立，填补了国际金融治理的许多空白，与以 IMF 和世界银行为核心的国际金融治理体系形成良好的互补，同时分享了国际金融治理主导权，形成了多边合作机制。以中国为主导发起成立的多边金融机构，如亚洲基础设施投资银行、金砖国家新开发银行、丝路基金、《清迈协议》等成为多边合作的典范。以亚投行为例，从成立之初的 57 个创始成员，发展到 2021 年 11 月，随着肯尼亚加入亚投行获得批准，成员已达到 104 个。这说明亚投行对众多国家的吸引力和开放性，为亚太地区发展与合作提供了巨大机会。亚投行虽然由中国发起成立，并且是最大股东，提供最多资金，但是始终坚持多边开发银行的模式与原则，坚持国际性、规范性与高标准，并与世界银行等多边机构展开合作，聚焦各国尤其是发展中国家的发展需要，范围不限于亚洲。[③] 与 IMF 和世界银行的最大不同在于，不附加任何政治条件，为急需基础设施投资的发展中国家提供融资，与 IMF 和世界银行，以及亚洲开发银行等形成很好的互补，成为多边金融合作的典范。

---

① 2011 年 G20 戛纳峰会，确定了国际货币体系改革的基本原则，就是要增加各种货币的份额。参见：G20. Cannes Summit Final Declaration-Building Our Common Future：Renewed Collective Action for the Benifeit［Z］. 2011.

② 参见：中国人民银行. 2016 年人民币国际化报告［M］. 北京：中国金融出版社，2016.

③ 李嘉宝. 亚投行堪称多边合作典范［N］. 人民日报海外版，2021 – 11 – 10（006）.

9.5 本章小结

本章在前几章机理分析的基础上，总结出了破解基于国际金融主导权的大国货币博弈困境的三个基本思路，分别是增加博弈双方的冲突成本、提高博弈的额外收益和增强博弈策略量子态的纠缠度。基于这三个基本思路，提出了建立破解大国货币博弈困境的三个机制。

一是构建基于全球金融利益共同体的合作机制。在经济全球化程度越来越高，国际分工从产业的纵向分工拓展到产品的垂直分工越来越细，各经济体甚至每个人的利益联系越来越紧密的情况下，全球金融利益已经深深地捆绑在一起了，一荣俱荣，一损俱损，很难独善其身，各经济体成为一个利益共同体。这就需要倡导树立全球金融利益共同体的理念，摒弃你输我赢的零和博弈思维，扩大对全球金融利益共同体的国家认同，构建全球金融利益共同体的实现机制。

二是构建多层次多元化的国际金融治理机制。全球经济已经从欧美中心，向新兴市场与发展中经济体转移，逐渐形成了"欧洲—北美—亚洲"三足鼎立的多极化全球经济网络格局。那么原来构建的以欧美为主导的国际金融治理机制，已经远远不能适应这种全球经济格局多极化发展的需要，必须构建与之相适应的多层次多元化的国际金融治理平台与机制，需要多元化的主体参与国际金融治理。

三是构建国际金融主导权的多元共享机制。全球经济格局已经发生巨大变化，而始建于20世纪50年代的以美国为核心的霸权式金融体系早已不能适应全球经济格局发展变化的需要，美国金融霸权不可持续。在新时代新形势下，任何一个国家都不可能继续实施金融霸权，因此构建国际金融主导权的多元共享机制势在必行。需要对原有以美国为核心，由欧美垄断国际金融主导权的体制机制进行改革，对国际金融主导权进行再分配再平衡。根据全球经济格局的发展趋势，构建"欧洲—北美—亚洲"三足鼎立的国际金融主导权共享格局，建立多边合作机制，促进国际金融主导权主体之间的多边合作，推动国际金融新体系有效运行。

第10章

他山之石：应对基于国际金融主导权的大国货币博弈的中国策略

当今世界百年变局加速演进，新兴市场和发展中国家的群体性崛起，正在改变自大航海时代以来一直由西方国家主导的国际秩序，由西方国家掌握国际秩序主导权的霸权格局正在发生历史性巨变。为争取相应的国际秩序主导权，西方发达国家内部、发达国家与发展中国家之间、新兴经济体内部，大国战略博弈持续加剧。国际金融主导权作为国际秩序主导权的核心内容之一，也是大国战略博弈的关键领域。美国将"美元体系"肆意武器化的霸权行径，加速了全球"去美元化"进程，国际金融体系演变到了大变局的拐点。美国为维护其金融霸权地位，加大了与其他大国的战略竞争与博弈。中国应该如何应对基于国际金融主导权的大国货币博弈，本章在总结前面历史经验与机理研究的基础上，结合大国货币博弈的现实情况，提出相应的策略。

10.1 明确中国在未来国际金融主导权体系中的定位

10.1.1 明确肩负国际金融主导权的历史担当与行动自觉

国际金融主导权是国际金融体系的核心，决定了国际金融体系的总体架构。国际金融体系的演变核心是国际金融主导权体系的演变，国际金融体系大变局的拐点将至，本质上就是国际金融体系主导权发生巨大变化。中国作为世界第二大经济体，根据汇丰银行的经济学家们于 2018 年 9 月的预测，中国将在 2030 年超越美国成为世界第一大经济体，这与国际货币基金组织于 2018 年 2 月的预测一致，北京大学国家发展研究院院长姚洋于 2022 年 1 月预测①，中国将在 2028 ～ 2030 年的几年内成为世界第一大经济体。如果按照世界银行的购买力平价计算，中国早在 2014 年就成为世界第一大经济体。世界经济格局发生了重大变化，中国从"中心—外围"世界体系中的边缘位置走向了世界舞台中心。按照蒙代尔的"超级大国理论"，通常超级大国的货币会成为世界主导货币，并掌握着国际金融主导权。以往的世界体系属于霸权体系，国际金融体系仍然属于霸权体系的一部分，霸权国家独享国际金融主导权，即金融霸权。未来中国成为世界第一大经济体，中国肯定不会也不能继续金融霸权体系，必须重构国际金融体系。中国必须具有掌握国际金融主导权的历史担当和行动自觉，具有舍我其谁的历史担当与气魄，肩负起掌握国际金融主导权、重构国际金融体系的历史使命。

首先，美国独霸的国际金融体系不可持续。自布雷顿森林体系建立以来的以美国为主导、以美元为核心的霸权金融体系，越来越成为国际金融不稳定的根源；而且美国肆意挥舞金融制裁大棒，将其主导的"美元体系"武器化，为其地缘政治目标服务，尤其是在俄乌冲突之后由美国主导的对俄罗斯的极限金融制裁也加大了世界各国对美元体系的担忧，进一步加速了全球"去美元化"进程。其次，美国没有能力与意愿主导国际金融体系的重构。当今世界变局的核心就是由以前以西方发达国家为中心的世界格局演变为东西方均衡发展和多极化的格局。以中国为代表的一大批新兴市场与发展中经济体的群体性崛起，是未来世界经济增长的潜力所在。美国作为霸权国家，随着其债务规模的不断膨胀，美国承担供给国际金融公共产品和维护国际金融秩序稳定的能力与意愿显著下降，反而利用美元潮汐潮落的周期变化有意制造危机，从国际金融动荡中谋取利益。最后，中国主导未来国际金融体系重构是大势所趋，是民心所望，也是国家发展与安全的利益所需。因为如果中国不主导未来国际金融体系的重构，继续由美国实施美国金融霸权体系，

---

① 姚洋：未来中国将成为世界第一大经济体 [EB/OL]. (2022 – 01 – 12). http：//www.cfbond. com/2022/01/12/wap_9996 9 113. html.

只会继续搞乱世界，甚至在其国内政治与民粹的挟持下，作出更多对世界不利的行为。美国不能继续主导国际金融霸权体系，其他国家没有能力主导，所以中国也不得不肩负起国际金融主导权的历史使命，主导未来国际金融体系的重构。

10.1.2 明确中国对未来国际金融体系的构建蓝图

那么，中国主导重构的新型国际金融体系到底是什么样的，必须有明确清晰的蓝图，让世人了解、理解、认同与支持。未来国际金融体系的内涵非常丰富，不是简单几句语言，也不是仅凭几个人能够说清楚的，但是一些基本特征还是可以描述的。

未来国际金融体系不再是某个国家独霸的金融体系，而是国际金融主导权多元共享的体系；不再是某一主权国家货币独霸的货币体系，而是多个国际货币均衡并存的体系；不再是为少数国家谋利的金融体系，而是为众多国家服务维护大多数国家利益和金融稳定的体系。中国掌握国际金融主导权，主导国际金融体系重构，不是独霸国际金融主导权，重走美国金融霸权的老路。中国掌握国际金融主导权，是指中国把握国际金融体系重构的方向与原则，充分尊重其他国家和地区的国际金融主导权，构建多元共享的国际金融主导权格局。中国主导重构的必须是新型国际金融体系。

首先，中国主导重构的国际金融体系必不是金融霸权体系。从可行性上讲，霸权金融体系不可持续，中国不能重走美国的老路。美国金融霸权体系不可持续既有其内在的制度性矛盾，即主权国家货币成为主导国际货币存在着流动性与币值稳定性不可兼得的"特里芬难题"；也有其不受国际约束导致的霸权国家自利性行为对国际金融秩序与经济发展造成的巨大危害，以及霸权必衰导致其主导的国际金融体系崩溃的必然。中国要构建新型国际金融体系，必须考虑这一点。从中国文化与发展战略来看，中国也不会构建霸权金融体系。金融霸权的本质就是金融殖民[①]，中国的文化基因里面就没有霸

[①] 500年来，从葡萄牙、西班牙、荷兰到英国，再到美国，国家"霸权形态"从传统"领土殖民"形态，逐渐"蜕变"成现代"金融殖民"形态。美国作为当今全球唯一的超级霸主，金融殖民是其权霸护持的核心秘籍，金融霸权成为美国获取霸权红利的基石，霸权红利成为美国不劳而获的源泉。参见：杨多贵，周志田. 霸权红利：美国不劳而获的源泉 [J]. 红旗文稿，2015 (3)：33 - 35。

权基因，中国没有侵略和殖民他国的历史与经历。中国的发展战略是和平发展，从不谋求霸权，不走国强必霸的老路。

其次，中国主导重构的国际金融体系必须要适应全球经济新格局的需要，反映世界经济力量的深刻调整，以及未来的变化趋势。当今世界正面临第四次科技革命，未来国际金融体系必须充分反映日益发展的科技进步，采用新的科技手段为国际金融服务。随着科学技术和生产力水平的不断提高，未来国际金融体系必须满足人们日益对金融服务需求的变化。

最后，中国主导重构国际金融体系，不是要推倒现有国际金融体系，而是改革与完善现有国际金融体系。中国是现有国际金融体系的受益者、建设者和维护者，而不是挑战者和破坏者。中国主导重构的国际金融体系并不是对现有体系的全盘否定、推倒重来和另起炉灶，而是对现有体系的改革、补充与完善。改革其不适应全球经济发展需要的地方，保留其有利的地方，补充其不足和空缺的地方，使得现有体系能够更好地适应新时代全球经济发展变化的需要。

10.2 提升中国的国际金融主导权地位

10.2.1 继续推动国际金融体系深化改革

要提升中国的国际金融主导权地位，必须改革当前国际金融体系中以中国为代表的新兴市场与发展中经济体代表性不足的问题，提升中国在国际货币基金组织等国际金融机构中的份额与投票权。

国际金融体系亟须改革与重构已经成为国际社会的共识，自 2009 年 G20 匹兹堡峰会达成共识以来，取得了一定成效，但是总体进程缓慢，对于涉及根本性的问题仍然没有取得实质性进展。其根本原因在于美国和欧洲国家不愿意放弃其在国际金融机构的垄断性权力以及在国际货币体系中的垄断性地位，并千方百计地阻挠国际金融体系的改革，特别是美国将维护其霸权地位尤其是金融霸权作为其国家核心利益和国家核心战略，成为国际金融体系改革与重构的最主要障碍。无论是从全球利益、国家利益，还是从国家实力、能力与意志出发，中国必须积极推动国际金融体系的改革与重构。鉴于国际金融体系改革与重构的现实困难，以及中国近年来推动改革与重构的实践经验，中国仍然继续秉持渐进性、可行性、合理性原则，继续推进国际金融体系的改革，增强其合法性、可信性与有效性。

推进国际货币基金组织改革。国际货币基金组织作为当今世界重要的多边经济组织，其合法性、可信性和有效性都遭受到诸多质疑。世界经济格局已经发生了重大变化，但是 IMF 没有很好地反映新兴市场与发展中经济体经济力量的变化，在 IMF 的份额与投票权比较低。正因如此，援助贷款作为国际货币基金组织最主要的职能之一，长期以来发展中国家和低收入国家可以获得贷款额度比较低，贷款限制也比较多，使其合法性受到质疑。同时，国际金融危机频发，IMF 未能及时发现隐藏的风险，并进行预警，危机之后在应对陷入困境的国家援助上也存在诸多问题，使得其可信性与有效性也受到质疑。因此，要推动 IMF 在内部的决策机制、份额与投票权、组织架构与人事制度，对外的监督、贷款与技术援助职能方面进行改革。①

推动国际货币体系改革。随着美国肆意实施美元霸权行径，超发美元货币，美元国际货币的信用基础被严重削弱，缺乏国际约束，不能体现新兴市场与发展中国家的金融利益诉求。可以根据"欧洲—北美—亚洲"世界经济格局的发展趋势，推动构建"美元—欧元—人民币"三足鼎立的国际货币格局。② 这既可以缓解一国主权货币作为世界货币的"特里芬难题"，也可以减少国际货币体系改革的难度，增加可行性。

推动国际金融监管体系改革。2008 年国际金融危机之后，国际金融监管进行了重要改革。在银行监管方面，用巴塞尔协议Ⅲ取代巴塞尔协议Ⅱ，对资本监管提出了更高要求。在不同金融机构之间，建立了既相互补充又相互关联的"网状监管"体系。③ 全球金融监管改革取得了一定成效，但是仍然存在着诸多问题，仍需继续推进金融监管体系改革。要在增强全球金融政策协调的有效性、完善国际金融监管的标准与实施路径、提升全球金融风险监管能力等方面加强改革力度。④

---

① 谢世清，黄兆和. 当代国际货币基金组织的改革 [J]. 宏观经济研究，2022（2）：167－175.

② 李骏，李俊葶. 基于"特里芬难题"的国际货币体系改革探讨——兼论稳慎推进人民币国际化 [J]. 金融发展研究，2022（3）：3－7.

③ 周俐娜. 国际金融危机以来全球金融监管改革综述 [J]. 金融会计，2021（1）：34－41.

④ 刘子平. 国际金融监管标准实施评估机制研究 [J]. 金融监管研究，2019（9）：15－34.

10.2.2 不断提升中国国际金融治理参与能力

要提升中国的国际金融主导权地位，必须提升中国在国际金融治理中的参与度和参与能力，贡献更多的中国智慧与中国力量，在参与中提升中国国际金融影响力和地位。

一方面，可以继续推进中国主导的多边金融机构和金融治理机制与平台的构建、扩展与完善，弥补现有金融体系的不足与空缺，形成相互联系、相互合作、相互补充的新型国际金融体系。

现有的以国际货币基金组织和世界银行为核心的国际金融体系，是以欧美发达国家利益诉求为导向的，不能很好地为新兴市场与发展中国家服务；但仍是当前与未来国际金融体系的主体，为了弥补这些金融机构的不足，以及在欧美国家对现有国际金融机构改革动力不足的情况下，加大构建为新兴市场与发展中国家经济发展和金融治理服务的金融机构与治理平台甚为重要，这也是完善现有国际金融体系的有效途径。

中国近年来主导推动建立的金砖国家银行、亚洲基础设施投资银行、丝路基金等已经成为多边金融合作的成功典范，也为新兴市场与发展中国家经济发展提供了更多有效的国际金融公共产品。这些金融机构并不是对国际货币基金组织和世界银行等原有国际金融机构的替代，反而与这些金融机构形成了良好的合作与互补关系，为完善整个国际金融体系提供了有益探索与成功经验。但是，仅仅这些还是远远不够的。

中国至少在中短期内，可以从四个方面主导推动国际金融体系的增量补充。第一，可以继续推进以上海合作组织开发银行的成立为核心的上海合作组织（以下简称上合组织）金融合作机制和治理平台的构建，建立服务上合组织成员国家的上合组织金融服务与治理体系。第二，可以继续推进以《清迈协议》为核心的东盟10＋3的金融合作机制逐步扩大到东亚金融合作，乃至亚洲金融合作与治理机制。第三，就是继续扩大以金砖银行为核心的金砖国家新开发银行，构建起服务更多新兴市场与发展中国家的金融合作与治理机制。第四，就是继续以丝路基金为核心，构建起服务"一带一路"的金融合作与治理机制和平台。

另外，要多途径提升中国对国际金融治理的参与度和参与能力，进而提升中国的国际金融主导权地位。积极参与国际金融治理议程的设置，培养国际金融治理议程设置能力，有助于提升中国对国际金融治理的参与能力。国际金融治理议程设置是国家实力向国际权力转化的策略与手段，也是中国深度融入全球金融治理全过程的必备能力。中国在 2008 年国际金融危机之前，一直未曾成为国际金融治理核心议程的设置者，国际话语权较弱；2008 年之后，随着 G20 的升级和相关国际金融治理机制的改革，中国声音越来越响亮也越来越重要，但是中国依然不是国际金融治理核心议程的设置者。中国除了要不断增强自身经济实力和影响力之外，还要从战略上重视国际金融治理议程的设置问题，不仅要成为国际金融治理的答卷者，更要成为国际金融治理的出卷人。需要不断积累相关经验，提升相应能力，引领国际金融治理的方向，提供国际金融治理的中国方案，讲好国际金融治理的中国故事。[①]

此外，积极推动国际金融治理体系的构建，改善当前国际金融治理包容性不足、金融政策协调失效、主导大国国际责任缺失、国际金融机构效率不高等问题，解决国际金融治理赤字问题。在后疫情时代，中国应积极倡导"全球金融利益共同体"理念，积极推动构建国际金融治理新体系，建立包括治理原则准则、治理参与主体、治理运行机制、治理目标要求等在内的基础性制度和国际条约。加强同国际金融治理的主要参与国的协调与沟通，充分发挥中国实体经济强大、超大市场规模优势，推动以人民币国际化为核心的区域金融合作与治理机制化、常态化和法治化。通过区域金融治理合作，带动全球金融治理发展。[②]

10.2.3　加快建设金融强国

要掌握和提升中国的国际金融主导权地位，必须将中国建设为金融强国。金融是一个国家重要的核心竞争力，金融安全是国家安全的重要组成部分，金融制度是经济社会发展中重要的基础性制度，是世界强国重要支柱与必要条件。世界强国的演进历史表明，无论是荷兰、英国还是现在的美国，

---

① 张发林. 全球金融治理议程设置与中国国际话语权 [J]. 世界经济与政治，2020 (6)：106 - 131 + 159.

② 冯永琦，于欣晔. 后疫情时代全球金融治理体系建构与中国策略选择 [J]. 东北亚论坛，2020，29 (6)：51 - 64 + 124 - 125.

无一不是金融强国。经济强国必须具有在世界范围内配置资源的能力，必然是金融强国。可见，建设金融强国是成为经济强国的必由之路。中国正处于第二个百年奋斗目标的起步阶段，一个经济金融化、金融全球化的大金融时代，面临着复杂多变的国内外经济形势，中国要实现从经济大国向经济强国的转变，要实现中华民族伟大复兴的中国梦，离不开强大的金融业支持。建设金融强国是实现中国强国建设的应有之义，必须尽快建设金融强国建设。

首先，纵观世界强国的发展历程，金融强国是经济大国发展成为经济强国的必经阶段，也符合经济决定金融的基本逻辑。金融作为现代经济的核心，要成为经济强国，必须成为金融强国。① 如果我国金融不强，不掌握大宗商品等各种资源和资产的定价权，不能完全掌握货币主权，受制于美国的金融政策变化，忌惮其将以美元体系为核心的金融霸权武器化，那么中国就始终称不上经济强国。在 2023 年 10 月底召开的中央金融工作会议上，习近平总书记鲜明提出"以加快建设金融强国为目标"，明确"以推进金融高质量发展为主题"，以金融高质量发展助力强国建设、民族复兴伟业。②我们必须坚定落实好，长期努力，久久为功，加快建设中国特色现代金融体系。

其次，打造金融强国的三大支柱：人民币成为主导国际货币、发达的金融市场、金融体系与实体经济的良性互动。推动人民币成为主导国际货币，增强参与或主导全球经济金融治理的能力。随着中国成为世界第一大贸易国、第一大制造业国，中国产业国际竞争力的提升，以及未来逐渐成为世界第一大经济体、第一大消费市场，叠加全球"去美元化"趋势，将为推动人民币成为主导国际货币迎来历史机遇。纵观世界强国发展史，没有哪个世界强国的国家货币不是主导世界货币。中国要成为金融强国和世界强国，先要推动人民币成为世界主导货币。金融是现代经济的核心，是资源配置的枢纽，发达的金融市场是金融强国的重要特征。金融强国都拥有发达的金融市场，一般情况下都有一个或几个国际金融中心。比如英国伦敦、美国纽约都是世界上重要的国际金融中心，掌握着全球经济资源的配置权和国际金融市场的定价权。推动构建以人民币资产为基础的上海国际金融中心建设，是推

---

① 陆磊. 在改革开放中建设金融强国 [N]. 人民日报，2015 - 10 - 14（007）.

② 中央金融工作会议释放重要信号 [EB/OL].（2023 - 11 - 01）. http：//www. news. cn/politics/leaders/2023 - 11/01/ c_112 9952721. htm.

动中国金融强国建设的应有之义。近年来上海国际金融中心地位不断提升，人民币计价的金融产品不断丰富，科创板的创立和注册制的实施，使中国金融市场的广度与深度得到快速提升，但是距离纽约等发达国际金融中心还有很大距离。中国需要结合中国国情与世情变化，构建有中国特色的以人民币为计价货币的发达的国际化程度高的金融市场体系。中国建设金融强国要避免走美国的经济金融化和产业空心化老路，必须构建金融体系与实体经济良性互动的经济循环体制。坚持金融为实体经济服务的价值导向，构建治理有效、内控健全、机制灵活、竞争力强的金融机构体系。

最后，打造一批具有国际竞争力的航母级金融集团。美国在商业银行、投资银行、信用评级机构等方面都具有世界顶级的金融机构，摩根大通银行、美国银行、高盛集团、摩根士丹利、标准普尔公司、惠誉投资服务公司、穆迪国际信誉评级公司、美国国际集团都是美国在各个领域的航母级金融机构，在全球范围内的各自领域具有权威影响力。在银行金融机构方面，我国现在的五大银行在资产规模方面已经非常大，但是功能水平还比较单一，主要依靠资金借贷业务，非银行业务占比不高，应该推动大型银行收购证券公司、保险公司，开展综合服务，扩展境外业务，建立综合性的银行控股集团。在投资银行方面，证券公司数量较多，总体上看资产规模、业务水平、公司治理等方面与高盛集团相比差距较大，应该鼓励国内龙头券商，通过内涵式发展和外延式收购，组建成为 3~4 家中国版的"高盛集团"。改善金融企业集团法人治理结构，正确处理好中央政府行政领导与维护大型金融企业经营自主权的关系，完善股东大会、董事会、监事会现代法人治理的三大机构之间的关系，以及集团公司党委的政治保证与公司经营和权益维护自主权之间的关系。①

10.3 优化中国基于国际金融主导权的大国货币博弈策略

当前世界百年变局加速演进，基于国际金融主导权的大国货币博弈持续

---

① 戴相龙，王冠群．中国新时代金融强国战略研究 [C]．中国智库经济观察（2019），2020：205－216．

加剧。但是，无论是从历史经验还是理论分析可知，国际金融主导权格局的变迁与重构将是一个漫长而艰巨的博弈过程。中国作为世界第二大经济体，在这一进程中扮演着十分重要的角色，也关系着中华民族伟大复兴和世界百年变局两个大局。中国必须顺应时代潮流，坚定人类命运共同体理念，坚定地做国际金融秩序稳定的维护者、建设者和改革变局的推动者，必须优化中国基于国际金融主导权的大国货币博弈策略。对此，本章提出三条建议，即维护国际金融主导权格局的总体稳定、采取破解经典囚徒困境促进合作共赢的量子纠缠博弈策略和积极推动共建全球金融利益共同体。

10.3.1　维护国际金融主导权格局总体稳定

虽然世界百年变局加速演进，国际力量对比深刻调整，发展中国家和新兴经济体集体性崛起。但是，美国仍然是世界超级大国，西方发达国家在国际政治经济秩序中仍然占主导地位，西方国家掌握国际秩序主导权和国际金融主导权的格局在短时间内难以出现根本性变化。并且，在中短期可预见的未来，美国在国际金融秩序中的主导权地位尚没有可替代对象。中国虽然现在是世界第二大经济体，哪怕未来成为第一大经济体，在综合实力方面与美国仍有较大的差距。根据历史经验，中国要争取与国家经济实力相适应的国际金融主导权，使人民币成为世界主要国际货币，必须采用追随现有美国主导的国际货币金融体系的策略。中国既坚决反对美国的金融霸权行径，也尊重美国的国际金融主导权地位，在维护国际金融主导权格局总体稳定的情况下，努力提升自己的国际金融主导权地位，实现人民币国际化的目标。

从综合实力上进行比较，在相当长的时期内中国很难完全超越美国。中国的发展战略与文化基因都不支持中国走霸权道路，同时霸权必衰的历史规律也决定着中国完全没必要走"国强必霸，霸权必衰"的老路。因此，中国谋求与国力相适应的国际金融主导权，并不谋求取代美国独霸国际金融主导权。

从国际金融体系演变的规律来看，国际货币的惯性与网络外部性决定着在没有实现完全超主权的国际货币前，美元体系仍然具有相当的作用与地位。短期来看，在缺乏具有权威的世界中央政府和中央银行的情况下，完全超主权的国际货币就难以实现。任何回归黄金本位或商品本位的国际货币体系设计，都无法解决其流动性与全球经济快速发展对货币的需求的矛盾。从全球经济实力格局来看，未来极有可能形成以"人民币—美元—欧元"三大货币为核心的"中国—美国—欧盟"三足鼎立的国际金融主导权共享体系。从三角形稳定原理来看，三足鼎立的国际金融主导权体系，形成相互依存、相互影响、相互制约、相互合作的稳定体系。从现实可行性来看，中国谋求国际金融主导权，就是要谋求三足鼎立的国际金融主导权体系中的一足，也是实现提升中国国际金融主导权地位阻力最小、可行性最高的目标与路径。

从主权国家货币成为国际货币的内在矛盾来看，中国也不能谋求取代美国独霸国际金融主导权。当前国际金融体系存在的核心问题，就是美元既是美国货币又是国际货币的双重角色之间的矛盾与冲突，即国际货币美元本位制的"特里芬难题"。以美元本位制为核心的国际金融体系，在全世界范围内形成美元升值的涨潮与贬值的落潮的美元周期性的潮汐变化，导致世界经济极其不稳定，各种经济金融危机频发。① 所以，人民币作为中国的主权货币，在人民币国际化的进程中，不必走美元国际化的老路，没必要完全取代美元的国际货币地位，而是力争成为"美元—人民币—欧元"三足鼎立的国际货币格局中的一足，美元仍然是未来三足鼎立格局中的重要一足。

从掌握国际金融主导权的成本收益角度来看，美国独霸国际金融主导权，美元成为一股独大的国际货币，在享受国际铸币税和金融操作收益的同时，也承担着国内经济失衡等巨大的成本。中国取代美国独霸国际金融主导权，既没必要也不可行，必须尊重美国相应的国际金融主导权地位，维护国际金融主导权格局总体稳定，在现有国际金融体系中努力提升中国份额和国际影响力。

10.3.2 积极推进共建全球金融利益共同体

中国维护国际金融主导权格局总体稳定，是基于先立后破不立不破的基本原则，在现有格局下顺应世界变局大势，积极作为，勇于担当，为国际金融秩序转型积极贡献中国智慧。习近平总书记指出："这场变局不限于一时

---

① 刘伟. 国际货币体系与世界经济金融危机的爆发——兼论人民币国际化战略选择 [J]. 华南师范大学学报（社会科学版），2022（2）：83－92.

一事、一国一域，而是深刻而宏阔的时代之变。"① 在这世界何去何从的十字路口，各个国家都面临着进与退、合与分、新与旧、和与战等不同维度的重大历史选择。同样，国际金融秩序也面临着方向性的选择，是继续维护国际金融霸权秩序，由少数国家独享国际金融主导权，肆意实施金融霸权，收割世界财富，尤其是发展中国家和新兴经济体的财富；还是推动共建利益共享责任共担的全球金融利益共同体。中国作为新兴市场与发展中国家代表，不论是从国际金融体系未来的公平性、合法性、稳定性、可持续性，以及自身经济发展权益、经济安全等角度看，还是从构建人类命运共同体的需要看，中国都必须积极推动共建全球金融利益共同体。

中国要始终把握世界潮流发展的方向，秉承人类命运共同体理念，高举构建全球金融利益共同体旗帜，维护世界各国金融共同利益，占据人类道义制高点，站到全球金融利益的大多数立场，正所谓得道多助失道寡助。坚持世界各国平等享受经济金融发展利益，维护各国金融安全，反对金融霸权和大国利益优先，期待共同发展是全人类和世界各国的共同心愿。中国历来遵循平等互利、合作共赢、共商共建的原则与各国发展经济金融关系，并通过自身的发展为世界各国尤其是发展中国家带来机遇；中国通过"一带一路"等实践为世界各国尤其是共建国家带来巨大的发展红利。

10.3.3　采取合作共赢的量子纠缠博弈策略

当今世界经济全球化深度发展，各国经济深度相互依存，逆全球化和保护主义行径未能改变经济全球化大势。在这种背景下，大国之间不再是单纯的竞争或合作，两者之间泾渭难分，往往是竞争中有合作、合作中有竞争的复杂关系。简单地沿用传统的博弈策略，已经不能适用大国经济金融深度相互依赖相互影响的现实。中国可以采取促进合作共赢的量子纠缠博弈策略。

采用纠缠博弈策略，最重要的是促进中美由负和博弈、零和博弈转向正和博弈，实现合作共赢。未来世界最有可能演变成为中美两个超级大国加上数个强国的"两超多强"格局。美国无论是从土地、人口、能源等资源禀赋，还是从金融、科技、军事等综合实力进行评估，都是未来相当长时期内

---

① 习近平. 坚定信心勇毅前行共创后疫情时代美好世界［N］. 人民日报，2022-01-18（002）.

的世界超级大国之一，仍然是国际金融主导权的重要掌握者。同时，美国还是当前国际金融体系的创建者、主导者和受益者，国际金融规则和制度的设计者与制定者，国际金融治理的主要参与者和推动者。未来要进行国际金融体系的改革、国际金融规则的修改与制定、国际金融治理的推动，都离不开美国的支持与参与。中国要在未来的国际金融体系构建和国际金融秩序维护等方面提升自己的地位和贡献，推动共建全球金融利益共同体。

此外，中国可以充分利用自身在制造业、国际贸易、超大规模市场、举国体制、5G 新能源等方面的优势，以及气候变化、能源危机、防核扩散、金融危机等全球性问题美国需要中国的配合与合作，促使美国在国际金融治理方面成为负责任的国际金融主导权拥有国。

10.4　本章小结

本章着眼于基于国际金融主导权的中美货币大博弈的宏观视野，结合前面关于大国货币博弈的历史经验教训，以及博弈机理分析的结论，提出中国在面对美国挑起的金融大博弈时，应该采取的博弈战略与策略。

首先，中国必须明确在未来国际金融主导权体系中的战略定位。综合世界经济发展格局的未来趋势，以及中美发展的未来态势，中国必须明确中国未来要争取与国力相适应的国际金融主导权。作为未来的世界第一大经济体，无论是从世界经济发展的需要还是从自身发展需要来看，中国都必须肩负起掌握国际金融主导权、重构国际金融体系、维护国际金融秩序稳定的历史使命和责任担当。同时，中国必须对未来要重构的国际金融体系及国际金融主导权权力结构安排有明确的规划蓝图。中国主导重构的国际金融体系不再是个别国家权力垄断的金融霸权，而是公平有效、科学可行的新型国际金融体系。

其次，中国必须努力提升自身的国际金融主导权地位。一个国家的国际金融主导权地位不会随着国力上升而自然获得，必须具有明确的战略目标、科学可行的实施方略和坚定不移的实施行动。中国早已成为世界第二大经济体，但中国的国际金融主导权地位与之严重不相匹配。中国可以通过继续推进国际金融体系改革、不断提升参与国际金融治理的能力与参与度等措施，提升中国的国际金融主导权地位。

最后，优化中国基于国际金融主导权的大国货币博弈策略，具体包括三个方面：一是维护国际金融主导权格局总体稳定，既坚决反对美国的金融霸权行径，也尊重其国际金融主导权地位。二是积极推动共建全球金融利益共同体，使国际金融体系朝着公正、合理、科学、可行的方向改革。三是采用量子纠缠博弈策略，促使大国负和博弈、零和博弈朝正和博弈转变，实现合作共赢。

第11章

总结与展望

11.1 全书总结

当前世界百年变局加速演变，国际力量对比深刻调整，东升西降趋势明显，世界格局将出现近五百年来的根本性变化，以西方国家为主的世界霸权秩序将发生改变，以中国为代表的新兴市场与发展中国家将走向世界舞台的中央。美国作为当今世界唯一的超级霸主，领导世界的能力与意愿双双下降，逐渐从当代国际秩序的创立者与维护者蜕变为破坏者与挑战者。坚持美国优先、强权政治与单边主义，充分利用其掌握的超级金融霸权地位，肆意实施金融霸权行径，摄取超额霸权收益，美国越发不负责的大国形象日渐深入人心。以美元体系为核心的美国金融霸权秩序，成为美国无限收割世界财富的重要工具，也成为当今世界经济发展和金融稳定的最大威胁。美国日益将金融制裁或以金融制裁相威胁作为工具和手段，实施金融讹诈，作为其实现地缘政治博弈和内政外交目的的重要手段。

然而，世界大势不可逆转，美国肆无忌惮地实施金融霸权收割世界财富的行径，将反噬美国的金融霸权地位，以美国为主导、以美元为核心的国际金融霸权秩序不可持续。但是，美国不会自动交出金融霸权的权杖，面对快速崛起的中国可能对其包括金融霸权在内的霸主地位构成的挑战，美国对中国发起了近乎疯狂的全面围堵与遏制战略，中美竞争与博弈上升到了关系未来国际秩序主导权和国际金融主导权的战略大博弈的高度，中美在金融领域博弈的烈度与强度逐步加强。中美金融博弈关系到未来国际金融秩序的重构与国际金融主导权的分配和均衡。围绕国际金融主导权而展开的以美元与人民币为核心的中美货币博弈，将成为中美战略博弈在经济金融领域的集中表现，并将贯穿中美战略博弈的全过程。

那么，金融霸权之后国际金融秩序是什么样的呢？中美金融博弈将如何演绎？中国应该如何应对美国发起的中美金融博弈？这些都是未来重构国际金融秩序和实现新时代中国强国梦亟须研究与解决的现实问题，也是本书研究的出发点与落脚点。本书以国际金融主导权的守成大国与崛起大国为假设研究对象，研究博弈大国双方为维护与争夺国际金融主导权，如何展开大国货币博弈。本书分四部分展开研究。

第一部分，是理论探源（第1章、第2章）。通过对基于国际金融主导权的大国货币博弈问题进行背景分析与文献梳理，找到该问题的理论基础，并建立相应理论分析框架。简而言之，该部分就是解释基于现实背景该问题是如何提出的，并在文献梳理的基础上，找到研究该问题的理论逻辑是什么。

从研究背景来看，基于国际金融主导权的大国货币博弈问题是亟须研究与解决的现实问题。世界格局百年巨变，东升西降趋势明显，世界霸权秩序不可持续，中国等新兴市场与发展中国家强势崛起，对美国超级霸主地位构成冲击，新旧势力之间的矛盾与冲突加剧，中美之间的战略竞争与博弈愈发激烈。以美元本位制为核心的金融霸权作为美国霸权的核心支柱，成为中美战略竞争与博弈的一个焦点。这关系到未来国际金融体系的重构和国际金融主导权的分配与平衡，乃至未来国际秩序转型主导权问题，也关系到未来国际社会是否动荡与安定。

从文献梳理来看，对基于国际金融主导权的大国货币博弈问题的研究不够深入、全面与系统，存在巨大的研究空间。对于金融霸权之后的未来国际金融格局的研究比较多，也提出了很多可行构想与愿景；但是对于未来国际金融秩序仍然是无政府状态下的国际金融主导权问题缺乏清晰的阐释。世界格局百年巨变，变的只是霸权秩序不可持续，国际权力分配更加均衡，全球治理更加民主，但是世界无政府状态的国际政治环境仍然不会变。金融霸权不再，但国际金融主导权仍然存在。国际货币权力作为国际金融主导权的核心，成为大国争夺国际金融主导权的焦点，而对于大国基于国际金融主导权而展开货币博弈的研究明显不足。

从理论逻辑来看，国际经济力量格局的巨变，导致大国之间的利益矛盾与冲突加剧，推动新旧势力基于争夺和维护国际权力的激烈竞争与博弈；在世界无政府状态下，以国际货币权力为核心的国际金融主导权成为新兴崛起大国与守成大国之间争夺未来国际秩序转型主导权的主战场。因此，研究基于国际金融主导权的大国货币博弈问题，必须遵从马克思关于经济基础决定上层建筑的原则，以及利益关系是最根本的国际关系原则。首先，决定国际力量格局的经济基础之变是导致该问题的根本原因；其次，经济基础的变化导致大国之间的利益分配格局发生变化，是产生矛盾与冲突的直接原因；再次，为争取与维护各自利益，大国就会在经济实力基础上争取相应的国际权力；最后，以国际货币权力为核心的国际金融主导权，作为争取国际权力和国家利益的核心，自然成为新旧势力竞争与博弈的焦点。

第二部分，是现象考察（第3章~第5章）。从历史与现实中对基于国际金融主导权的大国货币博弈的现象进行考察，并对美英博弈的典型案例进行深度剖析，在此基础上总结归纳出基于国际金融主导权的大国货币博弈的特征事实。

从历史与现实的现象考察发现，美国始终是自20世纪以来参与基于国际金融主导权的大国货币博弈的主角。在20世纪20~40年代，美国作为新兴崛起大国与守成大国英国展开了以争夺国际金融主导权为核心的大国货币博弈。当然，这只是美英之间基于国际秩序主导权博弈的一部分，而且是它们争夺霸主地位的核心部分。在经历两次世界大战和一次经济大萧条的洗礼之后，美国超越英国成为世界第一强国。在第二次世界大战后期，美国主导构建了以联合国、关税同盟和布雷顿森林体系为核心的战后政治、贸易与金融秩序。其中，以美元与英镑之争为核心的美英国际金融主导权的竞争与博弈贯穿整个美英国际秩序主导权博弈的始终。1944年，在以美国的怀特计划和英国的凯恩斯计划为代表的美英战后金融秩序重构蓝图的大博弈中，凭借美国当时全球最大债权国、黄金最多持有国、制造业最强国地位，怀特计划最终获胜，构建了以美国为主导、以美元为核心的布雷顿森林体系。自此，美元成为最强国际货币，美国掌握了国际金融主导权；由于美国已经成为独一无二的超级大国，世界上没有实力与其相当的大国，及其相应的国际货币，美元没有替代品。美国挟美元以令天下，滥用美元垄断的国际货币地位，肆意实施金融霸权，最终导致布雷顿森林体系崩溃。但是，这不仅没有削弱美元的国际货币地位，反而随着石油美元、美债美元回流体系的建立，美元霸权地位更加稳固；美国经济也逐渐走上金融化道路，美国成为超级金融帝国。

此后，先后有日本和欧盟成为世界第二大经济体，对美国的金融霸权地位构成了挑战，但是最终都在美国的打压与遏制下偃旗息鼓。如今的中国成为世界第二大经济体，而且与美国经济实力差距越来越小，美国同样对中国展开了全方位的遏制与打压。与之前的日本、欧盟不同的是，中国在未来可能超越美国成为世界第一大经济体，人民币将为世界提供除美元之外的另一种选择。那么中美间基于国际金融主导权的大国货币博弈，将会更加激烈，更加艰苦，也更加具有全局性、长期性和深远意义。

通过历史与现实的现象考察发现，基于国际金融主导权的大国货币博弈具有以下四个方面的特征事实。

基于国际金融主导权而展开货币博弈的大国是什么样的大国？即博弈大国的特征事实。从实力上看，通常都是代表新旧势力的新兴崛起大国与传统守成大国；从国家意志上看，国家实力数一数二不代表自然拥有国际金融主导权，要获得相应权力必须有清晰的国家战略和坚定的国家意志，积极推动主权货币国际化和争夺国际金融主导权；从国家能力上看，有实力有意愿还要拥有将实力与意志转化为有效行动的能力，这主要取决于一个国家的制度体系和治理能力。

大国基于国际金融主导权展开货币博弈的原因是什么？即博弈动因的特征事实。其最根本的动因是利益，如前所述，由于新兴国家实力的崛起，决定了其利益边界和诉求的扩大，与原有守成大国的利益边界产生矛盾与冲突，于是竞争与博弈不可避免。安全动因也是一个重要原因，随着经济活动范围的扩大，利益边界不断外延，受到守成大国主导的国际金融体系的排挤与制裁导致的威胁也越大，新兴大国需要建立自己主导的国际金融体系以维护经济安全。谋求国际权力地位也是经济强国逐渐走向政治强国的权力诉求，当一国经济实力达到数一数二的地位时，必然追求相应的国际权力与地位。

那么基于国际金融主导权的大国货币博弈过程是怎样的呢？即博弈过程的特征事实。这是一个漫长的过程，尤其是美英国际金融主导权转移的整个博弈过程，经历了追赶、相持、超越三个阶段，美国从追随英国的国际金本位制，到取代英国掌握国际金融主导权，建立以美国为主导、以美元为核心的布雷顿森林体系的过程，是美英之间国力、意志与能力等全方位的持久竞争、博弈和较量的过程。

基于国际金融主导权的大国货币博弈的强度如何？即博弈强度的特征事实。博弈强度往往取决于博弈大国之间的实力差距，当实力差距越小，尤其是双方越接近或刚刚反超时，两国之间博弈的强度越激烈；如果两者之间实力差距越大，弱小的一方更容易妥协与让步，博弈强度也相对较弱。

第三部分，是机理探析（第6章~第8章）。主要从机理上探析基于国际金融主导权的大国货币博弈为什么会陷入囚徒困境，演化博弈的动态过程与路径如何，以及如何从量子博弈思路破解囚徒困境难题，找到实现博弈大国双方共赢的均衡策略。

首先，基于国际金融主导权的大国货币博弈为什么会陷入囚徒困境？通过改造Stackelberg模型，将基于国际金融主导权展开货币博弈的大国之间的关系假定为守成大国与崛起大国之间的主从博弈关系，并将国际货币福利最大化作为大国争夺国际金融主导权追求的目标函数，对国际金融主导权地位附加收益的二次凹函数和超额收益的打压与竞争程度进行精细刻画，构建一个更加符合实际情况的基于国际金融主导权的Stackelberg大国货币博弈模型。通过分析该博弈模型竞争与合作两种策略不同组合构成的收益矩阵发现，在单次博弈和有限次重复博弈中，打压或竞争是博弈双方的占优策略，博弈双方陷入囚徒困境；在无限次重复博弈中，双方都会采取"以牙还牙"的冷酷策略，会让竞争方转向合作策略，为破解囚徒困境提供一种思路。即便如此，得到的均衡解也只是竞争与合作的组合，而不是双方都选择合作的共赢策略。导致这一结果的根本原因在于，在传统的博弈理论框架里，博弈双方的博弈策略只能是在竞争与合作两种策略之间选择，非此即彼。基于理性经济人假设，竞争通常是博弈大国的占优策略。而实际情况往往比这要复杂得多，博弈大国之间不是竞争与合作非此即彼的关系，而是既有竞争也有合作的竞合关系。只是在不同时期不同阶段，哪一方面因素占主导而已。

其次，基于国际金融主导权的大国货币博弈的演化过程和路径如何？通过构建基于国际金融主导权的大国鹰鸽货币博弈模型，运用演化博弈理论，建立博弈双方的复制动态方程，对博弈双方策略选择的演化均衡状态的推演与数值仿真，以揭示基于国际金融主导权的大国货币博弈演化的机理。结果显示，在基于国际金融主导权的大国货币博弈过程中，博弈双方不断试错和进行策略调整，当一国选取鸽策略的比例达到一定程度后，另一国会逐步稳定地选择鹰策略，（鸽，鹰）成为它们的进化稳定策略。在影响大国货币演化博弈的三个关键因素中，合作收益的增加，不仅加速了博弈双方向进化稳定策略演化的速度，而且改变了博弈双方策略初始选择的演化方向。实力强的博弈大国改变原来选择对抗的策略方向，改为选择合作策略；相反，实力弱的一方由合作策略改为向对抗策略方向演化。即便如此，同样没有改变（鸽，鹰）作为它们的进化稳定策略的结果，未能实现（鸽，鸽）合作共赢的目标。

最后，如何破解基于国际金融主导权的大国货币博弈囚徒困境？量子博弈理论为我们提供了思路。通过构建基于国际金融主导权的大国货币鹰鸽博弈量子模型，讨论它们的经典纳什均衡和量子纳什均衡策略情况，得出以下结论。第一，对基于国际金融主导权的大国货币博弈问题，当博弈大国双方博弈策略的纠缠度最大时，可以得到唯一的纳什均衡策略。当博弈大国双方的博弈策略完全无纠缠时，经典纳什均衡策略属于量子纳什均衡策略的一个特殊均衡策略。第二，当博弈大国的一方或双方，不是简单地采用鹰策略或鸽策略，而是采用量子策略，那么博弈双方可以实现共赢，这破解了经典博弈中个体最佳策略选择不是集体最佳选择的悖论。当博弈大国双方博弈策略的量子态的纠缠度最大时，得到了经典博弈无法实现的唯一量子纳什均衡策略（鸽，鸽）。此时，实现了纳什均衡策略与帕累托最优的完美统一。第三，这为破解基于国际金融主导权的大国货币博弈的囚徒困境提供了可行思路。基于国际金融主导权展开货币博弈的大国，往往不是简单地只采用鹰策略或鸽策略，而是处于两种策略的叠加和纠缠状态，博弈的任何一方可能同时既有鹰策略也有鸽策略。破解大国货币博弈的囚徒困境，有效的方法就是增加博弈大国双方策略的纠缠度。博弈大国双方的货币金融相互渗透相互依存的程度越高，相互影响相互作用的程度也会越高，博弈大国双方采用鹰鸽策略的纠缠度也会越高，那么，博弈大国双方都采用鸽策略进行合作博弈获取更高的共同收益实现共赢的可能性也就越高。

第四部分，是机制设计与策略优化（第 9 章、第 10 章）。总结破解基于国际金融主导权的大国货币博弈囚徒困境的思路，设计实现合作共赢的机制，优化中国与美国基于国际金融主导权展开货币博弈的策略。

在前面机理分析的基础上，总结出破解基于国际金融主导权的大国货币博弈囚徒困境的三个基本思路，即增加博弈双方的冲突成本、提高合作的额外收益和增强博弈策略量子态的纠缠度。基于这三个基本思路，提出建立破解大国货币博弈囚徒困境的三个机制。一是倡导树立全球金融利益共同体的理念，摒弃你输我赢的零和博弈思维，扩大对全球金融利益共同体的国家认同，构建全球金融利益共同体的实现机制。二是构建适应"欧洲—北美—亚洲"三足鼎立的多极化全球经济网络格局的、多元化主体参与的、多层次结构的国际金融治理平台与机制。三是根据全球经济格局的发展趋势，构建"欧洲—北美—亚洲"三足鼎立的国际金融主导权共享体系，建立多边合作机制，促进国际金融主导权主体之间的多边合作，推动新的国际金融体系有效运行。

在此基础上，结合大国货币博弈的现象考察与特征事实，以及博弈机理分析的结论，着眼于基于国际金融主导权的中美货币大博弈的宏观视野，优化中国在面对美国挑起的金融大博弈时的策略。首先，作为未来的世界第一大经济体，中国必须肩负起掌握国际金融主导权、重构国际金融体系和维护国际金融秩序稳定的历史使命与责任担当，明确提出建立公平有效、科学可行的新型国际金融体系及国际金融主导权权力结构均衡安排的愿景与蓝图。其次，通过继续推进国际金融体系改革、不断提升参与国际金融治理的能力与贡献等措施，提升中国的国际金融主导权地位。最后，优化中国基于国际金融主导权的大国货币博弈策略，维护国际金融主导权格局总体稳定，积极推进共建全球金融利益共同体，采取促进合作共赢的量子纠缠博弈策略。

11.2　主要创新点

基于国际金融主导权的大国货币博弈这一选题本身就是一个创新点。在现有文献中，对于国际金融权力中关于金融霸权的研究较多，而对于金融主导权的研究相对较少。本书在博士论文《国际金融主导权的形成与转移》的基础上，研究基于国际金融主导权的大国货币博弈问题，直指在国际金融主导权的竞争与博弈中国际货币竞争与博弈的关键问题。本书的创新点具体体现在以下三个方面。

（1）在学术思想方面，本书突破国际金融学范围，借用国际政治经济学和博弈论思想研究国际金融体系与国际金融治理问题，将大国围绕国际金融主导权的博弈行为尤其是货币博弈作为影响国际金融体系演变和国际金融秩序稳定与否的关键因素进行研究，对破解国际金融体系改革困境是一种大胆尝试。当前国际金融体系改革陷入困境，很重要的原因在于美国依然是世界唯一的超级大国，但是其国际金融秩序的创立者和维护者的身份逐渐蜕变为破坏者和挑战者，从国际金融公共产品的主要供给者蜕变为利用以美元本位制为核心的金融霸权收割世界财富的掠夺者和金融殖民者。同时世界上尚没有在能力与意愿上能够挑战和替代美国的大国，即便是未来成为世界第一大经济体的中国，也无意挑战与替代美国。美国依然拥有国际金融领域独一无二的权力，任何对世界有利而对美国不利的改革，美国都会反对，这就是国际金融体系陷入困境的原因。这些只有从国际政治经济学和大国博弈的视角分析才能更好地解释。

（2）在学术观点方面，本书认为大国围绕国际金融主导权的货币博弈是一种复杂的动态演化博弈过程，突出强调大国间的对抗博弈是导致国际金融失序的关键；突破了侧重将国际上微观金融主体的过度投机行为作为国际金融失序主因的传统认识。大国间基于国家利益至上的原则，往往将对抗与竞争作为大国博弈的策略选择，进而导致大国在基于国际金融主导权的大国货币博弈中，尤其是在实力相当接近时的守成大国与崛起大国之间的博弈中，双方容易陷入囚徒困境，采用造成两败俱伤的对抗性博弈策略，进而破坏国际金融秩序，甚至引发国际金融危机。如何设计合作博弈机制，引导博弈大国双方从对抗博弈走向合作博弈，成为破解大国货币博弈困境的关键。

（3）在研究方法方面，本书运用博弈论方法并首次将最新的量子博弈论方法应用到基于国际金融主导权的大国货币博弈的研究中。通过构建基于国际金融主导权的 Stackelberg 大国货币博弈模型、大国鹰鸽货币博弈演化模型、大国鹰鸽货币博弈量子模型，分析大国货币博弈陷入囚徒困境的原因、大国货币博弈的动态演化过程与路径、破解大国货币博弈囚徒困境的量子均衡策略。通过经典博弈理论分析清楚了大国货币博弈陷入囚徒困境的理论与现实原因，刻画了大国策略选择的演化过程与影响因素；但是经典博弈理论不能完全破解大国货币博弈的囚徒困境，只能对对抗博弈策略进行改善，并不能实现合作双赢的正和博弈。最新的量子博弈理论，利用量子力学的最新成果与思想，为我们提供了破解大国货币博弈囚徒困境的思路与方法。量子博弈理论认为博弈双方不是单纯地采用竞争与合作策略，往往是两种策略的叠加与纠缠，博弈双方之间既有竞争也有合作，这种解释更符合大国货币博弈的现实情况。而破解大国货币博弈的方法就是增加博弈双方之间货币金融的相互依赖程度，增加合作收益，使得任何一方都很难完全采用竞争乃至对抗策略，进而实现合作共赢。

11.3 研究展望

本书从理论探源、现象考察、机理探析、机制设计和策略优化五个方面对基于国际金融主导权的大国货币博弈问题进行了研究，对于为什么会提出这样一个科学问题、大国货币博弈陷入囚徒困境的原因、大国货币博弈的动态演化路径、破解大国货币博弈困境的量子博弈思路与量子均衡策略，以及推动大国货币博弈合作共赢的机制和中国应对美国发起的金融博弈的策略等问题进行了研究与回答。但是基于国际金融主导权的大国货币博弈问题，这一主题本身就比较宏观、比较大，对其进行研究是一个系统性大工程；鉴于笔者能力有限和时间约束，本书研究尚有许多不足之处，有待进一步深入研究。

（1）进一步厘清国际金融主导权与金融霸权、国际金融体系、大国货币博弈之间的关系。本书对国际金融主导权与金融霸权、国际金融主导权与国际金融体系的关系进行了一定阐释。金融霸权是国际金融主导权的一种特殊形式，即霸权式的国际金融主导权；掌握金融霸权的国家一定掌握国际金融主导权，掌握国际金融主导权的国家不一定能够和愿意实施金融霸权。国际金融主导权是国际金融体系中的权力核心，在世界无政府状态下，通常由霸权国家掌握，因而成为大国竞争与博弈的焦点。本书对国际金融主导权与大国货币博弈的关系进行了界定，即国际货币主导权是国际金融主导权的核心，影响着国际金融体系的构建与格局。大国货币博弈成为大国争夺国际金融主导权的关键。但是，这些研究只是处于浅显的认识、表述与论证中，值得进行深入的理论与实证研究。

（2）进一步探究基于国际金融主导权的大国货币博弈由对抗博弈转向合作共赢博弈的机制。本书对基于国际金融主导权的大国货币博弈容易陷入囚徒困境的机理，以及通过增加量子博弈策略的纠缠度破解囚徒困境实现合作共赢的机理进行了研究。但是具体到应该如何增加博弈大国双方博弈策略量子态的纠缠度却没有进一步的研究，本书只是提供了破解经典博弈理论中博弈大国陷入囚徒困境的思路和一些比较宏观宽泛的机制；缺乏将大国货币博弈由对抗博弈转向合作共赢博弈的具体博弈机制，进而保障博弈双方不是选择对抗，而是选择合作。一方面，可以对历史事实进行更深入的研究；另一方面，可以对现实状况进行更细致的情景假设研究。

（3）进一步研究基于国际金融主导权的中美非对称博弈及量子均衡问题。本书虽然将解决基于国际金融主导权的中美货币博弈可能陷入的囚徒困境作为研究的出发点与落脚点，但是总体上只是从历史经验与博弈机理上提供了依据和参考，而没有对中美货币博弈的现状与未来进行更深入的研究。当然，这个问题本身就是一个宏大的系统问题，需要专门研究。本书研究只是提供了一个基础。中美之间基于国际金融主导权的大国货币博弈，将不同于以往美国与英国、日本和欧盟之间的博弈；同时也有许多相同之处，中美之间也是典型的非对称博弈，美国作为超级大国和金融帝国显然处于强势地位，中国作为新兴崛起大国处于相对弱势地位，在金融领域中美之间的差距更加明显。中国应该如何应对这场由美国主导的非对称博弈，避免陷入对抗博弈的囚徒困境，而走合作共赢的正和博弈，造福两国与世界，成为中国乃至世界必须面对与解决的重大理论和现实课题。

参考文献

［1］［澳］阿尔伯特·肯伍德，阿兰·洛赫德. 国际经济的成长：1820 – 1990［M］. 王春法，译. 北京：经济科学出版社，1997：56 – 60.

［2］艾琳. 法律科学与量子科学交叉研究的可能性探索［J］. 社会科学家，2021（12）：119 – 124.

［3］［英］巴里·布赞. 美国和诸大国：21 世纪的世界政治［M］. 刘永涛，译. 上海：上海人民出版社，2007：72.

［4］［美］巴里·埃森格林. 嚣张的特权——美元的兴衰和货币的未来［M］. 北京：中信出版社，2011：16，28 – 30.

［5］［美］保罗·肯尼迪. 大国的兴衰：1500 – 2000 年的经济变迁与军事冲突［M］. 陈景彪等，译. 国际文化出版社，2006：2 – 5，186 – 221.

［6］［美］保罗·沃尔克，［日］行天丰雄. 时运变迁［M］. 北京：中信出版社，2018：315.

［7］［美］本斯泰尔. 布雷顿森林货币战：美元如何统治世界［M］. 北京：机械工业出版社，2014：125 – 130，145 – 151，168，261.

［8］［荷兰］彼得·阿德里安斯，［荷兰］约翰·范·本瑟姆. 爱思唯尔：信息哲学（下）［M］. 殷杰，原志宏，刘扬弃，译. 北京：北京师范大学出版社，2015：661.

［9］曹勇. 国际铸币锐的分配、计算与启示［J］. 华南金融研究，2002（5）：9 – 12.

［10］［美］查尔斯·P. 金德尔伯格. 1929 – 1939 年世界经济萧条［M］. 上海：上海译文出版社，1986：237 – 238，255 – 256.

［11］陈东英，刘忠权. 人类命运共同体的哲学基础［J］. 社会主义核心价值观研究，2021，7（3）：94 – 100.

［12］陈观烈. 必须高度警惕"金融霸权"［J］. 领导决策信息，1998

（46）：16.

[13] 陈江生. 经济全球化的历史进程及中国机遇 [J]. 人民论坛，2021（13）：22-25.

[14] 陈平，管清友. 大国博弈的货币层面——20世纪60年代法美货币对抗及其历史启示 [J]. 世界经济与政治，2011（4）：25-47, 155-156.

[15] 陈倩. 美日贸易摩擦的演进过程、经验教训及对我国的启示 [J]. 西南金融，2019（3）：12-22.

[16] 陈亚温，胡勇. 论欧元与美元的国际货币竞争 [J]. 厦门大学学报（哲学社会科学版），2003（5）：86-93.

[17] 陈尧，杨枝煌. SWIFT系统、美国金融霸权与中国应对 [J]. 国际经济合作，2021（2）：82-96.

[18] 陈雨露，王芳，杨明. 作为国家竞争战略的货币国际化：美元的经验证据——兼论人民币的国际化问题 [J]. 经济研究，2005（2）：35-44.

[19] 陈雨蒙，李晓峰. 全球化背景下的货币政策独立性——基于博弈论与二元悖论的探讨 [J]. 国际金融研究，2018（8）：44-54.

[20] 成素梅. 量子纠缠引发的哲学问题 [J]. 社会科学，2014（6）：111-118.

[21] 程恩富，夏晖. 美元霸权：美国掠夺他国财富的重要手段 [J]. 马克思主义研究，2007（12）：28-34.

[22] [日] 船桥洋一. 管理美元：广场协议和人民币的天命 [M]. 于杰，译. 北京：中信出版集团，2018：208-209.

[23] [澳] 大卫·M. 安德鲁. 国际货币权力 [C]. 黄薇，译. 北京：社会科学文献出版社，2016：63-67.

[24] 代高琪，刘赫，纪尚伯，汪寿阳. 国际货币竞争的主从博弈分析及其对人民币国际化的启示 [J]. 系统工程理论与实践，2021，41（4）：892-904.

[25] 戴相龙，王冠群. 中国新时代金融强国战略研究 [C]. 中国智库经济观察（2019），2020：205-216.

[26] [美] 道格拉斯·C. 诺斯. 制度、制度变迁与经济绩效 [M]. 杭行，韦森，译. 上海：格致出版社、上海三联书店、上海人民出版社，2008：147.

[27] 杜旭平，李雪娇. 科索沃战争背后的经济利益分析 [J]. 学术交流，1999 (6): 32 - 34.

[28] 段世德. 太平洋区域市场网络与美元国际化研究 [J]. 东北亚论坛，2017, 26 (2): 71 - 81, 128.

[29] 鄂志寰. 应对全球货币竞争百年变局 有序推进人民币国际化 [J]. 清华金融评论，2023 (6): 25 - 29.

[30] 方福前. 欧元会成为第二大国际货币吗 [J]. 中国人民大学学报，1999 (6): 55 - 61.

[31] 方家喜. 美元新霸权四大特征日趋明显 [N]. 经济参考报，2010 - 03 - 24.

[32] 冯永琦，于欣晔. 后疫情时代全球金融治理体系建构与中国策略选择 [J]. 东北亚论坛，2020, 29 (6): 51 - 64, 124 - 125.

[33] 付争. 对外负债在美国金融霸权维系中的作用 [D]. 长春：吉林大学，2013.

[34] 葛昕，宋新宁. 从国际货币博弈透视新型大国关系建构 [J]. 国际论坛，2015, 17 (5): 57 - 61, 81.

[35] 管涛，刘立品. 国际货币体系多极化发展与人民币国际化 [J]. 国际金融，2023 (8): 12 - 18.

[36] 管筱璞. 收割世界财富的美元霸权 [N]. 中国纪检监察报，2022 - 04 - 05 (04).

[37] 郭继兰. 曼彻斯特学派与英国经济自由主义 [J]. 史学月刊，2010 (9): 68 - 76.

[38] 郭佳，范智勇. 美元国际化及其启示 [J]. 西南金融，2013 (11): 22 - 24.

[39] 郭树永. 评霸权稳定论 [J]. 欧洲，1997 (6): 16 - 19.

[40] 韩龙. 美元崛起历程及对人民币国际化的启示 [J]. 国际金融研究，2012 (10): 37 - 46.

[41] 韩文秀. 国际货币、国际语言与国家实力 [J]. 管理世界，2011 (6): 1 - 10.

[42] 何帆，李婧. 美元国际化的路径、经验和教训 [J]. 社会科学战线，2005 (1): 266 - 272.

[43] 何帆.货币即政治 [J].全国新书目,2011 (12):27-28.

[44] 洪小芝.全球金融治理中霸权稳定论和多边主义思想初探 [J].国际展望,2013 (1):83-94,149-150.

[45] 胡松明.金融资本全球化和新金融霸权主义 [J].世界经济,2001 (7):27-31.

[46] 胡毓源.一次大战后的战债问题与美国的对外关系 [J].上海师范大学学报,1985 (4):88-100.

[47] 黄冠华.第三方崛起:美国崛起的体系层面思考 [J].江南社会学院学报,2018 (3):75-80.

[48] 黄瑾.利益共同体与人类命运共同体 [J].学习与探索,2019 (10):94-101,192,2.

[49] 黄心泓,罗章.中美国家能力透视与中美竞争的良性演进 [J].上海行政学院学报,2020,21 (6):13-21.

[50] 黄亚光,许坤,董艳.美国金融制裁:演化逻辑与应对策略 [J].经济学家,2021 (7):110-119.

[51] 鞠建东,彭婉,余心玎."三足鼎立"的新全球化双层治理体系 [J].世界经济与政治,2020 (9):123-154,159-160.

[52] 鞠治安,潘平,周惠玲.超越经典博弈思维形式之量子博弈的思维形式 [J].重庆理工大学学报(社会科学),2017,31 (4):14-19.

[53] [意] 卡洛·M.奇波拉.欧洲经济史第6卷(上册):当代各国经济 [M].北京:商务印书馆,1991:244.

[54] 康欣.国家债务与霸权转移 [D].复旦大学博士学位论文,2014.

[55] [苏] 库尼娜.1917-1920年间美国争夺世界霸权计划的失败 [M].北京:世界知识出版社,1957:217.

[56] 兰立山,刘永谋.量子博弈的本质特征及其哲学意义 [J].自然辩证法研究,2018,34 (10):106-110.

[57] [英] 劳伦斯·詹姆斯.大英帝国的崛起与衰落 [M].北京:中国友谊出版社,2018:1-3.

[58] 冷晓明.二战债务:英国60年后还清 [J].环球军事,2007 (2S):22-23.

[59] 李昌新,黄世相.论第二次世界大战期间的英美矛盾及其妥协

[J]．世界历史，2004（6）：74－81．

[60] 李德·哈特．第二次世界大战战史（第1卷）[M]．上海：上海人民出版社，2002：4－5．

[61] 李海燕．国际汇率制度安排中的美元霸权 [J]．国际金融研究，2003（3）：33－37．

[62] 李宏芳．量子理论的观念之争和认识论发展 [M]．北京：科学出版社，2013：153．

[63] 李嘉宝．亚投行堪称多边合作典范 [N]．人民日报海外版，2021－11－10（6）．

[64] 李骏，李俊葶．基于"特里芬难题"的国际货币体系改革探讨——兼论稳慎推进人民币国际化 [J]．金融发展研究，2022（3）：3－7．

[65] 李巍．中美金融外交中的国际制度竞争 [J]．世界经济与政治，2016（4）：112－138，159－160．

[66] 李晓，李俊久．美国的霸权地位评估与新兴大国的应对 [J]．世界经济与政治，2014（1）：114－141，159－160．

[67] 李晓．美元体系的金融逻辑与权力——中美贸易争端的货币金融背景及其思考 [J]．国际经济评论，2018（6）：52－71，5－6．

[68] 李孝天．国家集体认同与人类命运共同体的发展阶段 [J]．社会主义研究，2020（3）：133－142．

[69] 李永胜．防范金融霸权 [J]．现代国际关系，1999（5）：37－39．

[70] 梁涛．美元霸权下的"中心—外围"博弈对中国的影响与应对 [J]．财经科学，2018（7）：25－36．

[71] 梁亚滨．称霸密码：美国霸权的金融逻辑 [M]．北京：新华出版社，2012：77－80．

[72] 廖泽芳，雷达．欧债危机背后的货币博弈 [J]．国际金融研究，2012（11）：40－46．

[73] 廖子光．美元霸权必须终结 [N]．亚洲时报，2002－04－11．

[74] 林宏宇，李小三．国际货币权力与地缘政治冲突 [J]．国际关系学院学报，2012（1）：6－11．

[75] 林利民，王天舒．试析新"两超多强"格局与中国国际战略的适应性调整 [J]．同济大学学报（社会科学版），2020，31（2）：40－47．

[76] 林楠. 货币博弈下人民币实际汇率动态与政策空间研究 [J]. 经济学动态, 2013 (1): 53 – 58.

[77] 林小芳, 查君红. 脱离美元霸权正当其时 [J]. 国外理论动态, 2012 (1): 34 – 38.

[78] 刘爱文, 陈洪良. 美国金融霸权基础虚化的逻辑演进及其危机指向 [J]. 当代经济研究, 2020 (8): 73 – 81, 113.

[79] 刘丰. 国际利益格局调整与国际秩序转型 [J]. 外交评论 (外交学院学报), 2015, 32 (5): 46 – 62.

[80] 刘伟. 国际货币体系与世界经济金融危机的爆发——兼论人民币国际化战略选择 [J]. 华南师范大学学报 (社会科学版), 2022 (2): 83 – 92.

[81] 刘雪莲, 夏海洋. 以共同利益推进人类命运共同体的构建 [J]. 吉林大学社会科学学报, 2022, 62 (1): 30 – 39, 234.

[82] 刘颖, 苏巧玲. 医学心理学 [M]. 北京: 中国华侨出版社, 1997: 27.

[83] 刘子平. 国际金融监管标准实施评估机制研究 [J]. 金融监管研究, 2019 (9): 15 – 34.

[84] 柳永明. 论金融霸权 [J]. 经济学家, 1999 (5): 68 – 73.

[85] 鲁世巍. 美元霸权地位与伊拉克战争 [J]. 外交学院学报, 2003 (3): 102 – 107.

[86] 陆磊. 在改革开放中建设金融强国 [N]. 人民日报, 2015 – 10 – 14 (7).

[87] 栾文莲. 一强多元: 全球金融霸权格局 [N]. 中国社会科学报, 2012 – 09 – 24.

[88] [美] 罗伯特·达莱克. 罗斯福与美国对外政策: 1932 – 1945 (下册) [M]. 陈启迪, 译. 北京: 商务印书馆, 1984: 667.

[89] [美] 罗伯特·基欧汉, 约瑟夫·奈. 权力与相互依赖 (第3版) [M]. 门洪华, 译. 北京: 北京大学出版社, 2002: 3 – 9.

[90] [美] 罗伯特·基欧汉, 约瑟夫·奈. 权力与相互依赖 [M]. 门洪华, 译. 北京: 北京大学出版社, 2019: 12 – 13.

[91] [加拿大] 玛格丽特·麦克米伦, [英] 戴维·雷诺兹. 缔造和平:

1919 巴黎和会及其开启的战后世界 ［M］. 北京：中信出版社，2018：35 –
67.

　　［92］马克思恩格斯全集（第 4 卷）［M］. 中共中央马克思恩格斯列宁
斯大林著作编译局，编译. 北京：人民出版社，1995：444.

　　［93］马克思恩格斯全集（第 31 卷）［M］. 中共中央马克思恩格斯列宁
斯大林著作编译局，编译. 北京：人民出版社，1998：321.

　　［94］马克思恩格斯全集（第 1 卷）［M］. 中共中央马克思恩格斯列宁
斯大林著作编译局，编译. 北京：人民出版社，1972：82.

　　［95］马晓河. 迈过“中等收入陷阱”的需求结构演变与产业结构调整
［J］. 宏观经济研究，2010（11）：3 – 11.

　　［96］门洪华. 中国崛起与国际秩序变革［J］. 国际政治科学，2016，1
（1）：60 – 89.

　　［97］倪外. 金融霸权、金融制裁与阻断战略研究［J］. 上海经济研究，
2023（4）：104 – 115.

　　［98］牛震. 关于霸权稳定论及其评价［J］. 国际关系理论，2000
（10）：22 – 27.

　　［99］潘平，兰立山，杨平. 量子博弈的深层本体论研究［J］. 哲学动
态，2014（11）：98 – 102.

　　［100］潘兴明. 英美霸权转移的历史考察［J］. 北京大学学报（哲学社
会科学版），2015（5）：93 – 102.

　　［101］齐兰，文根第. 国际金融霸权形成与更迭的历史考察及其启示
［J］. 经济问题，2019（5）：36 – 45.

　　［102］齐世荣. 世界通史资料选集·现代部分·第一分册［M］. 北京：
商务图书馆，1980：55 – 58，73 – 74.

　　［103］乔良. 金融战与现代战争（下）［J］. 经济导刊，2016（7）：
76 – 80.

　　［104］秦卫波，蔡恩泰. 美国公共债务与对外债务可持续对美元霸权地
位的影响［J］. 苏州大学学报（哲学社会科学版），2019，40（6）：77 –
84.

　　［105］［英］R. F. 哈罗德，谭崇台. 凯恩斯传［M］. 刘精香，译. 北
京：商务印书馆，1993：588.

[106] 任东波，李忠远. 从"广场协议"到"卢浮宫协议"：美国敲打日本的历史透视与启示 [J]. 当代经济研究，2015 (6)：88 –91.

[107] [美] S. F. 比米斯. 美国外交史 [M]. 北京：商务印书馆，1985：421.

[108] [美] 约瑟夫·奈. 软实力：权力，从硬实力到软实力 [M]. 马娟娟，译. 北京：中信出版社，2013 (5)：5 –25.

[109] [美] 斯坦利·L. 恩格尔曼，罗伯特·E. 高尔曼. 剑桥美国经济史（第二卷）：漫长的 19 世纪 [M]. 高德步，王珏，译. 北京：中国人民大学出版社，2009：550.

[110] 沈姗姗. 国际储备货币欧元与美元的比较 [J]. 经济问题探索，2011 (12)：91 –95.

[111] 施箐. 货币权力研究 [D]. 上海：上海外国语大学，2014：5.

[112] 宋国友. 国际金融治理的当前困境、改革取向与中国政策 [J]. 天津社会科学，2019 (3)：100 –105，112.

[113] 宋微. 美国对英国战略与霸权转移 [J]. 美国研究，2015 (4)：47 –68.

[114] 宋效峰，黄家亮. 国际金融视角下的英美权力转移及其启示 [J]. 江南社会学院学报，2018 (1)：53 –59.

[115] 宋效峰，黄家亮. 国际金融视角下的英美权力转移及其启示 [J]. 江南社会学院学报，2018 (3)：53 –58.

[116] 谈谭. 从货币战到有限合作：1933 –1936 年英美法三国货币外交 [J]. 世界历史，2009 (6)：27 –38.

[117] 谭余夏，潘明清，张典. 国际货币博弈视角的人民币汇率变动研究——基于双边随机边界模型的实证分析 [J]. 宏观经济研究，2016 (3)：119 –127.

[118] 唐欣语. 从怀特计划、凯恩斯计划到国际货币基金组织协定（二）[J]. 银行家，2010 (4)：88 –91.

[119] 田文林，阚道远. 面对金融霸权，我们如何应对 [J]. 人民论坛，2020 (26)：128 –131.

[120] [德] 托马斯·里斯. 全球化与权力：社会建构主义的视角 [J]，肖莹莹，译. 世界经济与政治，2013 (10)：23 –37.

[121] 万喆. 金融安全的全维度 [J]. 中国金融, 2017 (10): 56 – 58.

[122] 王春城, 周琦珊. 社会意志与国家意志组合关系视角下的公共政策新解 [J]. 新视野, 2016 (4): 77 – 84.

[123] 王冠群, 周寂沫. 主权评级与国际货币博弈 [J]. 中国金融, 2016 (15): 84 – 85.

[124] 王宏波. 从道威斯计划看20世纪20年代美国经济外交 [J]. 首都师范大学学报 (社会科学版), 2002 (3): 107 – 112.

[125] 王宏波. 第一次世界大战后美国对德国的政策 [M]. 北京: 社会科学文献出版社, 2008: 86.

[126] 王仁祥, 张应华. 国际金融主导权的缘由、内涵与特征——基于广义虚拟经济视角的分析 [J]. 广义虚拟经济研究, 2012, 3 (2): 29 – 36.

[127] 王曙光. 中国正面临 "国家意志" 的考问 [J]. 人民论坛, 2014 (18): 20 – 21.

[128] 王文. 加大金融对外开放布局金融强国战略 [J]. 金融世界, 2020 (1): 58 – 61.

[129] 王义桅、唐小松. 从霸权稳定论到单极稳定论——冷战后新现实主义的回归 [J]. 世界经济与政治, 2000 (9): 14 – 19.

[130] 王召东. 一战后英美战债问题研究 [D]. 华中师范大学硕士学位论文, 2013.

[131] [美] 威廉·兰格. 世界史编年手册·现代部分 [M]. 中译本上册, 上海: 上海三联书店, 1978: 336.

[132] [美] 威廉·罗克腾堡. 罗斯福与新政: 1932 – 1940 [M]. 北京: 商务出版社, 1993: 4.

[133] [美] 威廉·麦克尔尼, 阿德诺·托因比. 美国、英国、俄国: 他们的合作和冲突1941 – 1946 [M]. 上海: 上海译文出版社, 1978: 4.

[134] 吴桂华, 王历. 国际货币制度变迁过程中的利益博弈分析 [J]. 江西社会科学, 2009 (11): 72 – 76.

[135] 吴国林. 量子信息哲学 [M]. 北京: 中国社会科学出版社, 2011: 28.

[136] 吴锦华. 伊拉克战争——美元与欧元的新一轮较量 [J]. 北华大学学报 (社会科学版), 2003 (2): 50 – 53.

[137] 吴庆军，陈红梅，肖宛晴. 中美战略博弈的本质特征及其策略选择 [J]. 海派经济学，2021，19（3）：191 - 209.

[138] 夏乐. 世界资本家：美国金融霸权的本质 [J]. 董事会，2009（2）：54 - 59.

[139] 向祚松. 新资本论：全球金融资本主义的兴起、危机与救赎 [M]. 北京：中信出版社，2014：167 - 206.

[140] 肖康康，顾永昆，罗成. 国际货币权力的起源、结构与运行机制——基于非对称性相互依赖分析的视角 [J]. 财经问题研究，2018（9）：35 - 42.

[141] 谢识予. 经济博弈论（第三版）[M]. 上海：复旦大学出版社，2016：175 - 178，210.

[142] 谢世清，黄兆和. 当代国际货币基金组织的改革 [J]. 宏观经济研究，2022（2）：167 - 175.

[143] 谢世清，郏雨薇. 欧洲稳定机制（ESM）的运作及其评价 [J]. 宏观经济研究，2015（1）：152 - 159.

[144] 徐凡，陈晶. 新型大国协调模式下提升中国全球金融治理能力的思考——基于 G20 与 G7 的比较视角 [J]. 国际贸易，2021（2）：89 - 96.

[145] 徐佳. 对霸权稳定论的解读与评判 [J]. 学术交流，2009（4）：37 - 40.

[146] 徐康宁. 正确鉴史而知兴替："广场协议"的真实影响与教训 [J]. 国际经济评论，2020（6）：104 - 122，7.

[147] 徐强. 大国功能分工、经济复苏前景与中国主导权建设 [J]. 经济研究参考，2010（12）：4 - 10.

[148] 徐涛，侯绍泽. 论美元霸权与当代国际货币秩序 [J]. 上海财经大学学报，2007（6）：83 - 90.

[149] 徐以升. 危机中美联储有选择地成为全球最后贷款人 [J]. 金融博览，2015（7）：30 - 31.

[150] 徐振伟. 英美博弈与英国回归金本位 [J]. 历史教学，2012（4）：52 - 57.

[151] 许馨友，安烨. 人民币如何打破美元霸权 [J]. 江汉论坛，2013（5）：79 - 83.

[152] 严海波，江涌．掌握金融主导权 [J]．瞭望新闻周刊，2009 (33)：11 - 14.

[153] 阎彬．金融外交与货币国际化 美元国际化的经验与启示 [J]．国际论坛，2017 (3)：53 - 81.

[154] 颜剑英．美国金融霸权和中国金融安全 [J]．理论导刊，2004 (5)：11 - 14.

[155] 阳立高，廖进中．理性经济人批判与国家理性行为体假说 [J]．现代经济探讨，2010 (7)：90 - 92.

[156] 杨多贵，周志田．霸权红利：美国不劳而获的源泉 [J]．红旗文稿，2015 (3)：33 - 35.

[157] 杨生茂．美国外交政策史（1775 - 1989）[M]．北京：人民出版社，1991：183 - 216，349 - 350.

[158] 杨旭彪．美元本位制、美元霸权和美国金融危机 [J]．经济与管理，2009 (1)：62 - 65.

[159] 杨永锋．试析《租借法案》在英美经济霸权转移中的作用 [J]．中南大学学报（社会科学版），2014 (3)：266 - 273.

[160] 杨原．武力胁迫还是利益交换？——大国无战争时代大国提高国际影响力的核心路径 [J]．外交评论（外交学院学报），2011，28 (4)：96 - 116.

[161] 杨志文．美国金融霸权的衰落 [J]．现代商业，2011 (5)：179 - 180.

[162] 姚大庆．国际货币的起源和演化：基于多种群不对称博弈的演化分析 [J]．世界经济研究，2017 (12)：59 - 67，133.

[163] 尹应凯，崔茂中．美元霸权：生存基础、生存影响和生存冲突 [J]．国际金融研究，2009 (12)：31 - 39.

[164] 俞使超．2008 年金融危机以来美国币权扩张及其对世界格局演变的影响 [J]．中国矿业大学学报（社会科学版），2021，23 (5)：149 - 160.

[165] 禹钟华，祁洞之．大国博弈中的国际货币体系演化——兼论中西博弈理念及其文化渊源 [J]．国际金融研究，2013 (10)：13 - 19.

[166] 袁明．国际关系史 [M]．北京：北京大学出版社，2005：116 - 130.

[167] 袁志刚，林燕芳．国际货币体系变局的拐点与中国战略选择

［J］. 探索与争鸣, 2021（8）：4 - 17, 177.

　　［168］张敖. 美元霸权的历史演进 ［J］. 金融发展评论, 2011（3）：61 - 66.

　　［169］张发林. 国际金融权力：理论框架与中国策略 ［J］. 当代亚太, 2020（6）：124 - 152, 156 - 157.

　　［170］张发林. 全球金融治理体系的演进：美国霸权与中国方案 ［J］. 国际政治研究, 2018, 39（4）：9 - 36, 3.

　　［171］张发林. 全球金融治理议程设置与中国国际话语权 ［J］. 世界经济与政治, 2020（6）：106 - 131, 159.

　　［172］张发林. 中美金融竞争的维度与管控（英文）［J］. Contemporary International Relations, 2020, 30（3）：11 - 36.

　　［173］张康之, 张桐. 论普雷维什的"中心—边缘"思想——关于世界经济体系中不平等关系的一个分析框架 ［J］. 政治经济学评论, 2014, 5（1）：33 - 51.

　　［174］张礼卿. 全球金融治理面临的八个问题 ［J/OL］. 财新, 2021 - 04 - 08.

　　［175］张林, 林意佳, 王奕韬. 希腊加入欧元区十年的利弊得失 ［J］. 银行家, 2012（2）：90 - 93.

　　［176］张茉楠. 中国争取碳金融主导权刻不容缓 ［N］. 中国联合商报, 2010 - 01 - 13.

　　［177］张维迎. 博弈论与信息经济学 ［M］. 上海：格致出版社、上海三联书店、上海人民出版社, 2012：107 - 108.

　　［178］张燕玲, 李普. 美国全球金融战略分析 ［J］. 中国金融, 2020（4）：81 - 83.

　　［179］张谊浩, 裴平, 方先明. 国际金融话语权和中国方略 ［J］. 世界经济与政治, 2012（1）：112 - 127.

　　［180］张应华, 洪勇, 陈建付. 基于 Stackelberg 模型的大国国际货币主导权博弈分析 ［J］. 技术经济与管理研究, 2022（5）：72 - 77.

　　［181］张应华, 王仁祥. 国际金融主导权的形成、演变与未来——基于财富标志视角的分析 ［J］. 广义虚拟经济研究, 2013, 4（3）：29 - 36.

　　［182］张应华. 国际金融主导权的国际博弈及演变 ［J］. 广义虚拟经济

研究，2016，7（4）：25-32.

[183] 张应华. 国际金融主导权：形成与转移 [M]. 北京：中国国际商务出版社，2019，12：3-8，32-33.

[184] 张应华. 国际金融主导权的形成与转移研究 [D]. 武汉：武汉理工大学，2014.

[185] 张宇燕，张静春. 国际货币的成本和收益 [J]. 世界知识，2008（21）：58-63.

[186] 张宇燕，任琳. 全球治理：一个理论分析框架 [J]. 中国社会科学院国际研究学部集刊，2018，11：215-232.

[187] 张振江. 从英镑到美元：国际经济霸权的转移（1933-1945）[M]. 北京：人民出版社，2006：27-29，38，173-174，182.

[188] 赵柯. 货币的政治逻辑与国际货币体系的演变 [J]. 欧洲研究，2011，29（4）：50-68，6.

[189] 郑联盛. 美国金融制裁：框架清单、模式与影响 [J]. 国际经济评论，2020（3）：123-143，7.

[190] 周国荣. 国际体系危机、关注点趋同与国际领导权的共享——基于七国集团与二十国集团的比较分析 [J]. 复旦国际关系评论，2020（2）：140-167.

[191] 周寂沫. 从欧元与美元的博弈看欧元危机 [J]. 社会科学辑刊，2010（4）：144-151.

[192] 周俐娜. 国际金融危机以来全球金融监管改革综述 [J]. 金融会计，2021（1）：34-41.

[193] 周圣. 国际货币基金组织治理体制缺陷、根源及其改革路径探寻 [J]. 国际经贸探索，2019，35（10）：108-118.

[194] Acemoglu, Daron, James Robinson. The Narrow Corridor: States, Societies and the Fate of Liberty [M]. New York: Penguin Press, 2019.

[195] Aerts D., Sozzo S., Tapla J. A Quantum Model for the Ellsberg and Machina Paradoxes [A]. J. Busemeyer. Lecture Notes in Computer Science, Quantum Interaction [C]. Berlin: Springer, 2012: 48-59.

[196] Alan C. Santos, Entanglement and Coherence in Quantum Prisoner's Dilemma [J]. Quantum Information Processing, 2020, 19 (1): 13.

[197] Alan P. Dobson, US Wartime Aid to Britain: 1940 – 1946 [M]. London: Croom Helm, 1986.

[198] Albert Mathias. Quantum Mind and Social Science: Unifying Physical and Social Ontology [J]. International Affairs, 2015, 91 (4): 872 –874.

[199] Alexander Wendt. Quantum Mind and Social Science: Unifying Physical and Social Ontology [M]. Cambridge: Cambridge University Press, 2015.

[200] Andrews D. M. Capital mobility and state autonomy: Toward a structural theory of international relations. International Studies Quarterly, 1994, 38 (2), 193 –218.

[201] Andrews, David M. International Monetary Power [M]. New York: Cornell University Press, 2006.

[202] Anjali Dhiman, Tejasvi Uttam, S. Balakrishnan. Implementation of sequential game on quantum circuits [J]. Quantum Information Processing, 2020, 19 (4): 1 –16.

[203] Armand Van Dormael, Bretton Woods: Birth of Monetary System [M]. New York: Holmes and Meier, 1978.

[204] Ba Heather. Hegemonic instability: complex interdependence and the dynamics of financial crisis in the contemporary international system [J]. European Journal of International Relations, 2021, 27 (2): 369 –402.

[205] Bain A. D. , Cohen B J. The Future of Sterling as an InternationalCurrency [J]. The Economic Journal, 1972 (326): 748 –749.

[206] Ball Philip. Everyone wins in quantumgames [J]. European Urology Supplements, 1999, 2 (1): 143.

[207] Beard, Charles A. , Beard, Mary R. Rise of American Civilization (Vol. 2) [M]. Whitefish: Kessinger Publishing, 2005.

[208] Benjamin S C, Hayden P M. Multi-Player Quantum Games [J]. Physical Review A, 2001, 64 (3): 30301.

[209] C. P. Kindleberger. The World in Depression, 1929 – 1939 [M], University of California Press, 2013: 291 –309.

[210] Carole Fink. The Genoa Conference [M]. Chapel Hill: University of North Carolina Press, 1984.

[211] Cohen Benjamin J. The Future of Money, Princeton [M]. New Jersey: Princeton University Press, 2004.

[212] Cohen Benjamin J. The Future of Global Currency: The Euro Versus theDollar [M]. London: Routledge, 2010.

[213] Cohen Benjamin J. The International Monetary System: Diffusion andAmbiguity [J]. International Affairs, 2008, 84 (3): 455 – 470.

[214] Cohen Benjamin J. The Macrofoundation of Monetary Power [J]. Orfalea center for global & international studies, 2005.

[215] Cohen S. D. United States-Japan Trade Relations [J]. Proceedings of the Academy of Political Science, 1990, 37 (4): 122 – 136.

[216] Cohen, Benjamin J. Organizing the world's money: the political economy of international monetaryrelations [M]. London: Macmillan Press, 1979.

[217] Cohen, Benjamin J. The Geography of Money [M]. Ithaca: Cornell University Press, 1998.

[218] CONTE E. A Preliminary Experimental Verification on the Possibility of the BellIneq David A. Meyer. Quantum Strategies [J]. Phys. Rev. Lett, 1999, 82: 1052 – 1055.

[219] D. Snida. The Limits of Hegemonic Stability Theory [J]. International Organization, 1985, 39 (4): 579.

[220] Daniele V. Angus Maddison, Contours of the World Economy, 1 – 2030 AD. Essays in Macro-Economic History [M]. London: Oxford University Press, 2007.

[221] Dean Acheson. Present at the Creation: My Years in the StateDepartment [M]. New York: W. W. Norton, 1969.

[222] Donald Markwell. John Maynard Keynes and International Relations Economic Paths to War and Peace [M]. Oxford: Oxford University Press, 2006.

[223] Dong Zhiyuan, Wu AiGuo. The Superiority of Quantum Strategy in 3-Player Prisoner's Dilemma [J]. Mathematics, 2021, 9 (12): 1 – 10.

[224] Edward R. Stettinius. , Lend-lease, Weapon for Victory [M]. New York: Macmillan Company, 1944.

[225] Eichengreen Barry, Exorbitant Privilege, The Rise and Fall of the

Dollar and the Future of the International Monetary System [M]. London: Oxford University Press, 2011.

[226] Eisert J. , Wilkens M, Lewenstein M. Quantum Games and Quantum Strategies [J]. Phys. Rev. lett. , 1999 (83): 3077 – 3088.

[227] Ezra F. Vogel, Japan as Number One: Lessons for America [M]. Cambridge: Harvard University Press, 1979.

[228] Frąckiewicz Piotr. Non-Classical Rules in Quantum Games [J]. Entropy, 2021, 23 (5): 604

[229] FrankCostigliola. Awkward Dominion: American Political, Economic, and Cultural Relations with Europe, 1919 – 1933 [M]. Ithaca: Cornell University Press, 1984.

[230] Gardner. Economic Aspects of New DealDiplomacy [J]. Journal of American History, 1964, 51 (3): 529 – 530.

[231] George C. , Herring Jr. The United States and British Bankruptcy: 1944 – 1945, Responsibilities Deferred [J]. Political Science Quarterly, 1971, 86 (2): 260 – 280.

[232] Gerhard Schulz, Edward W. Bennett: Germany and the Diplomacy of the Financial Crisis, 1931 [M]. Harvard University Press, 1962.

[233] Ghosh Indranil. Quantum Game Theory-I [J]. Resonance, 2021, 26 (5): 671 – 684.

[234] Gordon A. Craig, Felix Gilbert, The Diplomats 1919 – 1939 [M]. Princeton: Princeton University Press, 1994.

[235] Grady H F, Leland S E. British War Finance, 1914 – 1919 [J]. Journal of Political Economy, 1929 (6): 185 – 195.

[236] Graham Allison, Thucydides's Trap Has Been Sprung in the Pacific [N], Financial Times, 2011 – 08 – 21.

[237] Harold G. Moulton and Leo Pasvolsky, War Debts and War Prosperity [M]. Washington, DC: The Brookings Institution, 1932.

[238] Harvey, David. The Enigma of Capital and the Crises of Capitalism [M]. London: Oxford University Press, 2010.

[239] Henning, C. R. Currencies and Politics in the United States, Germa-

ny, and Japan [M]. Washington: Institute for International Economics, 1994.

[240] Henry Pelling. A Changing of the Guard: Anglo-American Relations, 1941 – 1946 by Randall Bennett Woods [J]. Journal Concerned with British Studies, 1991, 23 (3): 588 – 589.

[241] Hong Guo, Juheng Zhang, Gary J. Koehler, A Survey of Quantum Games [J]. Decision Support Systems, 2008, 46 (1): 318 – 332.

[242] Howard S. Ellis, Ten Great Economists [J]. Journal of Political Economy, 1952, 60 (5): 433 – 436.

[243] Huang Dingxuan, Delang Claudio O. , Wu Yongjiao. An Improved Lotka-Volterra Model Using Quantum Game Theory [J]. Mathematics, 2021, 9 (18): 2217.

[244] Hull C. Memoirs of Cordell Hull, Vol. I [M]. The Macmillan Company, 1948.

[245] Ikeda Kazuki, Aoki Shoto. Theory of Quantum Games and Quantum Economic Behavior [J]. Quantum Information Processing, 2021, 21 (1): 27.

[246] James D Richardson, ed. A Compilation of the Message and papers of presidents [M]. New York: Bureau of National Literature, 1897.

[247] James Goodwin Hodgson, Cancellation of International WarDebts [M]. New York: H. W. Wilson Company, 1932.

[248] John Mueller, War Has Almost Ceased to Exist: AnAssessment [J]. Political Science Quarterly, 2009, 124 (2): 297 – 321.

[249] John Ruggie, ed. Multilateral Matters: The Theory and Praxis of an Institutional Forum [M]. New York: Columbia University Press, 1993.

[250] Johnson N F. Playing a Quantum Game with a Corrupted Source [J]. Physical Review A, 2000, 63 (2): 020302.

[251] Kairon Pranav, Thapliyal Kishore, Srikanth R, Pathak Anirban. Noisy three-player dilemma game: robustness of the quantum advantage [J]. Quantum information processing, 2020, 19 (9): 327.

[252] Kay R. , Johnson N F, Benjamin S C. Evolutionary quantumgame [J]. Journal of Physics A Mathematical & General, 2001, 34 (41): L547 – L552.

［253］Kent Bruce. The Spoils of War: the Politics, Economics, and Diplomacy of Reparation, 1918 – 1932 ［M］. Oxford: Clarendon Press, 1989.

［254］Langer W. , Gleason S. The Undeclared War: 1940 – 1941 ［M］. New York: Published for the Council on Foreign Relations, 1953.

［255］Lo C. F. , Yeung C. F. . Quantum Stackelberg Oligopoly ［J］. Quantum Information Processing, 2022, 21 （3）: 85.

［256］M. H. M. Passos, G. S. G. P. Tiago, M. A. de Ponte, Alan C. antos, J. A. O. Huguenin, Experimental observation of phasetransition-like behavior in an optical simulation of single-qubit game ［J］. Quantum Information Processing, 2020, 19 （9）: 302.

［257］Madbouly Magda M. , Mokhtar Yasser F. , Darwish Saad M. Quantum Game Application to Recovery Problem in Mobile Database ［J］. Symmetry, 2021, 13 （11）: 1984.

［258］Maldonado Carlos E. Quantum Theory and the SocialScience ［J］. Momento Revista De Fisca, 2019 （59E）: 34 – 47.

［259］Michael A. Butler, Cautious Visionary: Cordell Hull and Trade Reform, 1933 – 1937 ［M］. Kent State University Press, 1998.

［260］Michael Hudson, Super Imperialism: The Origin of Fundamental of US WorldDominance ［M］. 2nd edition, London and Sterling, Virginia: Pluto Press, 2003.

［261］Michael Mandelbaum, The Ideas That Conquered the World: Peace, Democracy, and Free Markets in the Twenty-first Century ［M］. New York: Public Affairs, 2002.

［262］Mundell. R. The Case for the Euro-I and II ［N］. Wall Street Journal, 1998, march 24 and 25.

［263］Mura Yushi, Wada Hiroki. Quantization of blackjack: Quantum basic strategy and advantage ［J］. Progress of Theoretical and Experimental Physics, 2021 （10）: 103A02.

［264］Norman Lowe. Mastering Modern BritishHistory ［M］. Palgrave MacMillan, 2009.

［265］Zabaleta, C. M. Arizmendi. Quantum Games Based Communication

Protocols [J]. Journal of Advances in Applied & Computational Mathematics, 2017, 4 (1): 35 – 39.

[266] Piotr Frąckiewicz, Jakub Bilski. Quantum Games with Unawareness with Duopoly Problems in View [J]. Entropy, 2019, 21 (11): 1097.

[267] R. O. Keohane, J. S. Nye. Power and Interdependence (the 3rd edition) [M]. Beijing: Beijing Peking University Press, 2004.

[268] Randall Bennett Woods. A Changing Guard: Angle-American Relations, 1941 – 1946 [M]. Raleigh: The University of North Caroline Press, 1990.

[269] Ratner S, Snyder LL. The Tariff in American History [M]. New York: D. Van Nostrand Company, 1972.

[270] Robert A Divine. The Illusion of Neutrality [M]. Chicago: The University of Chicago Press, 1962.

[271] Robert G. Winters, Great Britain and the Oregon Question [D]. Master Thesis Paper, Montana State University, 1964.

[272] Robert Gilpin. U. S. Power and the Multinational Corporation: The Political Economy of Foreign DirectInvestment [J]. American Political Science Review, 1975, 72 (2): 789.

[273] Robert Powell, Stability and the Distribution of Power [J]. World Politics, 1996, 48 (2): 239 – 267.

[274] Robert Self Britain, American and the War Debt Controversy: the Economic Diplomacy ofUnspecial Relationship, 1917 – 1941 [M]. New York: Routledge, 2006.

[275] Robert Skidelsky, John Maynard Keynes 1937 – 1946: the Creation of International Macroeconomics [J]. The Economic Journal, 2003, 113 (488): 338 – 338.

[276] Robert Skidelsky. John Maynard Keynes: Fighting for Britain [M]. Keynesian studies (Vol. 3), London: Macmillan, 2000.

[277] S. D. Krasner. State Power and the Structure of International Trade [J]. World Politics, 1976, 28 (3): 317 – 347.

[278] Sharyn O'Hallorn. Politics, Process and American Trade Policy [M].

The University of Michigan Press, 1994.

[279] Solmeyer Neal, Linke Norbert M, Figgatt Caroline, Landsman Kevin A, Balu Radhakrishnan, Siopsis George, Monroe C. Demonstration of a Bayesian quantum game on an ion-trap quantum computer [J]. Quantum Science and Technology, 2018, 3 (4): 045002.

[280] Susan Strange. States and Markets [M]. London, Pinter Publishers, 1988.

[281] The Collected Writings of Keynes John Maynard: Volume XXIV, Activities 1944 – 46: The Transition to Peace [C]. Cambridge: Cambridge University Press, 1979.

[282] The Collected Writings of Keynes John Maynard: Volume XXV, Activities 1940 – 44: Shaping the Post-World: the Clearing Union [C]. Cambridge: Cambridge University Press, 1980.

[283] Thomas Andrew Bailey, A Diplomatic History of American People [M]. New Jersey: Prentice Hall College Div, 1980.

[284] Tom. Post World War II Foreign Policy Planning: State Department Records of Harley A. Notter, 1939 – 1945 [J]. Goverment Information Quarterly, 1990, 7 (3): 376 – 377.

[285] Vasquez J, Henehan M T. Territorial Disputes and the Probability of War, 1816 – 1992 [J]. Journal of Peace Research, 2001, 38 (2): 123 – 138.

[286] Vassili N. Kolokoltsov, Dynamic Quantum Games [J]. Dynamic Games and Applications, 2021 (prepublish): 1 – 22.

[287] Walter LaFeber. The New Empire: An Interpretation of American Expansion: 1860 – 1898 [M]. Ithaca: Cornell University Press, 1967.

[288] Walton, G. M., Rockoff, D. H. History of the American Economy [M]. 11th edition, Stamford: Cengage Learning, 2010.

[289] Warren F. Kimball, Churchill and Roosevelt: The Complete Correspondence (Vol. I) [M]. New Jersey: Princeton University Press, 1984.

[290] William D. Leahy, I Was There [M]. New York: Whittlesey House, 1950.

［291］ Williams David. The Evolution of the Sterling System in C. R. Whit-lesey and J. S. G. Wilson eds. Essays in Money and Banking ［C］. London：Oxford University Press，1968.

［292］ Xiang-Bin Wang，L. C. Kwek，C. H. Oh，Quantum roulette：An ex-tended quantum strategy ［J］. Physics Letters A，2000，278（1 - 2）：44 - 46.

［293］ Yuan Bingji. Study on the Exit Strategy Selection Mechanism of Ven-ture Capital Based on Quantum Game ［J］. AIMS MATHEMATICS，2021，6（7）：6882 - 6897.

［294］ Zhiming Huang，Daowen Qiu. Quantum Games under Decoherence ［J］. International Journal of Theoretical Physics，2016，55（2）：966 - 992.

后　记

　　作为高校教师，科研是核心竞争力和重要任务；国家级项目和高水平论文，更是高校教师绩效考核和职称评定的硬指标。非常荣幸，我于 2018 年立项了一个国家社科基金项目，2022 年顺利结题；2023 年申报国家社科基金，再次获得立项资助，使我成为学校近年来连续获得两个国家社科项目的唯一一人。作为地方院校，受平台限制，申报国家级项目和发表高水平论文的难度是非常高的。随着近年来高校大量引进博士，而每年国家级项目立项的数量没有增加，好的期刊数量有限，高校老师也是卷得不得了。自我 2014 年 6 月博士毕业进入高校工作已有十年了，也是一路"卷"过来的。认真梳理总结过去十年工作与科研的心路历程，以便今后更好地坚守初心，踔厉奋发，勇毅前行。

　　刚开始几年，瞎忙与迷茫。

　　当年为了解决妻子的就业问题，远离高房价的大城市，我博士毕业就选择了一个位于三四线城市的地方高校工作。由于以前从未想过当老师，所以对在高校如何工作，如何规划职业发展，完全没有清晰的思路与想法。可以说，刚开始几年完全是在被动地工作，自我发展定位不明确，职业目标不清晰。

　　当年刚跟学校签约没几天，还没想明白以后要如何工作，学校就让我参与一个关于旅游强省建设的省政府重大委托课题研究。虽然我是学金融的，对旅游一窍不通，但想着是学校安排的任务，就爽快地接受了。暑假期间就启动工作，花了一年的时间去做这项工作，进行调查研究，撰写研究报告，发表学术论文。实际上当时跟我同时进校的博士，也有人接到了学校的安排，但是他们直接拒绝了。有些老师的目标非常明确，到学校后专注自己的教学与科研，其他事务尽量少参与，这样，科研成果出得比较多，评职称得也比较快。

2015年学校进行校院系调整，我们由以前的商学院改为经济管理学院，金融教研室主任也进行了调整，我被安排为副主任。当年，又安排我去市委金融办做顾问，经常参加会议，以及什么规划之类的文件起草修改工作，一做就是两年。再加上开始几年每周上十多节课，最多的时候二十多节，还有各种会议、行政事务、指导学生比赛、学术讲座、参加社会活动等各种事务。

那些年我不可谓不忙，工作不可谓不努力，就是没办法专注做科研，去做对自己职业发展有利的事情。但是，我又心有不甘，只能是"白加黑五加二"地挤时间去申报课题和撰写论文。不管是校级课题，还是省级国家级课题，什么课题都申报。非常不幸的是，即使这样，在2018年前，我连一个校级课题都没有中过，论文投稿也是屡屡遭拒，那种挫败感和无力感真是很让人沮丧且无望。当然，也有很多人行政工作做得好，同时自己的教学科研也做得很好。我自己没有什么业绩和成果，各种事务很多，确实很忙，也只是客观原因。而根本原因，还是在自己。

改变自己，修炼与开悟。

怎么办呢？生活还得继续，工作仍需努力。我开始不断地反思自己，不断地修炼自己。

我们改不了环境，只能努力改变自己，使自己适应这个环境。那段时间我经常品读王阳明、曹操、曾国藩、毛泽东等人的传记，从他们身上寻找精神力量。学习他们在逆境中不忘初心、积蓄力量、奋发图强的精神。原来他们也经历过许多磨难与逆境，而且比常人经历得更多。他们面临艰难困苦时，没有自暴自弃，就此沉沦，反而把这些当成磨炼自己意志、淬炼自己能力的良机，练就强大的内心。正所谓，经事长志，历事成人。世间万事，凡是磨你的，都是来渡你的。

越读他们的故事，越是充满激情与力量，越是觉得自己面临的困难微不足道。慢慢地，我释然了，心态变好了，积极乐观了。心境一转，精神面貌也转了。想清楚了以后要在高校继续工作，必须刻苦做科研。当时有位院长对我说，科研能力是高校老师的核心竞争力，我把它比喻成高校老师的"护城河"。现在高校老师竞争越来越激烈了，有些高校实行非升即走的政策，没办法"躺平"。而国家项目是衡量科研水平的核心指标，于是我下定决心在继续脚踏实地做好本职工作的同时，必须刻苦钻研，做好课题研究。在我们学校，国家社科基金项目更是稀缺资源。2018 年，我决定继续申报国家社科基金项目，好好撰写本子。

申报国家课题，失败与成功。

2015 年和 2016 年申报国家社科基金项目失败，2017 年因为连续两次申报失败而限项未报。2018 年申报时就认真总结了前两次失败的原因。首先，从题目上进行了修改。2015 年的题目是"国际金融主导权的大国博弈研究"，2016 年的题目是"基于国际金融主导权的中美货币博弈研究"，2018 年的题目是"基于国际金融主导权的大国货币博弈研究"。同时，也不断参考别人的成功案例与经验，经常读一读别人成功的本子，体悟成功本子的精髓，比较自己本子与其存在的差距。还有，就是从内容到形式，不断地调整，不断地修改。走路的时候、陪小孩上课的时候、过年走亲访友的时候，甚至晚上睡不着的时候，在手机上看看自己的本子，思考如何完善结构，如何遣词造句，如何排版布局。

积极吸纳专家的合理意见也非常重要。记得 2018 年正月初六的时候，学校将请的外校专家评审的反馈意见发给我。其中提了两条很重要的意见，一条是要在前面写一下研究背景，另一条就是说我的这个题目太空太泛了。对于前一条意见，我认真补上了。对于后一条，我实在没办法改，就跟导师沟通了一下。导师觉得我这个选题跟一般的选题不一样。别人研究得还不是很充分很通彻，必须从理论上把一些比较宏观的东西研究清楚，因而觉得我的这个选题是比较合适的。所以，我对后一条意见就没有处理。当年到正月初八就要交纸质材料，也没时间大改了。

这里有一个小插曲，正月初八，交申报材料的时间到了。我找了好几个地方，才找到一家打印店，其他的都没那么早开门。等我到学校交材料的时候，我突然发现我的申请书的第一个表格里有点问题，其中性别"男"那一栏，可能因为调整下面表格宽度的时候，没能顾及上面而挤在一起了。当时觉得重新打印比较麻烦，同时也觉得自己课题立项的概率不高，还觉得专家主要看活页，不看申报书。总之就是不想折腾了，自己安慰自己，就这样交了。但是，在 2018 年 3 月的时候，特朗普发起了对中国的贸易摩擦，突然觉得我这个课题立项的可能性提高了。而这时候想起那个表格的事情，忽然有点担心会不会因为这个小失误影响立项。这也让我教训深刻，以后不管做什么事，都要认真，哪怕是小细节都不能马虎。

6 月的一天，我当时在同济大学进修，科研处的老师给我发了一条消息，说我国家社科基金立项了。虽然前面我想过我的项目可能会立项，但是当她给我发这个消息的时候，我还是不敢相信这是真的。直到她把公示文件发给我看，我才确信这是真的。

中美贸易摩擦的突然爆发提升了这个课题立项的概率。当然，也要自我肯定、自我激励一下。我这个课题的选题，也就是我这本专著的主题，题目是"基于国际金融主导权的大国货币博弈研究"。虽然当时爆发的中美贸易摩擦，好像与大国货币博弈，乃至国际金融主导权没有太大关系。但是，要是从中美博弈的内在逻辑，以及演化趋势来看，就知道中美货币博弈乃至国际金融主导权博弈具有必然性。这样说，我这个课题研究算是具有前瞻性了。还有一点也比较重要，就是我从博士研究生开始，一直研究国际金融主导权这个主题，这也算是前期屡败屡战、没有放弃、持续努力、不断积累的结果。

做课题研究，艰难与坚持。

国家社科项目，不仅申报难，而且结题也难，并且花钱也难，这也是很多高校教师选择"躺平"的很重要的原因。大家可能觉得大学老师会非常轻松，是所谓的收入高、时间闲，这也是社会普遍存在的认知偏差。我的课题于 2018 年 6 月立项，7 月 30 日家里增添了二宝，加上下半年的课比较多，一时间手忙脚乱。2019 年从年前开始就抓紧时间做课题，上半年写了四万字的初稿和两篇论文。但是从下半年开始，担任新生班主任，参加九江市和浔阳区"十四五"规划的起草等工作。2020 年上网课，做好各种教学准备耗时较多。2020 年开始新一轮硕士授权点申报工作，我是核心骨干成员，全程参与。2020 年下半年，我又担任金融工程教研室主任，好多事情。

一直到 2021 年上半年，我的国家课题研究进展非常缓慢，非常着急。在暑假临近之时，我找到领导沟通，说自己想辞任教研室主任工作，专心攻一下国家社科项目，不然到时候逾期终止了，就非常不合算。所剩时间不多，我压力非常大。当时领导说，无论是从工作需要还是从个人发展来讲，都不希望我辞去主任之职。从工作需要来讲，金融工程教研室刚成立一年，工作刚有起色，我既担任首届学生班主任，也担教研室主任，更有利于学科建设和专业发展。从我个人来讲，我已经担任了多年教研室副主任，现在担任了主任，以后有更多的升迁机会，现在辞任了就相当于前面的付出都白费了，放弃了未来机会。领导要我想清楚，但最终会尊重我的选择。鱼与熊掌不可兼得，最终我选择了辞任，专心做课题研究。

从 2021 年暑假开始，我就待在学校实验室主攻国家课题。除了上课和班级学生管理之外，领导也比较照顾我，一般事情都尽量不找我，相比以前我就清闲多了。到年底，我基本上完成了 12 万字的初稿，准备提交结题。当时听了学校组织的一场关于国家课题的讲座，主讲嘉宾就讲作为国家社科基金项目的研究报告，至少要有 20 万字，20 万元的经费，起码一块钱一个字。听了这个讲座之后，我就犹豫了，我要不要加内容呢？感觉他讲得还是非常有道理的，20 万字至少体现出足够的工作量，最后决定还是要加到 20 万字以上。我请了几位有经验的同事帮我看了我的研究报告，结合自己的思考，我重新调整结构，丰富内容，又花了半年时间，到 2022 年 6 月初完成了研究报告，总共 21 万字。

又经过了一个月的修改完善，以及准备结题材料，7 月 15 日我提交结题材料，8 月 23 日省社科规划办送审全国社科工作办，11 月 1 日全国社科工作办官网公示显示，我的国家社科项目通过结项。至此，我的国家社科基金项目历时四年，终于顺利结题了。说实在话，得知结题通过的消息，比当时得知立项的消息还要兴奋得多。

趁热打铁，再创佳绩。

2022 年下半年，虽然国家课题研究告一段落了，我又被动和主动、于公于私地搞了一大堆活。我当年年底算了一下，好像总共写了十个报告或本子。写了一个省社科基金、省教改课题、省高校人文社科、市政府研究中心的课题申报书；写了 2022 年国际商务硕士授权点建设自评自查报告、建设成效报告和国际商务一流学科建设方案；整理和撰写了优秀班主任申报材料和副教授评审材料；还接受市委金融办的委托，做了《市金融服务民营企业政策落实情况评估报告》。最后成果也说一下，省教改和市政研中心课题获得立项，优秀班主任被评上，副教授没有评上。按我们学校的要求，要评副教授，必须有一个省级课题结题，或者一个国家课题加上一个市厅级课题结题。我虽然有国家课题、省级课题，但截至上一年都没有结题，所以不够条件。有国家社科基金项目，全校自 2018 年以来就我一项，但是我就是不够学校副教授的条件。直到 2022 年国家课题结题后，2023 年才评上副教授。没办法，规则就是这样，找谁说都没用，只能遵守规则。

当然，2022 年下半年，我还做了一件很重要的事情，就是撰写 2023 年国家社科基金项目申报书的初稿。实际上，在上半年做上一个国家课题研究的时候就有构思这一个课题申报。10 月就开始构思选题与结构，真正动手写是在 12 月了。1 个月写好了初稿，初稿只是把我的想法粗略地用文字呈现出来。我觉得写本子，有想法一定要写出来，一开始不一定非要精益求精，字斟句酌地去写。这也非常重要，很多人写本子在第一部分反复琢磨，总是觉得没写好，导致进展缓慢。

在写这个本子的时候，从开始选题和列提纲，就跟我的导师沟通，也找我的同事帮忙看，让他们提意见。年前又修改了一稿，过年有个把月没有写，这段时间没事会思考课题的事情。2023 年开学后又进行了两轮大的修改，到 5 月 3 日提交申报书，总共进行了大小 18 次修改。非常感谢我的导师，他为我提供了非常大的帮助，直接电话指导，我对着电脑，他一句一句地给我说，提出疑问和修改意见，这样给我指导了四次。同时也参考他 2021 年的申报书，不断斟酌，反复修改。也非常感谢学院副院长，我每写完一稿，都发给他看，他不厌其烦地帮我检查错误，提出建议。这个本子确实比 2018 年的本子质量要高得多，无论是从内容还是从形式看，都要好很多。

在此，也自我吹捧一下。非常荣幸，9 月 24 日国家社科基金项目评审结果公示，我的项目获得立项。近五年，我成为学校唯一一个获得国家社科基金项目的老师，而且连续获得两个国家项目实属不易。我们这种地方性院校，要获得国家社科项目立项还是非常难的。国家自然科学基金项目也一样，我们学校立项的自然科学基金项目绝大多数都是地区基金。

十年高校工作经历，奉献与收获。

进入学校工作这十年，应该说还是非常认真负责的，兢兢业业，踏实肯干，乐于奉献，做了不少事情。

2015 年至 2020 年上半年担任金融教研室副主任，2020 年下半年至 2021 年暑假担任金融工程教研室主任。除了平常开会，上传下达之外，还有每年修改培养方案、听课评课、组织学生参加各种比赛等各种活动。正所谓上面千条线，下面一根针，各个部门的各种通知和工作安排，到最后都是要教研室来负责完成。关键是教研室既没有权力，也没有资源，很多工作安排都要靠个人的人品和口碑，很多事情都要自己完成。金融工程是一个新专业，金融工程教研室也是新组建的，从培养方案，到教学安排，到科学研究，到社会服务等各个方面都要从头开始。非常幸运的是，领导和同事对我的工作非常支持，在我担任金融工程教研室主任的一年间，教研室形成认真负责、积极上进的工作氛围，工作成效非常明显。

实际上 2018 年国家课题立项后，我就想辞掉副主任职务。但是，当时的院长刚上任一年，并且当时的几位副院长出于工作原因，不在学院岗位工作；而且书记被调走了，副书记也借调到别的部门了，院长成为真正的"光杆司令"了。在这种情况下，即便我再有课题研究压力，看着院长一个人挑起那么重的担子，不好意思也觉得不应该提辞职的事情。2020 年让我当金融工程教研室主任的时候，我也是准备推掉并辞掉副主任的。当时书记刚刚到任，我也不好意思提出。只能硬着头皮上，支持领导工作，维护学院工作大局。到 2021 年上半年期末，实在是不辞职没办法完成课题研究任务了，才找到领导申请辞职。

这些年为学科建设也做了不少事情。2017 年全程负责金融学专业综合评价工作，在学院领导的大力支持和同事们的共同努力下，认真对照评估要求，分解评估指标，收集材料，整理资料，填写表格，撰写报告，参加全省金融学评估大 PK，最后获得了全省高等院校第六名，地方本科院校第一名的好成绩。2018 年受领导安排，我一个人负责了金融工程专业的申报工作，查找资料、撰写报告、提交材料一系列工作，都由我一人完成，最终获得教育部批准，2019 年正式招生。2017 年、2020 年、2023 年作为骨干成员全程参与国际商务硕士授权点申报工作。经常为此加班加点，2017 年和 2020 年暑假加班一个月，2023 年从 12 月 1 日开始，集中办公，一直到放寒假后的 1 月 28 日，时间紧任务重，经常加班到晚上八九点甚至十一二点。我们申报点撰写的报告和整理的支撑材料，成为全校的标杆。

我这些年在学校的付出与奉献，也收获了许多荣誉、信任与友情。先后获得"东方财富杯"全国大学生金融挑战赛优秀指导老师（2023 年）、江西省大学生科技创新和职业技能竞赛优秀指导老师（2015 年）、九江学院第二届立德树人楷模（2018 年）、优秀教师（2016 年/2018 年）、新华优秀教师（2019 年）、毕业论文优秀指导老师（2018 年/2020 年/2021 年/2022 年/2023 年）、优秀中国共产党员（2020 年/2021 年）、优秀班主任（2022 年）等荣誉称号。非常荣幸，这些年的付出与奉献，得到了领导和同事的认可，与他们建立了良好的信任关系。现在我们工作在一个融洽、愉快、上进的工作氛围之中，我觉得这是我最大的收获。遇上这么好的领导，加上这么好的同事，并与他们建立了纯正深厚的友情，这是我最大的荣幸与收获。

坚守初心，与国同行。

光影似箭，岁月如梭，一晃十年过去了。过去十年，从刚到几年的瞎忙与迷茫，到中间几年的积极奉献与修炼开悟，到后来几年的积极转型与攻坚克难，一路荆棘，一路收获，屡败屡战，越挫越勇。刀越磨越利，脑越用越灵，心越炼越亮。知人者智，自知者明。经过这十年岁月的蹉跎与磨砺，越来越清楚自己想要什么，自己能干什么，自己的优势与劣势是什么；越来越明白哪些是自己未来可以争取与奋斗的，哪些是应该放弃和放下的。自己的内心越擦越亮，自己的目标也越来越明晰。将自己的梦想与现实有机结合，让梦想成为有现实基础的梦想，现实成为有梦想引领的现实。这也许是我近年来，能够在喧嚣繁华之中保持宁静，专注于做好国家课题和教书育人本职工作的重要原因。内心变得踏实，工作变得高效，生活变得充实。

回望过去，不是为了自吹自擂，而是为了更好地把握当下。站在未来看当下，是一种格局、一种视野、一种胸怀。展望未来，我们生逢盛世，国运昌盛。我们国家正处于近代以来最好的历史发展时期，正以昂扬向上、势不可挡的姿态重回世界舞台中央，以中国式现代化全面推进强国建设民族复兴伟业，以人类命运共同体理念引领全球秩序重塑。荣幸之至，我们生逢其时，我们是这一进程的见证者与受益者。如何更好地发挥自己的才能与奉献，使自己成为这一进程的参与者与奋斗者，这是我们每一个中国人，尤其是我们高校教师的责任，作为未来社会主义建设事业接班人的培养者，如何真正地信道、传道与释道，如何为学生们种下一颗至诚报国的种子，培养学生学习、生活与工作的正确思维，训练学生的专业技能，这就是作为一位大学老师的光荣使命。只有将个人的小梦想融入国家富强民族复兴中国梦的大梦想，这样的梦想才更有意义，这样的梦想才更有力量，这样的梦想才更可能实现。

未来可期，目标明确，踌躇满志。对照现实，差距明显，自己的所作所为还远远不够。未来必须有"一万年太久，只争朝夕"的紧迫感，必须有咬定青山不放松，抓铁留痕的进取精神和务实态度，更好地做好当下该做的事情。作为大学老师，向更多大学生、人民群众、领导干部乃至国际友人，讲好中国故事，宣传中国理念，传播中国文化，研究中国方案，是我们的责任、担当与使命。当下我最重要的事情，就是做好教书育人主业，主攻2023年立项的国家课题研究，宣讲好两会精神与习近平总书记关于金融强国建设的重要思想。

张应华

2024 年 10 月